LA
MANIACO-DÉPRESSION

De la chrysalide au papillon

Données de catalogage avant publication (Canada)

Desrosiers, Lucie, 1953-

  De la chrysalide au papillon : la maniaco-dépression

  (Collection Psychologie)
  Autobiographie.

  ISBN 2-89089-964-0

  1. Desrosiers, Lucie, 1953- . 2. Psychose maniaco-
dépressive. 3. Dépressifs - Québec (Province) - Biogra-
phies. I. Titre. II. Collection: Collection Psychologie.(Editions Québécor).

RC516.D47 1993   616.89'5'0092   C93-096774-7

LES ÉDITIONS QUEBECOR
Une division de Groupe Quebecor inc.
7, chemin Bates
Bureau 100
Outremont (Québec)
H2V 1A6

Distribution: Québec Livres

© 1993, Les Éditions Quebecor, Lucie Desrosiers
Dépôt légal, 3ᵉ trimestre 1993

Bibliothèque nationale du Québec
Bibliothèque nationale du Canada
ISBN: 2-89089-964-0

Éditeur: Jacques Simard
Coordonnatrice à la production: Sylvie Archambault
Conception de la page couverture: Bernard Langlois
Photo de la page couverture: Image Bank, Kevin D. Macpherson
Correction d'épreuves: Louise Chabalier
Composition, mise en pages, impression: Imprimerie Quebecor Mont-Royal

LA
MANIACO-
DÉPRESSION

De la chrysalide au papillon

LUCIE DESROSIERS

À ma grand-mère,
Marie-Ange

PRÉFACE

La maladie maniaco-dépressive est de plus en plus diagnostiquée dans la population. Combien d'individus fréquentent continuellement les hôpitaux et les cliniques de psychiatrie pour dépressions récurrentes, combien d'individus minent leur personne et leur entourage par des excès, combien se suicident parce qu'ils étaient porteurs de cette maladie et qu'elle est passée inaperçue ou a été prise pour des troubles du comportement ou du caractère, qu'elle a été traitée pour alcoolisme ou toxicomanie, pour des phobies ou autres pathologies ? On n'a pas été recherché les alternances antérieures de l'humeur et de l'activité psychique et motrice chez ces individus ni dans leur entourage familial; par conséquent, leur maladie a continué à faire des dégats.

Dans cet ouvrage, l'auteure a accepté de livrer son témoignage, vibrant et émouvant, de décrire à d'autres les expériences déchirantes que sa maladie l'a forcée à vivre. Ce témoignage aidera certains lecteurs à découvrir cette maladie chez un frère, ou une soeur, un ami ou un parent et permettra à ces personnes de consulter un médecin et de trouver enfin un traitement adéquat à ce dérèglement de l'humeur.Il faut toutefois préciser que le traitement ne sera efficace que lorsque cet individu, chez qui on aura diagnostiqué la maladie, aura accepté de gérer ses émotions et ses stress plutôt que de se laisser envahir par eux. Il nous arrive à tous d'avoir des variations d'humeur parfois inattendues. Ce qui fait la différence entre le maniaco-dépressif et le «monde ordinaire», c'est le degré des hauts et des bas de l'humeur et de l'activité psychomotrice.

Cet ouvrage met à la portée de tous la description des excès auxquels peut conduire la maladie maniaco-dépressive. Il mérite d'être lu autant par le public en général que par les professionnels de la santé mentale et les patrons d'entreprises.

Jean Hillel
Psychiatre

I - LE CANCER DE L'ÂME

I . 1 - LE MAL-ÊTRE

Quelles joies, quel genre de bonheur pourraient survenir dans ce monde pourri, ce monde de vie intérieure absente, ce monde sans coeur, sans désir de communication ? Ce monde où on se sent si seul. Doit-on encore conserver l'espoir qu'il reste quelques petits fragments de bonheur non distribués et qui pourraient nous être attribués ???

Voilà les pensées qui m'habitent ces jours-ci, où je réalise que le travail passionnant que je fais sur la ferme depuis plus de deux ans tire à sa fin. Je réalise que je devrai bientôt quitter ces lieux, puisque la personne qui partage ma vie ne peut plus supporter la quotidienneté à mes côtés.

Je décide donc, à la dernière minute, de prendre une semaine de vacances. Vacances durant lesquelles je ne comptais que me sortir de la routine, m'amuser et reposer quelque peu mon corps et beaucoup mon esprit. Depuis le début de cette semaine je me frappe à la société de la façon la plus ignoble, elle me met de côté, elle me mange, elle me détruit, elle m'empêche de respirer. Est-ce là le sort de ceux qui s'isolent pour un temps, qui s'éloignent de cette société dite normale et qui n'y retournent que pour en retrouver les bons côtés ? Les choses changent-elles si vite, les mentalités se métamorphosent-elles en un tour de main ??? Trois ans, ce n'est pas si long, mon esprit ne peut s'en être détaché si rapidement, il me semble. Peut-être que je n'ai jamais vu la société telle qu'elle est ?

Toutes ces questions demeurent sans réponse mais les angoisses qu'elles éveillent sont très importantes. Je ne me suis même pas vraiment retiré de ce monde, j'ai plutôt vécu loin de la ville, je me suis enfermée volontairement dans un monde qui est près de l'essentiel, qui ne vit que pour l'essentiel, qui travaille pour sa subsistance, à la sueur de son front et qui n'espère du lendemain que de devenir le plus autosuffisant possible et le plus près du naturel possible, un monde qui ne vit que pour l'ensoleillement du lendemain et pour la bonne récolte à venir. Cette récolte servira aussi à nourrir tout ceux qui aujourd'hui me tournent le dos. Non, je n'ai pas voulu me retirer de la société, c'est plutôt l'état de mes humeurs qui ne m'a pas permis d'évoluer normalement dans cette société. Je me sentais plus en sécurité près de la nature que dans la jungle de la société.

Comment se fait-il que tout m'échappe à ce point maintenant ? Comment se fait-il que tout ne se passe plus comme avant ? Je ne vieillis pourtant pas plus rapidement à la campagne qu'à la ville. Il me semble que lorsque j'émettais une idée, que je disais ce que je pensais, que j'agissais selon mes croyances et mes convictions, tout le monde semblait me comprendre, personne ne se posait trop de questions avant d'être en accord ou en désaccord avec mes opinions. Est-ce moi qui est désaxée ??? Peut-être. Un jour on m'a étiquetée d'un certain diagnostic qui aurait pu être débile, diabétique ou tout autre mais qui a été maniaco-dépressive. On m'a, depuis un an et demi, «bourrée» de lithium, on a remis mes émotions à leurs places et fait de moi une femme semblable aux autres à ce niveau, ce n'est donc pas cela qui me fait percevoir la réalité si irréelle. Je ne devrais donc pas être si désaxée, mais le suis-je encore tellement ? Peut-être après tout.

Avant ce diagnostic, je ne croyais plus au bonheur, je ne voyais dans l'avenir qu'un long tunnel noir sans aucune lueur. J'avais abandonné mon travail d'infirmière en psychiatrie, n'étant plus capable de fonctionner, n'étant plus capable de sortir du grand deuil qui m'avait frappée. Plus rien ne comptait, je ne pensais qu'à l'impuissance de l'être sur le facteur temps de l'existence et je ne rêvais qu'à la possibilité d'aller changer les deux ou trois secondes qui font que l'on vit ou que l'on meurt. Le psychologue que je voyais estimait que la douleur que je ressentais dépassait grandement la douleur réelle de cette perte et il considérait que mon travail pouvait grandement contribuer à augmenter cette douleur. J'ai donc dû abandonner mon travail et retourner aux sources.

Je me suis donc réfugiée dans ma peine et dans le giron de mes parents pour des mois, espérant toujours qu'une lueur d'espoir ressurgirait en moi. Rien, toujours rien. Il y avait seulement une agressivité qui ne cessait d'augmenter et une angoisse indescriptible. Je me révoltais contre tout ce que je voyais, contre tous aussi et encore plus contre cette vie, contre ce mal-être qui m'habitait. Puis, un jour, il y a eu Jean-Louis qui semblait avoir trouvé en moi la femme qu'il cherchait, il n'était pas difficile. À mes yeux, n'importe quelle femme me valait à cent milles à l'heure. Nous étions convaincus tous les deux que la vie sur la ferme suffirait à me redonner mon équilibre et c'était pour moi le seul endroit qui me raccrocherait à la vie.

Il y avait quelque chose de brisé en moi. Je mettais toujours cela sur le compte de ce deuil qui me poursuivait. Je crois que c'est la mort et le deuil de mon être profond que je vivais. Plus le temps passait, plus je m'enlisais dans ce mal-être et plus l'agressivité augmentait, moins je me comprenais, moins Jean-Louis me comprenait et moins le monde entier me comprenait. J'en étais rendue à en perdre des bouts et je perdais de plus en plus les pédales. Je passais par des phases de «je-m'en-foutisme», des phases de négativisme profond, de refus de bouger, et des phases d'agressivité grave contre les autres et contre moi principalement. Malgré la vie qui m'entourait, la vie animale et la nature qui se renouvellent continuellement, je ne pensais qu'à l'absurdité de ma vie, qu'à l'inutilité de ma vie. Je n'aimais pas suffisamment Jean-Louis, mais étais-je vraiment capable d'aimer, de croire que nous pourrions nous bâtir une vie à tous les deux ? Il n'y avait plus aucune issue et les angoisses terribles qui m'assaillaient, et qu'aucune médication ne réussissait à contrôler, augmentaient toujours. La seule solution c'était la mort. Mais j'ai raté mon coup.

Par une remarque anodine, François m'a ouvert les yeux, J'ai découvert en moi tous les traits d'une maniaco-dépressive. J'avais enfin mis le doigt sur le bobo. Il était temps pour une infirmière en psychiatrie de trouver l'énigme et par une suite de circonstances et avec l'aide de Jean-Louis qui n'en pouvait plus, j'ai trouvé le bon psychiatre et j'ai commencé à prendre du lithium. J'ai cru que cette prise de lithium serait ma planche de salut. J'ai surtout cru que c'était comme si le Père Noël venait de passer chez moi. J'ai cru que ces petites capsules me transformeraient, comme dans les ouvrages, en une femme neuve du jour au lendemain. Je l'ai cru, j'ai cru que mes impulsions seraient à jamais disparues, j'ai cru que les «downs» qui ont meublé ma vie ne réapparaîtraient plus jamais et j'ai commencé à vivre comme quelqu'un qui renaît. Je n'étais pas consciente qu'il n'y a que les chenilles qui se métamorphosent en papillon en un temps record. Un an et demi de lithium dans le corps, mon comportement avait grandement changé mais j'oubliais fréquemment d'être à l'écoute de moi-même, de mon évolution, de ma réhabilitation. Je n'avais cependant pas cette conscience et encore moins le réflexe. Je n'étais pas encore un être tout à fait «normal» et la vie était encore difficile avec moi-même et les autres. J'avais l'impression de me réveiller après un très long sommeil et que quelqu'un m'avait volé des parcelles de mon existence, donc des parcelles de chance d'être heureuse. J'avais encore des sautes d'humeur.

I . 2 - LE POUVOIR DE FRANÇOIS

Je suis à un tournant de ma vie, je dois maintenant faire un trait sur mon passé et recommencer à respirer l'air que je désire respirer.

Hier, il faisait une tempête de neige tout à fait normale au début, et comme à toutes les tempêtes, c'est la panique dans la population et dans les médias. Je ne sais pas si l'histoire du Déluge les a marqués à ce point, mais lorsqu'il tombe quelque chose du ciel, leur incapacité d'avoir un certain pouvoir sur cet élément fait naître une panique collective. Tous les médias d'information s'en mêlent et ils ont un talent fou pour nous donner l'impression que cette neige ne finira plus de tomber et que la fin du monde est proche, que bientôt nous serons tous ensevelis. Les annonceurs de la météo ont un don certain pour faire naître en nous cette angoisse qui devient profonde devant un élément aussi naturel qu'une simple petite chute de neige.

Malgré les prédictions, je m'étais éloignée de Montréal pour retourner près de mon patelin afin d'aller à la rencontre de François pour son dîner d'anniversaire. François, c'est un grand ami, depuis dix ans déjà. Son aspect extérieur de «dur à cuire» m'a fascinée dès notre première rencontre. Le pouvoir qu'il semble exercer sur tout son environnement m'a toujours intriguée. J'ai rapidement fait partie de cet environnement et l'amitié s'est installée entre nous très facilement. Il est pour moi celui qui m'aide toujours à trouver la solution à mes interrogations. J'ai toujours voulu, depuis que je le connais, avoir sur la vie un regard détaché comme seul il est capable d'avoir, j'ai toujours voulu voir avec ses yeux. Il possède une certaine faculté de «je-m'en-foutisme» qui me fait souvent l'envier. Tout au long de ces dix ans, je me suis toujours efforcée d'être comme il aime que les gens qui l'entourent soient. Je crois que cela lui a toujours plu de comprendre que, sans l'aimer dans le sens vrai du mot, je continue de chercher à lui plaire, cela flatte son égo.

Depuis que je connais François, il m'a toujours été primordial d'être importante à ses yeux. J'ai fait plein de choses avec lui. Sa façon de proposer fait qu'on ne peut refuser de peur de n'être plus appréciée et de perdre l'importance acquise.

Je l'ai «aimé» comme on aime son gourou. Il avait toujours la solution à tout avec cet air détaché des gens que rien ne touche, avec cet air complaisant comme si tout était si simple, avec cet air qui laisse supposer que sa parole est vérité. Jamais d'agressivité, jouant l'enfant quand j'avais besoin de me sentir utile et maternelle, jouant l'intouchable quand je croyais que des sentiments se développaient en moi, mais tout en les nourrissant pour ne pas me perdre. J'étais une proie facile mais je me sentais importante.

Il me laissait une grande place dans son cercle d'amis pour que je puisse prendre ses faiblesses pour des forces puisqu'elles étaient appréciées et acceptées comme telles par tous. Il était pour moi l'évasion et le réconfort. Je n'étais plus seule, j'avais des amis qui me respectaient, tous aussi farfelus les uns que les autres, et je m'efforçais à l'être aussi pour maintenir ma place. Cela me faisait croire que le mal-être que je ressentais n'était pas pire que celui des autres et je l'engourdissais bien dans l'alcool et la drogue. J'étais presque bien avec eux, je n'avais pas à décider vraiment quoique ce soit et cela me suffisait grandement. Il m'avait permis d'acquérir une sorte de statut social et cela me plaisait grandement.

La tempête a commencé un peu avant le dîner et la neige était balayée par de grands vents. Dès le début, François pensait que c'était la dernière tempête de l'hiver, mais quelle tempête! Dès le début du dîner, j'avais compris qu'aucune conversation profonde et intéressante ne pourrait avoir lieu. Je ressentais que la folie anxiogène générale l'avait atteint de façon irrécupérable. Il ne parlait que de la chaleur de son feu de bois et du bien-être que l'on ressent quand on est en pleine chaleur et qu'au dehors les éléments se déchaînent. La sécurité qui nous habite lorsque l'on écoute le vent dans les branches et que l'on admire les rafales qui doucement font des bancs dans la rue et finissent par nous isoler du reste du monde.

Que son discours est beau ! Mais comme il me fait comprendre à quel point la maison que j'ai le droit d'appeler chez moi m'est étrangère et qu'un vrai chez-moi, je n'en possède aucun.

Je suis déçue que les événements tournent ainsi, j'avais quelque chose d'important à discuter avec lui. En effet, j'aurais voulu discuter avec lui de ce qui s'est passé avec un ami qu'il m'a présenté il y a de cela plus d'un mois et avec qui la relation demeure pour moi du vrai chinois. C'est un artiste, peut-être que c'est cela qui fait que ma compréhension de son être est si difficile. Il m'avait invité à aller l'entendre jouer dans un bar, pendant mes vacances. Je suis flattée par l'invitation et charmée par ses talents. Après la soirée, il me dit qu'il a quelqu'un à rencontrer pour un futur contrat et que l'on se reverra le lendemain si le coeur m'en dit. Je prends un verre et un autre avec son contre-bassiste et le temps passe. Son entrevue est terminée et il est très content que je sois encore là. Nous parlons dans l'auto jusqu'à près de cinq heures du matin. Je le sentais heureux de ce fait et il insistait grandement pour que je revienne le lendemain. Pour ma part, je le trouve très sympathique, sa musique me fascine et une autre soirée aussi agréable ne peut faire autrement que de me plaire, surtout durant ces vacances vides.

Le lendemain soir, à mon arrivée il est en train de donner son spectacle, donc j'attends. Il me regarde et a l'air très mécontent.

Je me dis que je me fais des illusions mais à l'entracte, il vient directement vers moi et me dit que je peux repartir aussitôt, des putains dans mon genre cela ne l'intéresse pas. Il parle très fort et tout le monde nous regarde. Aucune explication n'est possible. Je prend mon manteau et je sors en troisième vitesse. Je n'ai rien fait ni dit à qui que ce soit pour qu'il ait de telles idées sur ma personne. J'aime autant ne pas gâcher ce qui me reste de vacances et le fait que François ne veuille pas en parler non plus, et bien cela ne fait que m'intriguer encore plus. Mais je dois faire taire mes pensées et me concentrer sur le positif de la vie.

François semblait vaguement au courant, mais il ne voulait tellement pas en parler que son regard fuyait comme s'il avait quelque chose à me cacher et même lorsque je voulais vérifier, il ne répondait pas à mes questions. C'était un vrai dialogue de sourds. Nous habituellement si ouverts, si bien et si proches, c'était pour moi une révélation dont j'ignorais la signification, un nouveau coup de couteau. Les seules fois où son discours s'éloignait du temps et qu'il osait se prononcer sur le sujet, c'était pour me faire des reproches face à l'inconséquence de mon comportement avec son ami Richard. Il semblait vouloir me faire comprendre que ses amis avaient trop de classe pour moi et qu'en leur présence je devais me taire, faire la belle et surtout ne pas essayer de trop m'en approcher. Bizarre, je n'ai jamais auparavant resenti qu'il faisait une différence entre moi et le reste de ses relations. Il m'a déjà même affirmé que ses amis m'aimaient bien et qu'ils étaient fiers de me voir parmi eux. Voilà que maintenant une barrière existe ! D'où vient-elle ? Qu'est-ce qui l'a provoquée ? Je demeure sous l'impression qu'il me cache quelque chose ou peut-être même se cache-t-il quelque chose à lui-même, quelque chose qu'il veut que j'ignore.

Il a changé face à moi depuis quelque temps; est-ce dû au fait que j'ai décidé de changer de vie sans lui en demander la permission ? Est-ce dû au fait que maintenant j'aurai de moins en moins besoin de lui pour mener ma vie ? Est-ce dû au fait que j'ai envie qu'il m'arrive des choses qui sortent de l'ordinaire et qui ne tiennent pas nécessairement compte de lui et ce dans le seul but de me sentir mieux dans ma peau ?

Aurait-il peur de ma «folie» ? Y a-t-il autre chose qui m'échappe ? Est-ce moi, tout simplement, qui change ? Si oui, je me demande vraiment pourquoi, comment et où sont les manettes qui m'aideraient à maîtriser ce phénomène-là.

J'ai la nette impression que nous avons changé tous les deux. Depuis qu'il sait que je suis, à ses yeux, «folle», cela lui a donné un choc et j'ai facilement perçu qu'il était très déçu. Moi aussi j'ai dû changer, en fait je sais que mon comportement a changé, mais à quel point ?

À la fin du repas, repas qui était son cadeau de fête, il s'est empressé de me remercier et s'est engouffré dans son auto pour regagner ardemment son foyer. Me voilà donc maintenant seule dans la rue et la tempête. L'issue de cette dernière journée de vacances est de mon unique responsabilité. Rien de précis à faire et pas d'endroit proche où me réfugier. François ne m'a pas invitée à aller chez lui comme habituellement il l'aurait fait. Il n'est que trois heures de l'après-midi. Même si elles n'ont pas été planifiées, ces vacances étaient tellement nécessaires et j'aurais tellement voulu qu'il s'y passe quelque chose de grand. Elles ne m'ont apporté jusqu'à présent rien de positif sinon des barrières à tous les niveaux, des barrières physiques, des barrières sociales et des barrières psychologiques.

Je me sens comme un extra-terrestre qui vient d'arriver sur une planète qui ressemble tellement à la sienne qu'il croit pouvoir y fonctionner comme s'il était chez lui mais ne réussit qu'à faire que gaffe par-dessus gaffe.

Il me faut bouger, quitter cette rue où les autos passent à pas de tortue, glissent, font des embardées et repartent. Où vais-je aller ? Vais-je mettre fin à ces vacances tout de suite et retourner dans ce chez-moi qui n'est pas chez moi, le coeur et l'esprit encore plus vides et plus mêlés qu'à mon départ ? Je ne m'en sens pas le courage, j'ai le goût de m'évader. Vais-je affronter cette tempête, retourner à Montréal où là, au moins, le toit accueillant de mon frère m'attend, un toit où je peux me réfugier sans trop gêner ? Vais-je me lancer dans ce péril ? Elle a l'air plutôt agressive, cette tempête. Les idées noires recommencent à me hanter et, à mes yeux, la valeur de ma vie diminue grandement.

Ce danger m'attire, cette angoisse qui m'étreint, m'attire vers ce néant blanc où on ne reconnaît ni le ciel ni la terre et où la catastrophe peut arriver à tout instant. Je voulais qu'il m'arrive quelque chose d'inhabituel durant ces vacances. Pourquoi pas cela ? Quand vais-je effectuer une mauvaise manoeuvre et me retrouver en dehors de la route ? Quand un autre véhicule viendra-t-il me heurter et me faire valser dans le décor ? Je roule... Je roule... Je m'endors de trop de concentration et de trop d'alcool. Soudain, enfin, j'aperçois dans la rafale les lumières de la ville. Encore quelques milles d'acharnement et le défi est relevé. Je me suis rendue à bon port.

Qu'est-ce que cela m'a donné ? Ma solitude est aussi pesante ici qu'ailleurs, je me retrouve toujours face à moi-même et à cette impossibilité de créer des liens amicaux solides et durables. Avoir des liens avec des gens qui ce soir accepteraient un coup de téléphone, accepteraient de partager cette solitude, contribueraient à diminuer ce poids qui m'étreint ou, mieux encore, auraient le goût de me téléphoner et de partager avec moi le poids qui les écraserait. La nuit tombe enfin et je m'endors devant un poste de télévision qui comme à l'accoutumée présente un film que tout le monde a vu et revu et qui en plus est d'un ennui mortel. Est-ce que ce sentiment de solitude est aussi intense et invivable pour tous? Réveil, prise de conscience de ce retour au bercail éminent, elles sont finies ces fabuleuses vacances qui dans mon coeur n'ont jamais commencé. Je suis consciente que bientôt ma vie va changer, j'ai depuis longtemps pris la décision de changer de vie et c'est bientôt que l'action aura lieu. Mais avant, il reste encore à régler plusieurs choses très peu faciles à faire. Comment faire comprendre qu'une situation ne peut plus exister quand la seule raison est que personnellement je ne suis plus capable de sentir qu'on ne peut m'accepter telle que je suis. Comment expliquer que l'on peut désirer quitter une situation financière sécuritaire pour aller vivre à l'aventure avec rien devant soi, à la merci du lendemain, moi qui vis si mal les lendemains? Comment faire comprendre à quelqu'un, après tout le mal qui lui a été fait, que tout cela est terminé, que cela ne se reproduira plus et que maintenant l'étiquette de maniaco-dépressive que je porte ne représente que du positif? Comment lui faire comprendre qu'il n'a plus rien à craindre et que malgré tout il pourrait m'accorder son amitié? J'en aurais tellement besoin. Je ne veux rien perdre des possibilités d'amitié, c'est déjà ainsi que nous vivons. Comment faire pour retrouver ma liberté, ma soif de me réaliser tout en ne blessant personne et en continuant à entretenir des amitiés qui demeurent pour moi importantes?

Peleter, pelleter, comment l'écrire, comment faire pour sortir mon auto de cet amas de neige où j'ai réussi, je ne sais trop comment, à l'y enliser hier soir? Après beaucoup d'efforts, je remonte exténuée à la maison. Aussitôt entrée, la porte sonne derrière moi. Un grand jeune homme m'offre tout simplement de faire figurer mon véhicule dans une scène de «Lance et compte II», la série télévisée la plus populaire de l'heure. Je ne suis pas une adepte de ces émissions et je n'en ai jamais vu un seul épisode. Il me laisse sa carte et me donne les indications à suivre si cela m'intéresse et il disparaît aussi rapidement qu'il est apparu. Qu'est-ce que ce fantôme, une apparition ou l'événement que j'attends depuis plus d'une semaine? De toute façon, il me faut sortir cette auto tant convoitée de ce banc de neige et sortir de la ville avant l'heure de pointe.

Je quitte la ville quand même un peu plus joyeuse, cette visite inattendue m'intrigue et me fait sourire d'autant plus que mon auto – en plus d'être une Lada, la marque la moins recherchée, la plus critiquée et la dernière sur la liste des autos volées, ce qui démontre bien l'intérêt qu'elle représente – est vieille et le cache très difficilement. Le capot ne ferme plus depuis bientôt deux ans, les portières ne ferment pas juste et ne se verrouillent plus, elle a des marques de corrosion, etc. Moi, je l'aime comme cela, et je me dis: en tout cas, si c'est cela qu'il cherche, c'est qu'elle est encore acceptable et cela me ferait quelque chose de spécial à faire malgré tout, une nouvelle expérience. N'est-ce donc pas cela que je cherchais, de nouvelles sensations, de nouvelles expériences ?

Revenue dans mon village, je passe par chez François pour récupérer mes skis de fond et j'espère qu'il sera de meilleure humeur que la veille. Je tiens à faire une visite éclair, c'est le soir préféré de Richard pour visiter François et je n'ai pas l'intention de me sentir pris entre les deux et de subir leurs sarcasmes. J'ai voulu être une amie pour Richard, j'ai voulu avoir l'opportunité d'apprécier sa musique et de partager certaines conversations comme il a toujours semblé apprécier faire avec moi et soudain, il fait un drame pour une raison que j'ignore; je n'ai rien à me reprocher et je ne comprends toujours rien à tout cela. C'est dommage. Je tiens à partir avant son arrivée parce que cet épisode de ma vie est trop compliqué et des complications, je considère que j'en ai suffisamment eu.

Lorsque j'arrive, la femme de François m'offre un café et commence à discuter de tout et de rien comme il nous arrive parfois de le faire. François est absent. Je ne vois pas passer le temps, puis Richard arrive. Je n'ai pas le choix de rester. Il entre, il ne semble pas surpris de me voir, il s'assied et commence ses discours habituels comme si la fin de semaine n'avait pas existé. Il est comme il a toujours été avec moi depuis que je le connais, avec les mêmes clins d'oeil, les mêmes blagues, attentif et prévenant. Je me suis toujours sentie bien et importante en sa présence, et même cela n'a pas changé; je n'y comprends plus rien.

François entre à son tour et d'après ses regards, son discours et son attitude, je comprends enfin qu'ils se sont rencontrés avant que Richard n'arrive. Ils avaient rendez-vous pour discuter de ce qui s'est passé entre Richard et moi. Je me sens très embarrassée, je ne désire pas être l'objet de tant de manigances. J'ai horreur de déranger les gens à ce point. Je deviens aussi un peu paranoïaque, je ne peux rien déceler de ce qui a été discuté à mon sujet mais je sens que des décisions ont été prises sans que la principale intéressée, c'est-à-dire moi, puisse dire quoi que ce soit pour s'expliquer ou éclaircir la situation. J'ai aussi l'impression désagréable que l'attitude de Richard a beaucoup changé depuis le retour de François. Il a perdu son naturel, et il est devenu très distant. Qu'est-ce que tout cela peut bien signifier ? François, Richard, et la femme de François ??? C'est du chinois pour moi, du vrai chinois. Pourquoi ne pourrait-on pas discuter entre nous de tout ce qui n'est pas clair ou qui ne va pas ? Tout serait tellement plus agréable et nous éviterait de vivre ces sentiments de frustration, ces jeux de cachotteries, de sous-entendus, ce théâtre que tous semblent si bien jouer en ce moment. Il n'y a plus grand-chose de vrai ici et je suis extrêmement mal à l'aise. Je ne sais pas mentir, je ne sais pas jouer et j'ai l'impression que cela me place souvent à l'écart de la société actuelle.

L'attitude de François hier, en était-ce là la cause ? Pourquoi Richard est-il arrivé comme à l'habitude sans rien dire, sans rien laisser paraître. Pourquoi faire un drame d'un fait divers, si fait il y a ? Est-ce que l'image que je projette est si différente de ce que je veux laisser paraître ? Est-ce que ce que je ressens se voit ? Est-ce que les messages que j'envoie sont contraires à ce que je ressens et à ce que je crois ? Suis-je vraiment si compliquée et si différente de tout ce que je fais, cela n'est pas vraiment clair pour mon entourage ?

La discussion s'engage donc entre François et Richard et je suis clouée sur place, je ne me décide pas à partir et je suis tout à fait incapable de me mêler à la conversation même si Richard tente de m'y faire participer à quelques reprises.

Puis soudain j'en ai vraiment assez, je me décide, je récupère mes skis, mes bottines, mon manteau, ma sacoche et, après un bonjour général, prise de panique, je m'accroche dans tout ce que je rencontre, je sors de la maison en catastrophe. Quelle folle de moi je viens de faire, je n'en pouvais plus ! Je sentais mon angoisse de plus en plus forte, je sentais cet étau qui se refermait de plus en plus sur mon coeur et ma poitrine à ne plus pouvoir respirer. J'avais peur de ne plus pouvoir me retenir et me mettre à crier à l'injustice. Il ne le fallait surtout pas. J'ai mon orgueil. J'aurais tout perdu. J'aurais fait peur à Richard, j'aurais donné raison à François de dire que je suis «folle», j'aurais prouvé ce que je suis et ce que je n'accepte pas, puisqu'on ne m'accepte pas.

Adieu le petit rayon de soleil qui était venu enjoliver ma journée. Adieu cette complicité qui existait entre François et moi. Sera-t-elle encore possible ? Suis-je encore capable d'accepter que quelqu'un mène ma vie comme il l'a toujours fait ? Peut-il s'en empêcher ? J'en doute énormément. Est-ce là la grosse différence que le lithium fait en moi: me rendre moins vulnérable, me faire de plus en plus croire en moi et en ma puissance sur mon être ? J'aurai besoin de beaucoup d'explications. Voudra-t-il me les donner ? Voudra-t-il me donner les bonnes explications ? Cela vaudra-t-il la peine ? Et voici que le doute s'installe, je me sens trahie, la personne que je considérais mon ami dans le vrai et bon sens du mot s'éloigne aussi de moi.

Mais quel être suis-je donc ? Quelle peste suis-je donc ? Il y a déjà dix ans que cette entente existe; qu'est-ce qui la brise maintenant ? Comme je me sens impuissante, comme je me sens inutile pour moi et pour les autres. Comme je me sens vide.

I . 3 - QUAND TOUT SE FAIT TROP BIEN

Après tous ces espoirs avortés, l'entrée au bercail me semble encore plus pénible. Je me sens triste, nerveuse et très seule. Je vis sur une ferme laitière depuis plus de trois ans. J'adore la ferme mais dans notre couple, ce n'est plus ce que c'était. Au début, il a accepté mes sautes d'humeur, mon agressivité de moins en moins maîtrisable et toutes mes autres folies aussi invraisemblables les unes que les autres. Il s'en est même souvent senti responsable. Maintenant que je connais la nature de mon problème et que je suis en plein rétablissement, entre nous, rien ne s'oublie, tout a été détruit.

À mon arrivée, la traite des vaches n'est pas terminée et Jean-Louis est encore à la grange. Je n'ai pas envie d'y aller, je n'ai pas envie de me retrouver déjà dans ce contexte, je veux encore rêver. Je dois me ressaisir, je veux mettre les choses au point avec lui ce soir, pour notre avenir, mais je ne veux pas l'assommer. Comment lui dire définitivement que lui et moi c'est terminé, que j'aspire à autre chose, mais à quoi ? Je n'en sais rien. J'aspire à une autre vie. Ce n'est pas que je n'aime pas les animaux ni le travail de la ferme, au contraire, mais je me sens retirée du monde, le contact avec des êtres humains me manque, je suis avant tout une infirmière et cette interaction avec des humains n'existe pas ici. Je rêve que lorsque je parle à une vache elle me réponde, elle me donne son avis, du moins un signe de vie (s'il y a un animal amorphe, c'est bien une vache). C'est facile de penser ces belles phrases, mais comment faire pour tout dire sans être trop radicale en étant toutefois suffisamment décidée ? Comment faire pour être parfaitement comprise ? Comment faire pour que l'autre comprenne parfaitement le fond de ma pensée ?

Il revient donc de la grange et se dit surpris que je ne sois pas allée l'y rejoindre. S'il savait à quel point je me serais passée de tout ce retour, non seulement de la traite, s'il pouvait vraiment comprendre à quel point je ne respire plus dans notre milieu! Le temps passe, je repousse le moment où j'aurai à expliquer des choses que j'ai peine à m'expliquer à moi-même. Je le laisse se détendre un peu avant de l'assommer. Le quitter représente une scission sentimentale autant pour l'un que pour l'autre, c'est certain, mais c'est aussi des difficultés d'ordre organisationnel et de somme de travail sur la ferme pour lui. Depuis quelques mois, j'ai l'impression que je ne suis importante ici que pour mon travail, et pour le reste ... Nous dormons dans des chambres séparées cela illustre bien notre situation. Lorsque le repas est terminé, je me jette à l'eau:

— Je crois qu'après cette semaine de vacances je me dois de te mettre au courant de ce qui me trotte dans la tête parce que cela nous touche tous les deux.

— Tu veux partir ? Je m'y attendais. Est-ce que tu vas attendre que j'aille en vacances comme c'était convenu ?

Je n'en reviens pas, je sais que je ne suis pas très logique mais, après plus de trois ans passés ensemble, je m'attendais à ce qu'il m'exprime un peu de regret, un peu de gratitude, j'espérais un peu de désir de ne pas me voir partir, quelque chose d'autre que son désir de partir en vacances. J'ai vraiment l'impression d'avoir été un poids et un poids lourd pour lui. J'ai l'impression qu'il n'attendait que cela, être enfin débarrassé de moi. Un bon débarras! À moins que, non, il ne faut pas que je vois des ennemis partout mais, par hasard, aurait-il eu la visite de François et serait-il au courant de ce qui s'est passé avec Richard ? Jamais je ne le saurai mais, comme nous ne sommes plus ensemble, il n'y aurait pas de raison d'être jaloux. Cependant, François a réagi tellement bizarrement dans cette situation qu'il n'y a rien d'impossible. Un peu de réalité s'il vous plaît ma demoiselle.

— J'ai promis de rester à la ferme pour que tu ailles en vacances, rien n'est changé. Je te dis seulement que pour moi c'est important que ce soit clair entre nous car je vais commencer tranquillement à me chercher un emploi et j'espère que tu penseras toi aussi à me trouver un remplaçant, sinon, je me sentirai coupable de te laisser toute la besogne. Je suis prête à rester jusqu'à ce qu'il y ait quelqu'un pour t'aider. On pourrait dire jusqu'à la fin de juin maximum. Qu'en penses-tu ?

— Ne t'en fais pas, je me débrouillerai bien sans toi, tu n'as pas à te sentir coupable, c'est bien mieux comme cela, et pour ce qui est d'attendre à la fin de juin, c'est toi qui est la plus mal prise, cela, comprends le bien, ce n'est pas moi. J'ai tout ce qu'il me faut et toi tu n'as rien.

Mais quelle journée, quelle désagrégation de mes rêves, quelle déconfiture ! J'ai l'impression qu'on veut me tuer à petit feu en attaquant mon être profond, on veut m'avoir par les émotions et les déceptions. J'ai l'impression que de part et d'autre on veut me désagréger de l'intérieur comme de l'extérieur en même temps. J'ai l'impression qu'il s'attendait à cette conversation, lui d'ordinaire si hésitant, si peu sûr de lui, ayant de la difficulté à réagir rapidement à des situations nouvelles, tout a l'air déjà très clair dans sa tête. On dirait qu'il s'y attendait depuis longtemps. Il n'y a pas à se le cacher, c'est toute une libération. J'ai vraiment mon bagage de déceptions pour un bon bout de temps, j'espère que demain sera un peu plus rose, ou du moins, noir un peu moins foncé qu'aujourd'hui. J'ai dû être bien terrible avec toutes ces personnes pour qu'elles agissent toutes de la même façon avec moi. Je sais très bien que je suis comme tout le monde, j'ai des défauts (qui n'en a pas) mais je n'ai pas l'impression d'avoir été si négative avec eux pour mériter un tel «châtiment». Mes qualités, et j'en ai, ils les ont tous bien oubliées.

Est-ce que le fait de me retrouver comme je le suis maintenant, grâce à ma médication, aurait créé chez moi un tel changement que mes amis ne me reconnaissent plus et ne veulent plus de cette nouvelle Michèle ? Est-ce que je serais aussi devenue incapable de me défendre ou au contraire, est-ce maintenant que j'agis contre les attaques et les exagérations d'une façon plus normale ? Ce serait pour cela qu'il y a tant d'influences sur moi et que tout se passe de cette façon ??? Mille questions qui resteront encore sans réponse.

La discussion est terminée avec Jean-Louis pour l'instant. Sera-t-il pour quelques jours un peu plus pointilleux sur les détails et sur toutes les observations que je pourrai faire ? Réagira-t-il ? Ou cela est-il la fin d'une étape ?

Je recommence donc mon train-train habituel. La traite des vaches deux fois par jour, la routine de la maison, la comptabilité de l'entreprise sur l'ordinateur et le travail que m'apportent en surplus les absences de plus en plus fréquentes de Jean-Louis. Il trouve toutes sortes d'occasions, telles que des assemblées, des comités auxquels ils n'assistaient pas les années passées, il va magasiner pour son voyage, etc. Je me retrouve beaucoup plus souvent qu'à mon tour à faire la traite seule le soir, et il est de plus en plus difficile de le faire lever le matin. Tout cela me pèse et m'enlève le goût d'entreprendre la recherche d'un logement et d'un emploi même si j'en ressens l'urgence.

Je n'ai même pas le goût de travailler sur moi, de m'analyser, de voir les derniers événements et leur influence sur mon comportement. Je n'ai même pas le goût d'essayer de répondre aux questions pourtant essentielles que je me pose, je me sens bousculée tout en me sentant laissée à moi-même. Je suis mal dans ma peau tout en conservant un sentiment vague d'espoir comme un dernier souffle qui me donne une dose d'énergie que je ne me connaissais plus.

J'ai pris, dans tout ce tourbillon, le temps de communiquer avec le jeune homme pour la séance de cinéma et tout cela semble être bien réel et non de la fumisterie comme François et Jean-Louis essaient de me le faire croire.

François a recommencé à venir nous rendre visite, il vient quand Jean-Louis est là et je deviens alors comme une étrangère parmi eux. François sait maintenant que c'est lui qui m'a fait découvrir le diagnostic que je dois traîner et pour lui la maniaco-dépression c'est de la folie furieuse, et il me le fait souvent ressentir par des allusions ou par cet éternel rejet. Les tentatives que je fais pour entrer dans la conversation demeurent infructueuses. C'est à en devenir réellement folle, on me met de côté, et je suis convaincue de n'être nullement paranoïaque, c'est tout simplement leur réalité. Je me sens dans le camp ennemi et affreusement seule. C'est extrêmement difficile à vivre. Je me sens comme une lépreuse.

II - VIVRE AVEC

II . 1 - IL N'Y A PAS DE HASARD ?

Dans quelques jours, je dois me rendre sur le mont Royal pour le tournage de «Lance et compte». Je dois me déguiser en Russe, c'est-à-dire chapeau plat et manteau noir style militaire, comme si tous les Russes faisaient partie de l'armée. La Russie qui est représentée dans la série télévisée est celle de 1986 et surtout vue de l'oeil américain.

Le jour dit, je suis nerveuse au plus haut point, j'oublie même de mettre le frein à main sur l'auto au poste d'essence et je dois courir après celle-ci avant que quelqu'un d'autre me la démolisse. Je suis consciente de l'importance du moment que je vais vivre, tout en sachant très bien qu'il n'est qu'un événement comme les autres. De toute façon, ce n'est pas moi la vedette, mais mon auto – je ne suis que le conducteur de la vedette... J'ai quand même beaucoup de difficulté à demeurer calme. Je sens une efferves-cence mêlée d'angoisse qui grandit en moi.

J'arrive donc sur la montagne, je dois chercher une Citröen blanche et je ne la trouve pas, je commence donc à faire les cent pas. Les vraies vedettes commencent à arriver et tout le personnel, je n'étais qu'une heure à l'avance. Cela me donne enfin l'occasion de réfléchir. Je constate que, malgré ma décision, je suis très malheureuse. Je devrais ressentir un certain soulage-ment, une certaine sérénité, mais rien. Je ne pourrai tenir longtemps dans l'ambiance actuelle de la maison, je n'ai vraiment pas envie de vivre cela. Cela me pèse énormément. Je me sens dans un tunnel sans fin et, le coeur serré, j'y évolue la tête baissée en retenant le col de mon manteau car il y fait aussi froid pour le corps que pour le coeur.

Il faudra, j'en suis convaincue, aussitôt que Jean-Louis sera revenu de vacances, je me mette ardemment à la recherche d'un toit et d'un travail. Je ne me suis jamais vraiment sentie chez moi dans cette maison mais maintenant c'est pire que jamais. J'ai l'impression de ne plus avoir de chez-moi du tout, j'ai beau vivre dans mes meubles, ce n'est pas chez moi. J'ai beau avoir un certain «pouvoir» sur mon environnement, ce n'est plus chez moi. Je me sens comme si j'étais dans la rue.

Je me demande vraiment si je suis faite pour vivre avec une autre personne. Tout me semble là. Et ce n'est pas la première fois de ma vie que je me pose la question et que j'arrive à cette conclusion. Tous mes problèmes semblent venir de ce fait, l'incapacité que l'on a à mettre en commun les élans de nos coeurs, les idées profondes qui nous habitent, nos désillusions, nos chagrins autant que nos joies, l'incapacité de ce que j'appelle: «mettre ses trippes sur la table», de se montrer à nu devant l'autre, d'être vrai. Cette incapacité réciproque provoque comme un mur quand une relation stable s'installe. La communication, que je désire si intense, devient plus difficile, c'est comme si une peur innée que cela ne dure pas m'empêche de bien vivre ce que j'ai à vivre. C'est comme si, lorsque tout devient sérieux, la transparence des êtres devient si imposante que tout devrait se faire sans aucun effort des participants, comme si tout devrait être dit sans aucune parole, comme si l'amour seul, par lui-même, devrait parler pour nous, parler de nos désirs, de nos besoins, et pourtant, je sais à quel point c'est intéressant de communiquer, c'est tellement rapprochant d'échanger sur l'essentiel comme sur les anecdotes de la vie. L'être humain est si complexe qu'il est impensable pour deux êtres de se comprendre parfaitement sans échanger.

Je sais que le problème vient grandement de moi, de mon perfectionnisme et de mon désir de réussir trop ardent. Il vient sûrement de moi puisque c'est toujours à moi qu'arrivent les ruptures. Je demeure cependant convaincue que je ne suis pas la seule responsable. Peut-être dans mes besoins extrêmes de réussite je transmets à l'autre mes craintes et mes dérèglements mais l'autre a aussi son bout de chemin à faire là-dedans. Tout devrait se faire à deux dans une relation de couple, j'en demeure convaincue. L'entraide ça devrait exister.

On me tire de ma rêverie pour m'indiquer d'avancer mon véhicule près du chalet de la montagne. Je m'exécute et derrière moi, une autre Lada et un Jeep font de même.. On enlève les plaques d'immatriculation de nos véhicules et on en installe des russes. Durant cette opération, la conversation s'entame avec le propriétaire de l'autre Lada. Il me raconte qu'il en est à sa deuxième Lada et qu'il n'a pas vraiment eu de problèmes et même qu'il serait prêt à s'en procurer une troisième. Je trouve son discours un peu inconscient et je n'aime pas vraiment son attitude de je-m'en-foutisme si différente de celle de François. J'espère qu'il ne me collera pas après toute la journée.

Il m'invite à aller prendre un café et il commence à me raconter sa vie dans le moindre détail. Il me raconte qu'il a fait ses études au séminaire de Québec et a failli devenir prêtre. Il a pris la décision contraire quelques heures avant l'ordination, ce qui lui a valu beaucoup de reproches, l'excommunication et toutes sortes de répercussions négatives qu'il a vécues dans la ville de Québec où il est né. Cela n'a rien de surprenant à l'époque où cela s'est passé, l'Église était toute-puissante et s'y attaquer était le plus grand des sacrilèges. Il me raconte qu'il a passé son enfance avec ses parents dans un quasi-hôtel ou plutôt une maison de pension où il y avait une gouvernante, etc. Il me parle de sa mère décédée il y a peu d'années et de qui il n'a découvert le vrai visage que par les paroles des étrangers à son sujet, etc., etc. On nous interrompt pour reprendre la scène ou faire déplacer les véhicules et, aussitôt l'activité terminée, il revient vers moi et continue la conversation là où il l'a laissée. Ce fut ainsi tout au long de la matinée. Je ne me rends pas vraiment compte que nous sommes en train de tourner une scène pour le cinéma et je finis par prendre un peu goût à ces bavardages.

Je n'ai pas l'impression de parler beaucoup mais cela ne me dérange pas, au contraire c'est sécurisant. Il a envie de me raconter tout cela, et bien moi j'ai envie d'entendre l'histoire des autres. J'ai envie de savoir si ma vie est comme celle des autres. J'ai besoin de m'identifier à la normalité. Tout ce qu'il me raconte respire de grandes peines, mais elles sont décrites d'une façon si peu pénible. Elles sont probablement assumées maintenant, ce sont devenues pour lui des faits divers, où il en était l'acteur, mais aujourd'hui il en parle sans trop d'émotions. Il a cinquante-cinq ans et semble avoir quand même eu la chance d'avoir une vie meublée de bons moments qui font oublier les désagréments.

De mon côté, je lui parle un peu de ma vie sur la ferme et que j'envisage de quitter ce milieu. Il ne me pose aucune question et revient à sa vie comme si ce que j'ai à dire ne l'intéresse pas. C'est une oreille qu'il recherche et rien d'autre .

Il m'avoue qu'il est homosexuel et qu'il vit avec le même homme depuis treize ans. La vie est agréable, malgré les difficultés que la vie à deux peut parfois comporter. C'est normal. Après cet aveu, je sens son regard me scruter et chercher une réaction négative à cette déclaration. J'ai toujours eu de la difficulté à avoir des préjugés, je me suis jurée de ne jamais me faire d'opinions sur rien ni personne avant de connaître, avant de pouvoir me faire une opinion personnelle selon mes pensées et mes convictions, même si je risque de me tromper comme pour Richard.

J'ai un copain depuis bientôt cinq ans qui, lorsque nous avons fait connaissance, se cherchait. Ses relations avec les femmes étaient toujours des fiascos psychologiques qui le laissaient pour des mois dans un état de refus total, refus d'essayer à nouveau, refus de chercher la femme qui serait son complément. Nous nous sommes perdus de vue durant plus d'un an. Lors de nos retrou-vailles, je retrouve un gars épanoui, heureux, ayant même perdu ses petites manières qui auraient pu laisser supposer, à l'époque, qu'il avait des tendances homosexuelles. Il m'a avoué qu'il était effectivement homosexuel. Il m'a décrit les sentiments profonds qui le relient à son ami et la sincérité de son coeur face à l'amour qu'il éprouve pour cet homme. Il m'a grandement bouleversée. Je sais que pour lui c'est le sentiment du coeur qui prime, cela est tombé sur un homme. C'est probablement cela qu'il recherchait chez les femmes mais ne pouvait trouver. Je sais que les côtés sexuel et social demeurent déroutants. Comment exprimer son amour pour quelqu'un sinon en se donnant corps et âme à cette personne ? Lorsqu'un homme et une femme dits «normaux» ont un élan du coeur l'un vers l'autre et que la tendresse et les sentiments se mêlent, l'aboutissement n'est-il pas dans une relation sexuelle qui leur permettra d'exprimer pleinement leur amour ? Si ces mêmes sentiments existent entre deux hommes ou deux femmes, pourquoi ne pourraient-ils pas voir leur amour s'exprimer quelque part ? Peut-être au départ existe-t-il une tendance explicable ou non vers l'homosexualité ou l'hétérosexualité mais pour moi l'amour ne se commande pas, tout peut arriver.

Pour l'instant, je n'ai jamais eu de relation homosexuelle, je ne suis jamais tombée en amour avec une femme, mais j'ai vécu des amitiés intéressantes, qui nous donnaient envie de dormir dans le même lit, qui nous donnaient envie de s'endormir dans les bras l'une de l'autre mais jamais nous ne sommes allées plus loin. Je ne le regrette pas, il doit me manquer quelque chose ou j'ai quelque chose de trop qui fait que je ne ressens pas de besoin physique face aux femmes. C'est probablement seulement cela qui fait que je suis hétérosexuelle et non une homosexuelle.

J'ai beaucoup plus envie de connaître le comment et le pourquoi de leur réussite de vie commune que d'entendre parler d'homosexualité. Pour moi, c'est un fait, et cela s'arrête là.

Maurice, comme personnage, me fascine; je l'écoute et je ne veux pas qu'il s'arrête. J'ai même l'impression que se tournage nous dérange. Il est loin d'avoir un physique agréable, au contraire, il est vieux, très bedonnant et pas vraiment propre, mais ce n'est pas sur ce plan que cela se passe. Je me sens confiante, pour une fois depuis très longtemps quelqu'un me fait suffisamment confiance pour me raconter des choses aussi personnelles, cela fait longtemps que quelqu'un n'a pas fait attention à moi, cela me flatte et m'enivre d'une façon très intense et très particulière. Il y a, pour ma part, de la curiosité, de l'intérêt, et le débordement de gentillesse désintéressée de Maurice est en train de me conquérir.

Le tournage est maintenant terminé, je n'ai à peu près rien vu de cette expérience, les à-côtés étaient plus intéressants. Avant que l'on se quitte, Maurice me demande mes coordonnées pour que, si je n'y vois pas d'inconvénients, son copain et lui viennent me rendre visite sur la ferme. Il est convaincu que José sera ravi d'une telle sortie.

Ce personnage très spécial m'a conquise et j'ai envie de le revoir. J'ai toujours envie qu'il se passe des événements particuliers dans ma vie, je veux agrandir mon cercle d'amis et par les temps qui courent cette offre n'a rien de repoussant.

Ce qui m'attriste un peu, c'est que la plupart des gens qui font de tels projets, au premier abord fascinés par la campagne, la ferme, etc., n'exécutent jamais leurs envies. Il y a bien des chances qu'avec Maurice ce soit la même chose et que je ne le revoies plus. Enfin, je lui donne mon adresse et mon numéro de téléphone et je me dis: «Advienne que pourra.»

Nous repartons chacun dans nos vies respectives, lui à son copain et moi à ma vie compliquée et à mes vaches.

À mon arrivée, François est à la maison, tout curieux de savoir si tout cela n'était que le fruit de mon imagination ou de la réalité. Il faut lui montrer les résultats monétaires de cette avant-midi pour qu'il finisse par accepter le fait. Je raconte à François et à Jean-Louis que j'ai fait la connaissance d'un autre propriétaire de Lada. Mais ma description est de courte durée parce que je me rends compte que la situation n'a pas changée et qu'il y a longtemps qu'ils m'ont oubliée et que je n'existe déjà plus pour eux. François a tout simplement dit que je m'apprêtais encore à me mettre les pieds dans les plats en adressant la parole à des inconnus. Il décide toujours pour moi, ce qui est bien et ce qui est mal, ce que je dois faire et ne dois pas faire. J'en ai pas mal assez de cette situation. Je veux vivre par moi-même et sortir de ce joug. Il n'y a rien qui va m'empêcher d'aller jusqu'au bout de mon impulsion. J'ai été bien cette avant-midi comme il y a très longtemps que je ne l'ai pas été avec eux, je veux que cette situation demeure et elle va demeurer.

D'un autre côté, cela me fait très mal de voir François s'éloigner de moi. Cela me fait très mal de le mettre de côté, il a eu beaucoup de pouvoir sur moi, une emprise tout à fait particulière et cela a toujours été très doux de savoir que ce personnage, qui dans le fond m'impressionne, s'attarde à une petite fille innocente comme moi. Cela a toujours beaucoup flatté mon ego de savoir qu'il me regardait d'une façon qui n'est pas tout à fait comme les autres, qu'il me parlait comme il ne parlait pas aux autres, j'avais en définitive une importance certaine pour lui. Je ne peux que difficilement voir s'éloigner de moi cet être qui me fascine depuis le premier jour et qui, depuis que je l'ai rencontré, a toujours su m'épauler.

Depuis quelque temps, je ne fais que commencer à comprendre qu'il m'épaule surtout quand il est en accord avec mes actions et que tout concorde avec ses désirs. Peut-être que je le surestime en mettant son influence sur ma vie à un si haut point, cependant il ne faut pas que je perde cette nouvelle impression face à lui. Dans toute situation, avant d'agir j'ai toujours une pensée pour lui comme s'il était ma conscience, mais j'écoute de moins en moins cette conscience. Si mes déductions sont bonnes, je ne veux pas continuer à me faire manipuler par lui. Il sera cependant difficile de faire la distinction entre ses influences et mes décisions.

Surprise ! je viens de recevoir un téléphone de Maurice me disant qu'il ne pouvait faire autrement que de me rappeler. Il dit avoir été fasciné par notre rencontre et qu'il a passé la soirée de la veille à casser les oreilles de José avec son projet d'une éventuelle visite à la ferme. Il me demande mon accord pour venir me visiter dans deux semaines. Il m'assure que José a aussi hâte de me rencontrer que lui de me revoir. Il est convaincu qu'il me plaira sûrement grâce à sa beauté, ses yeux d'un bleu indéfinissable, etc. J'ai le drôle de sentiment qu'il me prépare une rencontre sentimentale, comme s'il voulait que José et moi soyons séduits l'un par l'autre. Je le mets donc au défi:

— Beau comme tu le décris, il te faudra faire attention, je risque de jeter mon dévolu sur lui et cela en sera fait de votre relation.

— Tu sais, Michèle, tu ne l'as peut-être pas encore compris, mais nous n'avons rien contre les femmes.

Me voilà encore en pleine interrogation. Ce sont des homosexuels ou quoi ? Je sais que les homosexuels n'ont rien à priori contre les femmes mais de là à laisser sous-entendre qu'il me le «laisserait»... C'est intriguant. Il me faudra essayer de bien comprendre cette situation qui me semble très ambiguë. J'espère que leur manigance n'est pas trop abjecte. Je ne les connais pas après tout.

Je suis très surprise et l'enthousiasme de Maurice m'émeut et m'excite. Je me sens attirée par lui, pas physiquement, c'est bien certain, mais je sens qu'il prend de l'importance dans ma vie; déjà, j'ai comme l'impression qu'il n'était pas là pour rien sur la montagne. J'ai l'impression que son rôle dans ma vie pourrait être déterminant. Il est important peut-être parce qu'il fait attention à mon être, je ne lui suis pas tout à fait indifférente comme à tous ceux qui m'entourent présentement. Nous avons peut-être parlé durant deux heures, ce n'est pourtant pas suffisant pour émouvoir un homme de cinquante-cinq ans comme lui, surtout que c'est lui qui a parlé et moi qui ai écouté.

II . 2 - LA SOLITUDE À TRAVERS LA FOULE

Après la traite, durant le souper, je parle du téléphone de Maurice à Jean-Louis, et lui demande si cela le dérangerait si je recevais des visiteurs durant ses vacances. Avec toujours le même détachement et avec une pointe d'ironie pour leur homosexualité, il m'assure que je suis chez moi, que je peux faire ce qu'il me plaît et recevoir qui je veux et il ajoute que même s'il en avait le loisir, il n'aurait pas grand-chose à craindre de deux homosexuels.

Plus le moment de son départ approche, plus il s'éloigne de son travail et de ses responsabilités. Je suis consciente que c'est normal car il a grandement hâte à ces vacances et son esprit est sûrement déjà en vacances. Cela n'arrange pas les choses car ses oublis sont souvent très importants et ont des conséquences fâcheuses. L'entreprise lui appartient et c'est elle qui en souffrira. Je me sens obligée de prendre la relève et cela me déçoit énormément. Il me dit si souvent que je suis ici seulement jusqu'à ce que je me décide à partir que j'ai de la difficulté à avoir à coeur la santé de son troupeau, etc. Je ne suis plus ici pour bâtir un projet de vie comme à mon arrivée, je n'ai aucun salaire, je l'ai voulu ainsi, mais la tâche qui me revient devient soudain très importante et il me faudrait fonctionner comme si cette ferme m'appartenait. C'est difficile à accepter, car les approbations et les renforcements sont tout à fait absents. Lorsque j'en fait part à Jean-Louis, il me semble bien au-dessus de tout cela. Cela a le don de me fâcher et dans la colère il m'arrive de le menacer de partir avant ses vacances, ce qui les gâcheraient complètement. Sur une ferme, on ne remplace pas les gens responsables comme dans tout autre type d'entreprise. La matière première (les vaches) sont des êtres vivants qui réagissent à tous changements. Il n'accepte pas ce genre de chantage et, là-dessus, je le comprends très bien, mais c'est plus fort que moi. Il se fâche à son tour et l'ambiance devient tout à fait intolérable. Ce qui ne m'aide pas à lui faire comprendre que la responsabilité qu'il me laisse sur les épaules me fait très peur et que je ne me sens pas prête à toute éventualité.

Enfin je trouve le courage de lui faire part de mes anxiétés face à la somme de travail qu'il me laisse, de l'attitude très froide de François face à moi, attitude qui me laisse supposer qu'il ne viendra pas me donner un coup de main comme il en avait l'habitude lors des absences de Jean-Louis. Je serai vraiment seule. Il décide donc, pour ma sécurité, de remettre à quelqu'un la tâche que je trouve la plus pénible, ce sera cela en moins.

Cette maudite maladie est en train de faire une espèce de vide autour de moi. Je ne m'entends plus avec Jean-Louis depuis déjà près d'un an, et nous avons continué quand même à faire vie commune. Cela n'a jamais été rose et, dans un sens, il est compréhensible qu'il ait eu le temps de se détacher de moi. C'est pareil pour François. Je crois que je change, j'ai l'impression de me réveiller d'une très longue léthargie mentale. Pour moi tout va beaucoup mieux mais c'est le retour dans le «monde» qui est le plus difficile, je suis en train de me retrouver seule comme je l'étais à Nominingue mais pour d'autres raisons: peut-être était-ce là le vrai début de ma maladie ?

Nominingue, cette partie de ma vie où j'ai voulu me prouver à moi-même que j'étais capable de vivre seule et par mes propres moyens. Nominingue, un endroit très agréable pour le tourisme mais, douze mois par année, c'est autre chose. Nominingue, où en quatre ans j'ai réussi à créer des liens avec seulement deux personnes. Nominingue, l'endroit où la solitude me pesait tellement que j'en étais arrivée à faire la conversation avec mon magnétophone faute de personnes à qui parler. Nominingue, l'endroit où je n'ai jamais su m'affirmer et m'imposer, endroit où je n'ai jamais laissé mon être s'exprimer et se faire connaître, cela ne faisait que créer un vide immense autour de moi. Jamais je n'ai su y faire ma place au soleil. Malgré tout, aujourd'hui cela demeure de bons souvenirs, maintenant que le cauchemar est terminé et que j'en suis sortie. J'y étais partie pour y avoir un emploi intéressant, et sur ce point, ce fut une réussite professionnellement et financièrement, mais quant au côté moral et au côté humain de l'aventure, ce fut un échec quasi complet. Il y avait là le vide et la solitude, et je crois que c'est là aussi que le fatalisme de mon existence, le manque de confiance en moi dans mes relations humaines, le repli sur moi-même ainsi que les idées noires ont commencés. C'est aussi à cette époque que j'ai connu François; il fut un baume pour moi durant cette période.

Plus jamais je ne veux ressentir ce vide absolu autour de moi. Vide qui finissait par être à l'intérieur de moi et qui me faisait voir l'éternité comme la clé à mes problèmes. Ce vide qui ressemblait aux vacances que je viens de passer mais en plus difficile parce que cela a duré des années. J'ai peur, il ne faut pas que cela se reproduise, j'ai l'impression que je ne réussirais pas cette fois-ci à passer au travers. Nominingue, je l'avais décidé, c'était déjà un peu plus acceptable ainsi; cette fois, c'est mon entourage qui m'abandonne parce que je ne suis plus des leurs. J'ai hâte de mieux connaître Maurice et de faire la connaissance de José pour pouvoir mesurer à quel point je suis un personnage repoussant et négatif qui mérite d'être abandonné.

Ce matin, Jean-Louis rencontre François il a peut-être enfin compris quelque chose. Je n'ai jamais rien su de leur conversation sinon que François viendra à tous les jours vers dix heures donner l'ensilage aux vaches et rien de plus. Il se dit très pressé, attitude nouvelle chez lui; il semble toujours qu'avec lui les journées ont soixante-quinze heures, il a toujours du temps devant lui, mais aujourd'hui, pas pour moi il n'a même pas cinq minutes.

II . 3 - L'HOMOSEXUALITÉ, CE N'EST PAS DE L'INCONNU POUR MOI

C'est demain le grand départ. J'irai reconduire Jean-Louis chez mon frère avec qui il fera le dernier trajet tôt samedi matin pour s'envoler vers Haïti et vivre ses vacances tant souhaitées. Je commence à avoir le trac, j'ai un peu l'impression que je me suis embarquée dans une drôle de galère en acceptant de prendre la responsabilité de la ferme pour deux semaines, j'aurais voulu pouvoir être certaine de me fier à quelqu'un pour les interrogations et les imprévus. J'ai besoin que l'on m'indique clairement que je peux trouver un support quelque part, mais je ne le trouve jamais.

Durant ce dernier après-midi, Maurice m'appelle pour me confirmer que José et lui seront chez moi samedi matin. Je n'ai à m'inquiéter de rien. Il m'affirme qu'ils ont franchement hâte d'être ici. Maurice est toujours très excité par cette visite comme si elle était une oasis inespérée ou un rêve qui se réalise. Son excitation est très communicative, c'est vrai que j'ai hâte de le revoir, c'est vrai que j'ai hâte de connaître José. C'est aussi vrai que je suis contente de servir à quelque chose d'autre que mon travail physique. Mais il y a quand même un petit côté de moi qui a peur. Peur de quoi, je l'ignore, mais ces temps-ci, n'ai-je pas un peu peur de tout ?

Je suis contente qu'on vienne «chez moi». Ce sera vraiment chez moi lorsque Jean-Louis sera parti en vacances, enfin, pour prendre du bon temps, cela me fait un immense plaisir.

Face à leur homosexualité, la bizarrerie demeure. Je me demande si je serai capable de vivre à leur côté et de dire, comme pour mon copain: «Je suis contente que vous vivez ce que vous désirez», ou comme pour Nicole, je sois prête à accepter même si je suis directement concernée.

Nicole, ce fut en janvier dernier. Prise de découragement et de nostalgie comme à l'habitude, je suis allée à mon ancien lieu de travail; il y avait déjà huit ans que je n'avais pas mis les pieds dans cette immense boîte. En cherchant mes anciennes collègues, je rencontre une ancienne compagne d'étude. Il y a au moins dix ans que nous nous sommes vues. Elle me regarde avec un air très surpris et j'ai de la difficulté à bien percevoir si elle est contente de me voir ou non. Nous échangeons quelques banalités et nos coordonnées, à mon avis plus par routine du geste que vraiment dans un but précis.

Tout a tellement changé que je retourne chez moi avec une porte définitivement fermée sur mon passé et de nouveau la routine me bouffe et me bouffe encore.

Après la traite, ce soir-là, le téléphone sonne: à ma grande surprise, c'est Nicole.

— Allô, Michèle ? Nous avons été tellement bousculées par le temps cet après-midi que je me suis dis qu'il fallait absolument continuer la conversation.

— Cela me fait extrêmement plaisir, mais je vais te dire que tu es la dernière personne dont je pensais avoir des nouvelles.

— Michèle, il faut que je te dise tout de suite, depuis que je t'ai aperçue, j'ai envie de te le dire. J'ai peut-être eu l'air très bizarre cet après-midi, c'est parce que j'ai été éblouie, tu as tellement changé. Nous nous sommes toujours très bien entendues, donc cela me faisait énormément plaisir de te voir, mais en plus de te voir avec ce corps à faire rêver, toi qui étais plutôt, ne nous cachons pas les faits, grosse. Je te retrouve après tant d'années; ce qu'il y avait dans ta tête ne peut avoir changé et en plus tu as fondu de quasiment la moitié. J'ai été grandement frappée. Michèle, il faut que je te le dise, tu m'as séduite.

Comme entrée en matière, c'est plutôt direct. Elle m'a parlée de sa vie durant les dix dernières années, de sa relation et de sa vie commune avec une autre femme durant quatre ans, de sa recherche du bonheur. Pour elle, dans la vie le but à atteindre c'est le bonheur, comme pour tout le monde, et pour elle, le bonheur c'est un monde plein de tendresse, plein d'amour et de compréhension. Jusque là, ses théories sont exactement les mêmes que les miennes. Pour elle si ces trois éléments sont réunis, que l'être qui lui apporte ce complément d'elle-même soit un homme ou une femme est plutôt secondaire, mais elle préfère la douceur d'une femme à l'autorité d'un homme. Pour moi, jusqu'à présent, ma préférence est allée aux hommes.

Face à l'exposé de ses conceptions de la vie, je suis surprise, je ne me souviens pas de l'avoir jamais vue sérieusement avec un gars; le seul dont je me souvienne, ressemblait plus à un amour fraternel qu'à un amour tout court. Je me sens gênée par le fait qu'elle jette ainsi son dévolu sur moi, gênée mais flattée et je n'ai aucunement envie de lui raccrocher la ligne au nez. En plus, je ne me sens pas insultée. Elle me raconte tout cela, mais ne me fait aucune proposition directe, elle me dit seulement à plusieurs reprises qu'elle tient absolument à ce que l'on ne se reperde plus de vue et que mon corps l'a éblouie, et enfin, elle souhaite que son orientation sexuelle ne nous séparera pas. La conversation prend fin et je demeure tout à fait songeuse sur tous ces commentaires. D'abord et avant tout, on ne m'a jamais fait de compliment sur mon corps aussi directement, j'ai longtemps été complexée par les rondeurs de mon corps, quand je dis rondeurs, je suis très généreuse, je souffre d'obésité et cela a toujours été pour moi un gros handicap. Grâce au travail sur la ferme, j'ai réussi à atteindre un poids acceptable et à le maintenir, mais personne de mon entourage ne m'a dit autre chose que «tu as bien maigri, ça te fait beaucoup mieux comme cela», comme si je ne le savais pas.

Jamais on ne m'a dit les choses avec émotion et admiration comme Nicole vient de le faire; c'est très agréable à entendre. C'est mon premier contact réel avec le lesbianisme et dans l'état mental où je me trouve, c'est-à-dire désabusée de la vie et ayant subi plusieurs expériences infructueuses avec les hommes, j'en arrive à me demander si le bonheur pour moi ne se retrouverait pas dans ce monde inconnu. Jean-Louis est très dérangé que je passe deux heures au téléphone avec une fille qui me fait de l'oeil. Pour lui, j'aurais dû raccrocher dès la première allusion, il trouve tout à fait indécent et déplacé que je me sois laissée prendre à ce petit jeu.

La semaine suivante, Nicole me rappelle et me dit qu'elle a grandement essayé d'être raisonnable, elle avait le goût de m'appeler à tous les soirs. Elle insiste pour que l'on se voit. Nous nous donnons rendez-vous les jours suivants chez elle. Nous avons beaucoup parlé comme deux vieilles amies qui se retrouvent après autant de temps. Je redécouvre la femme que je connaissais, pleine de projets, pleine de talents artistiques, etc., en somme une femme intéressante, mais je ne ressens rien de particulièrement attirant, rien qui aurait pu ressembler à l'attirance que je peux ressentir face à un homme intéressant.

Elle m'invite maintenant à aller passer deux jours à son chalet dans le nord. Je me dis que le moment de vérité est arrivé et qu'il faut que je me fasse une idée .

Serais-je encline à donner mon attention, mon amour à une autre femme ? Cette réalisation de la recherche du bonheur, Nicole aurait-elle raison de dire qu'elle peut se trouver auprès d'un homme autant qu'auprès d'une femme ? Peut-être que ces deux jours de ma vie m'apporteront les réponses aux millions de questions que je me pose. La seule chose que je sais, c'est qu'avec Nicole, ou avec n'importe quelle autre femme ou avec n'importe quel homme, il n'y aura pas d'aventure strictement physique, cela je me le suis toujours refusée et je ne changerai certainement pas pour la curiosité d'une relation physique avec une femme. Ce sont mes sentiments qui sont en cause et c'est avec cette émotivité que je veux vivre.

Avant de partir, je suis persuadée que j'aime beaucoup Nicole, mais pas avec un grand A. Je suis persuadée aussi que j'aurai l'occasion de découvrir si j'ai des tendances homosexuelles ou non. Si ce penchant, que psychologiquement on dit naturel, est important dans ma vie, peut-être aurais-je trouvé là la solution à mon problème de relations interpersonnelles, à moins qu'il ne soit tout simplement causé par ma maudite maladie.

Tout est prévu, nous partons pour le chalet à Chersey et nous échangeons sur mille sujets durant le trajet qui dure plus d'une heure et demie; il n'y a aucune allusion à nos situations respectives. Je la sens très heureuse et elle me dit que de passer ses quelques heures en tête à tête avec moi lui procure un vif plaisir, une joie qu'elle n'a pas ressentie depuis déjà un bon moment. Cela me fait plaisir, mais peur en même temps. Je ressens toutefois la même chose que si j'étais partie pour deux jours dans le nord avec un homme à qui je ne fais pas une entière confiance. Il subsiste toujours une petite crainte, une petite insécurité, une certaine interrogation, une certaine appréhension.

Arrivées au chalet, on fait le souper et avant même que la table soit finie d'être dressée, la bouteille de vin est déjà vide et Nicole est dans un état second. Après le souper, nous continuons à boire, et toujours aucune allusion.

Puis soudain, vers trois heures du matin, elle se lève, ouvre une porte de chambre non réchauffée (elle en avait ouverte une à notre arrivée pour la laisser se réchauffer puisque le chalet était fermé à notre arrivée) et me dit que celle-ci sera ma chambre, puis elle s'enferme dans la chambre réchauffée et claque la porte. Je crois que ce n'est pas ici et cette nuit que je vais découvrir quelque chose sur moi et sur ma vie.

Le lendemain, au lever elle prépare ses bagages. Je l'imite. Les échanges verbaux sont quasi absents. Nous faisons le voyage de retour sans un mot. À deux ou trois reprises je fais des remarques sur le paysage mais elle ne réplique pas.

À notre arrivée chez elle, elle me somme de monter prendre un café, elle a des choses très importantes à me dire. Je me sens à sa merci, j'obéis mais je me sens aussi agressive face à sa réaction depuis la veille au soir. C'est beau être déçue, mais cela a des limites, il faut quand même demeurer sociable un tout petit peu! Moi aussi je suis déçue et je ne fais pas une telle «gueule». Je m'attendais à un oui ou un non du destin, mais pas à ce vide et à ce point d'interrogation qui subsiste.

Durant au moins une heure, par beaucoup de détours, elle finit par me faire comprendre qu'elle attendait beaucoup plus de moi que ce qui s'est passé durant ce voyage, elle s'attendait à recevoir de la tendresse de ma part et, à sa grande déception, je n'ai fait aucun geste vers elle, je suis restée là à attendre; elle est très déçue. Je lui explique ce que j'étais venue chercher dans ces quelques heures de vie commune et elle me dit:

– Tu peux chercher ailleurs, tu n'es pas douée pour ce genre de relation. Si tu avais eu des tendances si petites fussent-elles, je les aurais ressenties et j'aurais au moins fait certains gestes pour me rapprocher de toi, certaines tentatives. Oublie cela, moi j'essaierai de te ranger dans mon tiroir aux souvenirs et aux échecs.

Il ne nous restait plus qu'à se quitter, moi quasi convaincue que la solution à tous mes problèmes n'était pas là, et elle déçue que je ne sois pas la femme qu'elle attendait.

L'histoire de Nicole, qui entre autres avait été très mal perçue et très mal reçue par François et Jean-Louis, même si déjà à l'époque notre couple était un échec et que nous faisions déjà ce qu'on appelle «chambre à part», m'a quand même fait percevoir que pour Nicole les sentiments sont aussi importants que pour un hétérosexuel mais que l'identité des rôles aussi est importante. J'y ai aussi appris que ce type de relation n'avait plus grande importance pour moi. J'ai enfin compris que, pour moi, une femme ne peut susciter dans mon coeur qu'un bon sentiment de camaraderie.

II . 4 - LE DÉPART QUI MET UN POINT FINAL

C'est notre dernière soirée ensemble. Je demande à Jean-Louis de récapituler avec moi tout ce qui peut arriver et l'attitude que je dois avoir dans chaque situation, de me dire tout ce que je dois observer, en définitive, m'éclairer sur toutes les questions que je peux encore me poser sur le travail et la responsabilité qui m'attendent. Je considère, à tort peut-être, que ma demande n'est pas excessive. Il y a à peine quatre ans, j'étais une infirmière et je n'étais à peu près jamais entrée dans une grange. Je n'ai pas l'impression d'avoir pu tout apprendre en si peu de temps. Mais ce soir, il ne peut répondre à ma demande, il a une démarche à faire, il m'assure que l'on verra cela demain. Je me retrouve encore seule avec mon angoisse et mes inquiétudes. Je regrette déjà amèrement d'avoir proposé de prendre la relève de la ferme durant son absence, ce fut un élan de générosité non mesuré, encore une fois, une impulsivité. Je panique vraiment, c'est bizarre, j'ai l'habitude de manquer de confiance en moi mais jamais aussi démesurément. J'ai l'habitude d'avoir le trac mais jamais à ce point, peut-être que j'étais plus du style fonceur dans mes «high» qu'aujourd'hui. Je me sens mal dans ma peau, ébranlée, déséquilibrée, nerveuse et ce en dehors de ma normalité habituelle, je ne me sens ni trop «high» ni trop «down» comme ce serait normal dans mon état. Cela me fait paniquer encore plus, je ne me comprends pas. C'est un cercle vicieux. J'ai l'impression de m'en aller dans un monde tout à fait inconnu; pourtant, ce monde sera composé de beaucoup d'éléments connus. J'ai de la difficulté avec moi-même. Jean-Louis qui connaît toutes les facettes de mon état doit l'avoir ressenti, mais il ne fait rien pour m'apaiser.

Enfin, Jean-Louis part de la ferme aujourd'hui. Il est très nerveux, je le comprends, c'est la première fois qu'il prend des vacances en vingt-huit ans. Il était temps! C'est la première fois qu'il prend l'avion, c'est la première fois qu'il va dans le sud, c'est la première fois qu'il se permet de se payer du bon temps. Il passe la journée à vérifier certaines choses, à faire ses bagages, à vérifier et à revérifier si tout est là, etc.

Enfin, parce que maintenant je commence à avoir hâte qu'il parte, la tension est tellement forte qu'il n'y a vraiment plus rien d'intéressant dans notre cohabitation. On part enfin pour Montréal. En chemin, la tension diminue pour la première fois depuis des semaines. Nous pouvons même échanger quelque peu. Il me parle, pour la première fois depuis que ce voyage est décidé, de ce qu'il en attend: du beau temps, de nouveaux amis, de nouvelles connaissances, de nouvelles activités et peut-être même l'amour. Il a l'intention de ne rien perdre de tout ce qui s'offrira à lui durant ce séjour. C'est dans ce but qu'il a choisi le Club Med. Il me parle à coeur ouvert comme s'il n'avait plus rien à perdre, il me dévoile ses pensées comme jamais il ne l'a fait. Il devient même intéressant. Je découvre, à cette dernière minute de vie commune, un côté de lui qu'il m'a caché depuis que nous sommes ensemble. Il est capable de parler de ses sentiments, mais pas de ceux qu'il ressent pour moi... C'est probablement parce qu'il ne ressent plus rien pour moi, c'est peut-être aussi parce que désormais il n'a plus de responsabilités sur les épaules, il me les a toutes remises, il peut relaxer, se laisser aller. S'il part dans cet état d'esprit, il fera assurément un excellent voyage et en reviendra probablement très différent; tant mieux pour la prochaine femme de sa vie, pour moi c'est bien fini. C'est peut-être dommage ???

Je lui fais part des sentiments de panique que je vis face aux deux semaines qui viennent mais je le convaincs en même temps, puisque maintenant il est trop tard pour que tout soit différent, que je me débrouillerai très bien toute seule de toute façon, puisqu'il y a plein de gens tout autour pour venir me dépanner. Qui ? je ne le sais pas, mais il vaut mieux qu'il parte l'esprit tranquille et que je continue à avoir l'air sûre de moi.

Nous arrivons enfin chez mon frère. Il est très content de nous voir et je lui remets les rênes, c'est lui qui aura la tâche d'aller reconduire Jean-Louis samedi matin à l'aéroport pour le grand départ.

Après une discussion qui tourne en rond, je dois maintenant commencer à penser au retour, demain matin ce sont les deux semaines de labeur qui commencent et je dois être en forme. C'est le dernier moment à passer avec Jean-Louis. Il me prend dans ses bras et me dit: « Je ne m'inquiète pas, je sais que tu es capable de bien faire cela, encore bien plus que tu ne peux le penser toi-même. Ne t'inquiète pas non plus, aie confiance.» Bon, maintenant c'est lui qui m'encourage, je n'en crois pas mes oreilles. Puis il m'embrasse, me sert très fort dans ses bras. Je lui souhaite bon voyage et je pars.

Seule dans l'auto, je sais qu'une nouvelle vie commence, une vie que je n'ai pas nécessairement envie de vivre mais face à laquelle je n'ai aucun choix, il faut que je fonce. Donc je pense à demain et commence à préparer ma journée. Je me souviens alors que j'aurai des visiteurs et c'est prévu pour très tôt dans la journée, il faut donc que je me lève aussitôt que le cadran sonnera, il ne faudra surtout pas que j'écoute ma paresse des matins encore très noirs en mars. Je n'ai pas envie de les recevoir en vêtements de ferme à moins que je sois encore à la grange à leur arrivée. Je m'aperçois que j'ai souvent pensé à eux et que j'ai très hâte de les rencontrer même si mon état général de grande nervosité m'empêche d'être vraiment et totalement moi-même. Je m'aperçois que durant cette semaine j'ai espéré le téléphone de Maurice sans pour autant vraiment y croire. Lorsque j'ai parlé de cette visite à François, il m'a dit que je me mêlais à du bien drôle de monde, que je tentais le diable en recevant des gens que je ne connais pas. Je lui ai donc demander de venir voir à la maison si tout va bien lors de sa visite de samedi matin. Cela rassurera tout le monde. Je lui ai aussi demandé ce service pour le mettre dans une situation qu'il n'aime pas. Il est allergique aux homosexuels c'est comme s'il avait peur de se faire contaminer, peur de perdre sa virilité, peur que l'homosexualité soit contagieuse. La situation aurait été insoutenable. De mon côté, j'ai hâte de connaître José, j'ai l'impression que je vais me faire de nouveaux amis. Je me sens très ouverte face à eux, je n'ai aucune crainte, je n'ai aucun ressentiment à leur venue, j'ai même l'impression que leur arrivée dans ma vie provoquera enfin une éclaircie dans mon ciel nuageux à l'extrême. J'ai l'impression qu'enfin une page se tourne et cela ne peut être que pour le mieux.

Enfin, j'arrive à la maison qui me semble déjà très vide et quand je pense que j'ai tout cela à faire fonctionner pendant deux semaines... Je sais qu'il faut me fermer les yeux, retrousser mes manches et foncer. Je dois me concentrer sur le travail à faire et laisser un peu tomber mes problèmes. J'aurai bien le temps d'y réfléchir quand Jean-Louis sera revenu. Maintenant, je dois dormir, j'ai peut-être une belle journée à vivre demain.

III - UN PEU D'ESPOIR À L'HORIZON

III . 1 - LA RENCONTRE

C'est le premier matin. Le cadran sonne. Je me lève d'un bond, nerveuse. Je suis prête à l'attaque, on me donne un défi à relever, eh bien ! je le relèverai. Lorsqu'on me présente un défi, j'ai la bonne ou la mauvaise habitude de foncer, donc, comme le bon petit soldat que je suis, je suis prête pour le combat et je vaincrai. Je me présente à la grange, il est cinq heures quinze du matin. Je m'organise une routine afin d'essayer de ne rien oublier, de faire mon travail le mieux possible et dans le moins de temps possible. Je tiens à être parfaite et je sais que je peux l'être. Je veux réussir à relever ce fameux défi avec le plus grand succès possible. Je suis convaincue que François entre autres ne crois pas à Michèle devenue pleinement fermière. Je ne veux pas réussir dans le but de prouver quelque chose à François, mais pour moi – cela n'est pas ce qu'il y a de plus facile à faire. Ce matin, je sais que plus rien ne peut arriver pour modifier ce destin, maintenant que Jean-Louis est parti, rien ne pourra modifier la lourdeur de ma tâche. Il ne me reste qu'à assumer mes responsabilités.

La montagne a beau être haute, il me faut coûte que coûte l'amadouer, petit à petit, et j'y réussirai. Quatre heures trente pour un premier matin, c'est pas mal du tout. Quelle fierté: j'ai réussi le trentième de ma tâche et la montagne a été coupée de moitié par le fait même.

Il doit être très nerveux, ce cher Jean-Louis, sur le point de s'envoler vers une destination où il croit trouver le bonheur et la paix. Je le lui souhaite ardemment tout en sachant que c'est la paix de son âme qu'il recherche avec tant d'acharnement.

Maurice et José doivent arriver vers dix heures. J'ai à peine le temps de me laver et me changer et ils seront ici. Je suis encore très nerveuse, je me demande quel genre de personnage est José, ce qu'il pense, est-il aussi gentil, aussi agréable que Maurice me l'a laissé croire ? Et toujours la même question, dans le fond, qu'est-ce que deux homosexuels viennent faire sur une ferme où il n'y a qu'une femme et le tout en lui disant que les femmes, eux, ils n'ont rien contre cela ? Et moi, dans le plus profond de mon être, qu'est-ce que je cherche dans le fait de recevoir deux homosexuels chez moi pour une fin de semaine ? Je réussirai peut-être à répondre à toutes ces questions un jour mais pour l'instant, je n'ai ni le goût ni le temps de m'y arrêter.

J'ai un peu peur, je crains de n'être pas à la hauteur, je crains de les décevoir beaucoup plus que d'être déçue moi-même. Je crains leurs buts, leurs désirs, j'ai peur d'avoir peur, tout cela est tellement inconnu pour une femme sans beaucoup d'histoire comme moi. J'ai peur d'être stupide, de ne pas comprendre leur langage, de ne pas les comprendre tout simplement.

Eh bien, voici le moment de vérité qui arrive, voici l'autre Lada qui entre dans la cour. Un homme que je connais déjà en descend, cela me fait sourire, je crois que je suis réellement contente de revoir Maurice, j'ai comme l'impression que j'ai besoin de lui en quelque part. Ils entrent dans la maison, déposent leurs bagages. Maurice fait les présentations. Me voilà gênée à l'extrême, c'est vrai qu'il est beau comme un coeur, le style d'homme que j'apprécie énormément, grand, blond, les cheveux passablement longs, une barbe et, en plus, les yeux les plus turquoise que j'ai jamais vus. Il ne parle pratiquement pas, il reste figé sur place et je sens très bien que ce n'est pas pour les mêmes raisons que moi.

On prend un café, histoire de créer une ambiance, et José est toujours silencieux. J'ai l'impression qu'il est préoccupé, et pas aussi content d'être là que Maurice le laissait sous-entendre. J'essaie de le faire participer à la conversation mais sans succès. Maurice, de son côté, semble très à son aise. Il a repris la conversation là où on l'avait laissée sur la montagne, comme si on ne s'était jamais quittés.

Comme promis, François vient vérifier si tout va bien une fois sa tâche terminée. Il est très mal à l'aise, et je suis contente de lui avoir infligé cela, c'est comme une vengeance personnelle même si je ne suis pas vraiment consciente de mes agissements dans le fond. Il m'assure sa présence pour le lendemain. Enfin une certitude pour le travail.

Ma cousine arrive avec ses deux enfants en disant s'ennuyer seule chez elle puisque son mari est au travail. Elle commence une discussion avec Maurice, ce qui me permet de faire visiter la maison à José et de peut-être réussir à le faire réagir ou du moins à le connaître davantage ou lui laisser la paix si c'est cela qu'il recherche. Je découvre chez lui le désir de travailler pour embellir les choses. Il a plein d'idées sur la rénovation de la maison qui est loin d'être avancée. Il me dit aussi que c'est le genre de choses sur lesquelles il n'est pas sur la même longueur d'ondes que Maurice mais ce dernier apprécie quand même tout ce qu'il fait.

Lorsque nous sommes revenus dans la cuisine, il retombe dans son mutisme. J'en conclus qu'il ne veut rien savoir de parler avec moi et que cette fin de semaine sera beaucoup moins rose que je me l'étais imaginée. Je décide donc d'aller amuser les enfants puisqu'Hélène est toujours en grande conversation avec Maurice. Je me dis que si José se retrouve seul il réagira peut-être. Je me sens très malheureuse. Il n'y a que Maurice qui semble jouir de cette situation même si le monde devrait être bien dans sa peau.

Environ quinze minutes plus tard, je reviens vers José et lui dit:

— José, c'est peut-être le seul moment qui nous est donné pour se connaître un peu, tu n'as pas beaucoup parlé depuis ton arrivée. Et si on est pour devenir des copains, en tous les cas vivre sous le même toit jusqu'à demain soir, j'aimerais bien savoir à qui j'ai affaire.

— Tu sais, moi, j'ai l'habitude de parler quand je suis prêt à le faire, quand j'en ai envie et que j'ai quelque chose à dire, pas avant.

Je reçois cela comme une porte fermée qu'il ne veut pas ouvrir, comme un refus systématique de se laisser connaître et de connaître, comme un refus de possibilités d'amitié. Je suis frustrée, je prends cela comme un affront personnel, un rejet de ma personne. Je me replie sur moi-même. C'est la deuxième fois qu'il repousse les avances que je fais pour le découvrir un peu. J'en conclus donc que soit il n'a pas l'intention de créer des liens avec moi – il est venu ici comme on fait une visite touristique pour faire plaisir à Maurice – soit, contrairement à ce que Maurice m'avait annoncé, c'est un être qui n'a que la beauté, qui n'a pas vraiment de profondeur et que la seule façon pour lui de le cacher, c'est de se donner de l'importance en proclamant ne parler que lorsqu'il a vraiment quelque chose à dire. Il ne faut pas gaspiller une si précieuse salive. Il ne faut pas dépenser inutilement cette précieuse énergie à tenir une conversation stérile. C'est une belle façade. Je suis un peu fâchée de la tournure des événements, moi qui avais réussi à trouver normal d'avoir une telle profondeur dans le regard, et qui m'étais convaincue que ce ne serait pas la couleur de ses yeux qui me ferait faire des folies. Il me rejette tout simplement. Je n'aurai pas à me battre contre moi-même et ma nature pour le repousser.

Puis voilà que tout à coup, il s'élance, il me raconte comment il aime son travail. Il est cellier, il me dit comment le cuir est une matière vivante contrairement aux synthétiques, il me parle de la passion qu'il ressent en travaillant le cuir, du côté artistique de la chose, de la vie qui s'y trouve, etc. Il me raconte qu'il a acheté la cordonnerie de son père et qu'il l'a revendue par la suite, comment il voit le fait de travailler maintenant pour quelqu'un d'autre. Il me parle des chevaux qu'il aime beaucoup, de là son amour pour les animaux, son amour des vieilles maisons, etc. Il me parle aussi de la vie qu'il a vécue avec Maurice, des embûches qu'ils ont dues traverser. Il semble maintenant en avoir tant et tant à raconter. Autant Maurice m'avait captivée sur la montagne, autant José maintenant me passionne sur d'autres plans. J'aime l'entendre parler, me décrire son travail; il semble l'aimer et semble aussi être quelqu'un qui travaille parce qu'il aime ce qu'il fait et non pas seulement pour le salaire qu'il en retire à la fin de la semaine. Je le perçois comme un passionné, comme un perfectionniste et un amoureux de son travail.

Je crois que maintenant j'ai pu percer quelque peu sa nature, qu'il a bien voulu me laisser entrer dans son univers. Il me fascine autant que Maurice et je me demande où cela va me mener. Nulle part, c'est certain. Hélène décide de partir. Quelques emplettes nous obligent à aller au village et là je leur montre une maison que j'aurais aimé acheter pour mon «Marché aux puces». Nous nous y arrêtons pour visiter l'extérieur, José et moi, de la neige à la hauteur des cuisses tandis que Maurice se contente de regarder la façade. José est convaincu qu'on peut toujours faire quelque chose avec cette maison mais que cela prendra du temps, de l'argent et surtout de la patience. Maurice est très négatif face à cette embardée. Ils finissent par dire qu'on peut y penser. Je ne pose aucune question mais je me demande ce qu'ils ont à faire là-dedans, c'est mon projet, et je ne crois pas les avoir invités à le partager. Ce «on» m'intrigue et me dérange, je sais très bien qu'acheter cette maison fait partie de mes rêves puisque je n'aurai jamais suffisamment d'argent pour faire toutes les réparations qui s'imposent, et je ne me crois pas moralement assez forte et assez folle pour m'embarquer dans une telle aventure. J'ai présentement un plus grand besoin de me sentir protégée par quelqu'un que d'augmenter mon stress à ce point et en plus avec de purs étrangers. Ce serait de la folie furieuse.

Depuis leur arrivée, ils me donnent l'impression de vouloir prendre beaucoup de choses en main, à ma place. Ils semblent quasiment me dire: «Viens t'appuyer ici, tu as maintenant deux bonnes béquilles pour t'aider à fonctionner.» Ils ont, sans m'en laisser le loisir ou sans m'en laisser le choix, pris les rênes en quelque sorte et c'est aussi comme si je ressentais une forte envie et un réel besoin de les laisser faire, de me fermer les yeux et de leur dire: «Allez-y, moi je vous suis aveuglément, de toute façon je ne vois déjà plus clair.» À quel point ceci est-il réfléchi de ma part ???

Je crois que ce ne l'est aucunement mais je crois aussi que cela ne m'importune d'aucune façon, l'important c'est de découvrir tout simplement une épaule pour appuyer ma tête et me laisser voguer. C'est de me servir de cette perche qui m'est tendue, je ne sais ni comment, ni pourquoi, mais de profiter de ce qui m'est agréable pour mon bien-être personnel, j'en ai besoin.

De retour à la maison, c'est l'heure de la traite. José et moi nous habillons pour la circonstance et partons pour la grange. Maurice préparera le lapin et tout sera prêt à notre retour.

J'explique à José le travail à faire. Je me sens très gênée de le faire travailler ainsi, c'est quand même un invité et je le mets à la tâche comme un forcené.

Je fais mon travail et soudain, je l'entends siffler, ceci me donne une joie énorme au coeur. C'est comme si pour la première fois je faisais la traite sans me sentir seule. Avec Jean-Louis, cela n'a jamais été ainsi, nous faisions notre travail chacun de notre côté. À deux reprises, durant la traite, nous avions à faire des choses ensemble; au début, nous nous embrassions rapidement, après chacune de ces actions, c'était nouveau, c'était agréable mais c'est devenu routinier comme le reste, la signification du geste s'est estompée, tranquillement nous avons cessé cette pratique sans même nous en parler, et sans que cela ne semble nous déranger ni l'un ni l'autre. Depuis ce temps, le travail se faisait en silence, sans contact entre nous, puisque nous n'avions plus rien à nous demander ou à expliquer.

Entendre ce sifflement me fait renaître, me fait sourire et je ressens profondément le besoin de faire partager à José toutes mes belles pensées et mes sensations. Il est surpris que je m'arrête à un si petit détail et me dit que s'il siffle, c'est parce qu'il est bien dans sa peau et heureux de faire ce qu'il fait.

Avec mon manque de confiance en moi habituel, j'ai peur que, après lui avoir fait connaitre ma réaction, il ne trouve plus l'inspiration et cesse cette petite musique si agréable. Au contraire, lorsqu'il se remet à siffloter, il lève la tête et me fait un très beau sourire. Ce qui prend beaucoup de notre temps. Durant le reste de la traite, à chaque fois que nous passons l'un près de l'autre, nous nous arrêtons, il plonge ses yeux dans les miens et la conversation s'engage un peu plus longuement qu'elle n'aurait dû. J'ai l'impression qu'il goûte aussi intensément que moi ces moments agréables, et qu'il pense tout comme moi que la glace est enfin brisée entre nous et qu'une espèce de complicité est en train de s'installer.

Je nous sens sur la même longueur d'ondes, nous partageons des sensations tout à fait semblables, et nous nous y plaisons de la même manière.

Par deux fois, Maurice vient nous rendre visite à la grange pour voir si nous allons bientôt avoir terminé mais nos sourires et nos conversations étirent le temps de façon très indécente. La traite enfin terminée, je suis convaincue que cela aurait pu durer encore une heure ou deux et que cela ne nous aurait pas réellement dérangé tant l'ambiance était bonne, et que nous étions tomber tous les deux sous le charme. Même lors des visites de Maurice, j'avais l'impression que nous nous sentions coupables de la même manière, parce que nous prenions notre temps et nous goûtions à ces instants d'une façon privilégiée et cela en laissant Maurice de côté.

De retour à la maison, nous prenons nos douches. En arrivant dans la cuisine, j'aperçois trois couverts extrêmement bien dressés, un plat de tomates et de concombres, une salade avec vinaigrette au fromage bleu et, pour terminer, un plat de lapin à la sauce moutarde et une bouteille de vin. Il y a longtemps qu'un tel festin n'a pas eu lieu ici. Après la complicité que je viens de vivre avec José, c'est au tour de Maurice de m'épater avec ce repas qui mériterait une cote de cinq fourchettes au minimum. Je suis comblée, je me sens gâtée, portée sur un plateau d'argent, je me sens revalorisée parce qu'enfin quelqu'«un», en l'occurence quelqu'«uns» a le goût de se dépenser quelque peu pour me faire plaisir. Je suis au septième ciel, le coeur m'en fait mal, c'est comme si j'étais anxieuse, mais la douleur est agréable.

Tout est parfait durant le souper. La conversation s'entame sur la vie de Maurice que José semble connaître par coeur et on se met à philosopher sur la vie. J'ai l'impression que plus la soirée avance, plus ils me sont sympathiques. J'apprends toutes sortes de choses dont la faillite qu'ils ont faite quelques années auparavant, les embûches professionnelles qu'ils ont rencontrées et toutes sortes d'expériences qu'ils ont vécues. C'est comme si on m'initiait à un passé qui aurait dû être le mien. C'est très particulier de sentir son propre passé comme non à sa place et la nécessité de partager des faits où je brillais par mon absence.

III . 2 - L'AUTRE CÔTÉ DE LA MÉDAILLE

Soudain, Maurice se tourne vers José. Son expression a changé, et une conversation où je suis exclue pour la première fois s'entame; il devient de plus en plus agressif:

— Je ne comprends toujours pas pourquoi tu n'as pas voulu et pourquoi tu ne veux toujours pas te servir de l'expérience des autres avant de faire des erreurs.

— J'ai besoin de faire mes propres expériences, j'ai besoin d'apprendre par moi-même, j'ai besoin de me prouver à moi-même que je suis capable de me défendre dans la vie.

— On a vu cela dernièrement avec Sonya. Là encore, tu as voulu faire ton expérience, tu as choisi une fille qui est pleine de problèmes, qui se fait du roman et qui y croit, qui se fait plaindre par son entourage. Elle n'attire que de la pitié, je te l'avais bien dit qu'elle n'était pas pour nous. Pourquoi ne t'ouvres-tu pas les yeux ?

Qu'est-ce que c'est que cette Sonya, qu'est-ce que c'est que cette femme dans ce couple d'homosexuels mâles ? Mes théories commencent à s'ébranler. Cette prise de bec me met très mal à l'aise et le sujet encore plus. On discute du sort de quelqu'un dont j'ignorais même l'existence cinq minutes auparavant. Drôle de manière de faire connaissance. José aurait-il trompé Maurice avec cette fille ? Il se défend tant bien que mal.

— Laisse Sonya en dehors de tout cela, je te l'ai dit, c'est réglé toute cette histoire-là, c'est terminé avec elle, tu devrais être content, c'est ce que tu voulais, non ? Tu l'as obtenu. Ne reviens plus là-dessus.

Rien n'est clair dans cette situation, je ne comprends rien dans les interactions de chacun des acteurs. Je me sens extrêmement gênée par cette scène de ménage, j'ai l'impression d'être de trop. J'ai l'impression d'être devant un père qui fait des remontrances à son fils pour une de ses aventures. Ce n'est pas tout à fait le discours d'un amant jaloux devant une rivale tenace. Je me sens indiscrète. Je me lève et vais commencer à faire la vaisselle, là je me sentirai en sécurité. Je les entends toujours discourir avec des voix de moins en moins charmantes. Puis soudain, José m'interpelle avec cette voix maintenant devenue dure:

— Michèle, qu'est-ce que tu fais, laisse cela là et viens t'asseoir avec nous, je tiens absolument à ce que tu sois là pour entendre tout ce qui va se dire. Je tiens à ce que tu sois témoin et au courant de ce que nous sommes. C'est important pour le futur.

Son ton n'est pas vraiment agressif mais déterminé, il n'y a aucune réplique possible. De toute façon, je suis très contente que quelqu'un se souvienne de mon existence. Il m'installe confortablement avec un tabouret. José reprend la conversation et le ton continue à monter graduellement:

— Pourquoi te sens-tu toujours obligé de jouer le rôle de mon père, pourquoi faut-il que tu me dises toujours quoi faire ?

Maurice se fâche, il devient tout rouge, tape sur la table, se lève:

— Parce que tu m'as fait trop de mal avec Sonya. Tu dois l'admettre, elle t'aimait. Probablement à sa façon égoïste, elle te voulait tout à elle, elle voulait que je parte; je t'ai offert de le faire, tu as refusé. Si tu veux faire ta vie avec elle et me mettre de côté, voilà, tu n'as qu'à le dire. Tu sais quel genre de femme elle est, elle te raconte toutes sortes d'histoires, et toi tu la crois. Tu n'en as pas assez ? Qu'est ce qu'il te faut de plus ?

— Tu le sais, avec Sonya c'est terminé. Il ne me reste que deux promesses à tenir, une à elle et l'autre à sa fille; aller au cinéma avec la première et assister à la représentation de patinage de fantaisie de la seconde. Ce n'est pas la fin du monde. Elle ne reviendra plus à la maison, tu n'en entendras plus parler et ce sera comme avant qu'elle fasse irruption dans notre vie. Cela va régler le problème, n'est ce pas ? Dans moins de deux semaines, tu n'auras plus jamais à faire supporter à tes yeux son image ni à entrendre le son de sa voix. Quand je t'ai parlé de cette deuxième sortie, tu as hésité, mais tu as fini par être d'accord, tu ne peux pas avoir déjà changer d'idée, il faut prendre chaque chose en son temps et ne rien mêler ni ne rien bousculer. Tu es d'accord ?

— (...)

— Tu n'as cependant pas répondu à ma question, pourquoi faut-il que tu me dises toujours quoi faire ?

Je n'en peux plus, je n'ai pas l'intention qu'ils en arrivent aux poings ou qu'il se crée un froid irréparable et que la fin de semaine soit gâchée. Tout a toujours l'habitude de se gâcher quand cela devient intéressant, je n'ai pas l'intention que cette fois-ci cela se produise sans que je réagisse:

— Bon, cela suffit, vous ne pensez pas que votre querelle a assez duré, vous ne sentez pas que vous me mettez très mal à l'aise en vous chamaillant à propos de choses que j'ignore et que vous ne me donnez pas le goût de connaître. Vous avez le choix: vous continuez à vous chamailler et moi je vais nourrir les bêtes et me coucher ou bien on efface et on change de sujet; moi je n'en peux plus.

C'est le première fois depuis qu'ils sont arrivés que je ne me sens pas bien dans ma peau, c'est aussi la première fois que j'interviens vraiment. Depuis qu'ils sont là, je me suis en quelque sorte laissée mener selon leur bon vouloir, dans les discussions qu'ils décidaient, j'acquiesçais à ce qu'ils demandaient, mais là c'en est trop et je tiens à leur faire savoir que j'ai ma place dans tout cela et que je tiens à la maintenir, j'existe et je tiens à ce qu'on en tienne compte et qu'on tienne compte de ce que je pense et aussi de ce que je ressens .

Maurice ne semble pas très heureux de mon intervention. José est entièrement d'accord avec moi que ces discussions devraient se passer entre eux et non devant moi puisque cela ne me regarde pas. Il pense quand même que j'ai le droit d'être mise au courant de l'évolution de leur vie.

— Je ne veux pas d'explications, je veux tout simplement que l'on retrouve la bonne entente et la bonne ambiance que l'on avait réussi à créer depuis le matin. Si vous voulez me donner des explications, vous me les donnerez demain, à tête reposée, et sans agressivité, je comprendrai mieux et le tout se fera sans émotivité et sans démolition.

Ils semblent surpris de mon intervention mais ils sont d'accord. Maurice enchaîne sur un tout autre sujet avec une facilité qui me surprend. Il agit comme si la conversation précédente n'avait jamais existé ou comme si elle n'avait eu aucune importance. Il raconte le temps où il était journaliste, je trouve qu'il a une facilité extrême – que son métier de journaliste lui a donné pour faire croire n'importe quoi à n'importe qui – de créer les plus grandes machinations. En réalité, c'est ce qu'il reprochait à Sonya. La conversation bat son plein comme si rien ne s'était passé. On parle d'homosexualité. Ils me racontent le coup de foudre qui a eu lieu entre eux, quand José avait vingt et un ans, sur les plaines d'Abraham et ce qu'a été la vie pour eux. Ils me posent des questions sur ma vie. Je leur raconte rapidement mon mariage raté, ma meilleure amie qui est partie avec mon ami, mes autres grandes peines; dans l'état actuel des choses, je n'ai pas beaucoup de joies à raconter.

Quand je pense au passé, je pense surtout et avant tout à Denis, l'homme que j'ai tant aimé, et que la fatalité m'a enlevé dans un accident d'auto. Ils m'écoutent tous les deux avec grande attention, mais je n'ai pas l'impression que ce qu'ils entendent les émeut ou même que cela leur importe, je les sens même indifférents. Je suis encore déçue.

La facilité qu'ils ont eu à oublier leur discussion m'étonne et je les trouve très particuliers, je suis de plus en plus fascinée, de plus en plus émue et, le vin aidant, je leur dis que je ne comprends pas bien qui ils sont, ce qu'ils font mais que je trouve que cette soirée et surtout cet échange à trois où on peut vraiment se sentir bien me fascinent et me donnent l'impression d'être dans un monde inconnu, où je ne connais pas les règles du jeu mais où je me sens bien. Je leur dis aussi qu'il y a longtemps que je n'ai pas discuté de la sorte avec une personne, et que d'être capable de le faire avec deux m'étonne encore plus car il n'y a pas d'attrait physique ni sexuel en jeu, il n'y a pas d'enjeu, seulement un échange qui est très intéressant. Je suis maintenant tellement bien que j'en ai oublié la prise de bec du souper.

Silence, aucun commentaire, moi qui croyais ouvrir une porte pour comprendre le «on n'a rien contre les femmes, au contraire». J'ai seulement l'impression que là-dessus ils se comprennent et que je ne suis pas prête à comprendre. Cela m'étonne, parfois tout me semble si ouvert et, à d'autres moments, tout me semble si fermé. J'ai un peu l'impression que l'on s'ouvre quand c'est avantageux et que l'on se referme quand cela ne l'est pas. Bizarre. Mais enfin, je le saurai bien un jour, ou peut-être jamais. José me rappelle que l'on devrait aller nourrir les animaux puisque demain on devra se lever très tôt pour la traite. Nous partons silencieusement pour la grange. Il s'arrête pour regarder les étoiles, il semble goûter à la nature avec une très grande intensité.

De retour à la maison, c'est le branle-bas de combat pour le coucher. Je suis gênée, la porte de ma chambre ne ferme pas, je me cache donc dans un coin pour essayer de me soustraire aux regards de ceux qui peuvent passer dans le corridor. Tout à coup j'entends Maurice :

— Bon, ma belle Michèle, on va se dire bonsoir.

Je suis nue comme un ver, je m'apprête à enfiler ma robe de nuit, mais je l'entends dans le corridor et n'ai pas le temps de réagir. Il est dans ma chambre et regarde mes seins d'un oeil que je vois intéressé, puis nos yeux se croisent. Il me dit: «Excuse-moi» et se retire.

Je suis très confuse. Pourquoi y a-t-il des moments où cela ne nous dérange pas; j'ai fait du nudisme, cela ne devrait pas être si grave qu'un homosexuel voit mes seins, mais non, il faut que je me sente mal à l'aise. José sort de la salle de bain, passe devant ma chambre, me souhaite bonne nuit et insiste très fortement pour que je n'oublie pas de le réveiller pour la traite du matin. La conversation s'entame d'un bout à l'autre de la maison, eux dans leur lit, qui est celui de Jean-Louis, et moi dans le mien. Je me sens extrêmement seule, je ne comprends pas pourquoi, mais je m'ennuie de leur présence. Je trouve tout à fait injuste qu'ils soient deux si près l'un de l'autre et moi...

N'en pouvant plus, et la curiosité aidant, j'ai envie de les voir coucher un à côté de l'autre. Je profite d'une question que je fais semblant de ne pas comprendre, je me lève et vais m'asseoir par terre sur le pas de leur porte. José m'invite à m'asseoir sur le pied du lit et la conversation continue. J'ai devant moi le tableau de deux hommes dans les bras l'un de l'autre, José caressant les seins de Maurice et je devine que sous les draps il y a d'autres caresses qui sont plus intimes. Durant la conversation, José dit parfois à Maurice: «Attention, va plus doucement, tu me fais mal" et Maurice, de son côté, ronronne et part souvent dans des fous rires inexplicables. Je finis par me sentir de trop et je crois aussi que leurs agissements sont voulus pour voir ma réaction. Je leur souhaite donc une bonne nuit, les embrasse chacun leur tour et me retrouve encore plus seule dans ma chambre, où je me masturbe en m'inspirant du spectable que je viens de voir.

Le cadran sonne déjà, il faut se remettre à la besogne et ce sans attendre, de peur que le courage disparaisse et que le désir de retourner au lit soit le plus fort. J'entends du bruit. José est déjà prêt, il ne veut pas manquer cela pour tout l'or du monde. Il est toujours aussi beau que la vieille, je n'ai pas rêvé, et déjà il est souriant. Maurice nous dit qu'il nous préparera un bon petit déjeuner. La traite se passe comme la veille, douce, agréable, entrecoupée de sourires entendus, de questions, et pleine de complicité. Je me sens très heureuse dans ce contexte. Les derniers mois vécus sur la ferme et à l'extérieur ont été tellement terribles, tellement noirs, tellement vides, sans relation agréable, que ce baume de fraîcheur ne peut faire autrement que de m'habiter tout à fait, me combler entièrement et m'impressionner même s'il est illogique. Chaque fois que je rencontre José, à la maison ou à la grange, dans un corridor ou ailleurs, j'ai toujours droit à un sourire charmeur, convoitant, possessif et compréhensif. Il me gêne et me donne des frissons.

Je me présente la première au déjeuner et Maurice se met à me parler de José:

— Je te l'avais bien dit qu'il était beau, hein, et quand il prend sa douche (on entend couler l'eau), souvent il m'appelle pour que j'aille lui aider et ce sont là les plus beaux moments, pouvoir frotter et caresser ce grand corps en entier... et il m'arrive de finir moi aussi dans la douche.

Ce discours me choque et me gêne, il n'a pas besoin de me décrire leurs ébats amoureux, cela n'est pas nécessaire. Cependant, je découvre que je ne détesterais pas du tout savonner ce grand corps et me faire savonner par ces belles grandes mains qui ont l'air si douces.

Holà! Attention, loin de moi ces pensées, cela ne m'amènerait qu'à me mettre les pieds dans les plats une fois de plus et cette fois-ci de la façon la plus royalement imbattable. Cette façon que Maurice a de me regarder lorsqu'il me décrit leurs ébats, avec toujours la recherche de ma réaction, et la teneur de son discours me font un peu peur. Je le trouve déplacé, effrayant.

José descend, beau comme un coeur, et Maurice le met au courant de notre sujet de conversation. José va embrasser Maurice passionnément. Je m'ennuie, je ne voudrais plus être témoin de ces effusions et de ces démonstrations d'amour, moi qui suis seule et qui se meurs d'amour. Comme s'ils avaient su lire dans mes pensées, ils s'avancent chacun de leur côté, m'enlassent et m'embrassent avec beaucoup de chaleur. Je suis très gênée et José ajoute:

— Il va falloir que tu t'y fasses parce qu'on a pas l'intention de laisser s'enfuir le merveilleux bijou que l'on vient de découvrir.

Moi, un bijou, et cela venant de la bouche de José ! J'ai toujours l'impression que c'est plus sincère quand cela vient de José. Pourquoi ? Je n'en ai aucune idée, c'est une sensation surtout avec des paroles tellement agréables à l'oreille.

Nous sommes en plein mois de mars, il fait très beau et très chaud pour la saison, nous décidons donc d'aller nous asseoir sur la galerie. Je suis dans la maison à faire du café quand je me sens soudain attendrie par le spectacle qui s'offre à moi. Par la fenêtre, je vois Maurice et José assis côte à côte, la tête de Maurice repose sur l'épaule de José et la tête de José repose sur celle de Maurice. Comme ils ont l'air tendres, comme ils ont l'air bien, ils n'ont pas peur de montrer ce qu'ils ressentent. Lorsque je reviens dehors, je m'aperçois que Maurice s'est endormi et José me fait signe de ne pas faire de bruit pour ne pas le réveiller. Est-ce que les couples d'hétérosexuels se permettent encore, après treize ans de vie commune, de démontrer des signes de complicité semblables, est-ce qu'ils se permettent de se laisser aller et de montrer que la présence de l'autre est encore nécessaire, voire essentielle ???

José veut profiter de ce moment où nous nous retrouvons tous les deux pour m'expliquer la discussion d'hier.

— Nous te devons des explications et je tiens à te les donner moi-même.

— Si on tient à ce qu'il n'y ait pas de troisième guerre mondiale, tu es mieux de tout m'expliquer, mais je tiens à te dire que je n'y vois aucune obligation de ta part. Dans le fond, je crois que j'aimerais mieux ne rien savoir.

Je ne veux rien savoir car je crois que j'ai peur que cela fasse naître le doute dans ma tête face à leur intention. Il y a maintenant quelque chose qui me dit d'être méfiante, de rester consciente de ce que je vis. Cependant, mon besoin de me sentir apprécier et de changer de vie est tellement grand...

— Il y a deux côtés au problème. Premièrement: depuis quelques années, Maurice semble se prendre pour mon père, il ne croit pas aux décisions que je peux prendre, il ne croit pas en moi, il pense qu'il doit tout décider pour moi et il le fait. Je n'ai jamais eu la possibilité de prendre des décisions, de voler de mes propres ailes. C'est pourquoi, lorsque je le fais, je fais souvent des erreurs, c'est normal, je suis comme un adolescent de dix-sept ans dans ce domaine. Quand j'ai des réussites, il ne les voit pas, du moins il n'en parle jamais. Il me reproche toujours mes faux pas. J'essaie depuis quelque temps de lui faire comprendre que s'il cessait de me «couver», je deviendrais apte à prendre des décisions, j'apprendrais la vie par d'autres chemins que par les siens et cela ne ferait que m'enrichir face à lui, cela me permettrait de vivre moins dans son ombre, cela me permettrait d'avoir des choses à raconter moi aussi. Il se refuse entièrement à cela. Il dit qu'il est pleinement capable de me montrer le chemin dans la vie. Je ne sais pas si tu as remarqué mais depuis que nous sommes ici, le sujet de conversation a souvent été Maurice; je le comprends très bien, il a un vécu qui vaut la peine d'être connu, mais j'aimerais beaucoup moi aussi avoir quelque chose à raconter. Je tiens à te préciser que l'attitude de Maurice me tombe maintenant fortement sur les nerfs, je suis de moins en moins capable de le supporter. Tout cela peut s'expliquer par la deuxième chose que je veux t'expliquer. Hier tu as entendu parler de Sonya. C'est une longue histoire mais j'aimerais beaucoup que tu sois au courant. Tu es en voie de devenir une très grande amie pour nous, il est normal que tu connaisses ce qui se passe dans nos vies. Donc, nous parlions de Sonya (quand José parle de Sonya, il a le regard lointain, dans un rêve, comme si à ce seul nom, l'avenir se traçait devant lui)... Sonya, c'est une fille qui travaille avec moi depuis bientôt un an. Quand elle est arrivée à l'atelier, personne ne lui parlait, elle était toujours seule dans son coin aux pauses café et aux heures de repas. J'avais remarqué qu'elle travaillait très bien le cuir et, un bon midi, je suis allé le lui dire. Petit à petit nous sommes devenus des amis. Le fait que je sois homosexuel l'a beaucoup bouleversée et l'a rendue réticente. Elle s'est faite à la réalité et a accepté de rencontrer Maurice, elle s'est donnée le temps de le connaître, de s'habituer à lui et elle l'a accepté et s'est même mise à l'aimer. Depuis quelque temps, les choses se sont envenimées. Nous sommes allés au New Jersey chez les parents de Sonya qui ont raconté toutes sortes de choses sur son comportement. Il n'y avait que Maurice qui pouvait échanger avec eux puisque je ne suis pas bilingue. Il a découvert qu'elle nous avait beaucoup menti. Finalement, elle s'est fait une réalité et nous amène à y vivre par ses mensonges. Ce sont les conclusions de Maurice.

Il a très mal pris de s'être si longtemps laissé berner par elle. Il ne veut plus la voir, il ne veut plus en entendre parler, tu as vu. Cela m'a fait beaucoup de peine mais à force de me donner des preuves, j'en suis arrivé aux mêmes conclusions que lui. Nouvelle erreur de jugement de ma part; d'après Maurice, j'aurais dû percevoir cela au premier abord. Maintenant, tranquillement je me détache d'elle. Je ne veux pas lui faire de mal, ni à elle ni à sa fille qui commençait à beaucoup s'attacher à nous. Il ne me reste qu'à tenir mes deux promesses, mais Maurice n'est pas d'accord. Je ne me sens pas capable de ne pas les tenir, elle est toujours là pour me les rappeler. Présentement, elle a beaucoup de difficultés, quelqu'un a fait une plainte à la Protection de la jeunesse l'accusant de ne pas bien prendre soin de sa fille et cela, je le sais très bien, ce n'est pas vrai. Pour elle c'est comme un coup fourré et elle a besoin de beaucoup de soutien là-dedans.

Maurice ouvre les yeux, il est clair qu'il a écouté toute la conversation:

— Si elle peut déguerpir de notre vie avant de me faire mourir, moi je ne peux vivre en sachant qu'à tout moment elle peut apparaître à l'horizon.

— Je vous en prie, là j'ai compris ce qui arrivait, mais si vous voulez que je garde un bon souvenir de cette fin de semaine, je vous en prie, ne recommencez pas à vous quereller. Je suis tellement bien avec vous deux que lorsque vous vous disputez, cela me bouleverse énormément.

— J'espère que tu ne penses pas te débarrasser de nous aussi facilement, ce ne sera pas la dernière fois que tu vas nous voir. Maurice et moi avions justement pensé revenir te donner un coup de main au cours de la semaine.

Je suis très surprise par ce commentaire, cela me flatte énormément. J'espérais bien que je les reverrais car la vie depuis environ trente heures en leur présence a été très agréable même si en même temps je n'ai pas pu toujours suivre l'évolution de mes émotions et de mes sentiments d'une façon rationnelle. Je crois que c'est un fait, j'ai envie de les revoir, j'ai envie de partager de nouveau des idées, des moments et toutes sortes de bonnes choses avec eux, et surtout je n'ai plus envie de me sentir seule. Leur présence est tellement complète que j'ai même l'impression que leur départ va causer un grand trou, un grand vide.

Nouvelle traite, toujours très agréable même si José commence à connaître sa «job» et qu'il a de moins en moins besoin de venir me demander des renseignements. Sa présence est toujours des plus souhaitables.

Dans toute cette histoire de Sonya, j'ai l'impression que José est un genre d'otage. C'est Maurice qui décide et lui se laisse convaincre et se brise le coeur. Il est clair à mes yeux qu'il aime cette fille et que Maurice ne veut surtout pas partager son amour. Quand elle est le sujet de discussion, José devient très triste et ne se mêle plus aux méchancetés que Maurice peut dire sur Sonya. Le départ arrive. Ils refont leur baggage. Il s'est passé beaucoup de choses durant cette fin de semaine et cela me permettra de réfléchir. Avant leur départ, j'ai un éclair de génie, j'ai besoin de mettre cela clair:

— J'espère que vous n'êtes pas en train de venir me chercher pour remplacer Sonya dans vos vies, pour que la séparation soit moins difficile. N'oubliez pas une chose, je suis une maniaco-dépressive donc aussi folle qu'elle, si tel est votre but, oubliez cela, et oubliez-moi.

Maurice s'empresse de riposter:

— Mais qu'est-ce que tu vas chercher là, Sonya c'est Sonya et toi, c'est toi. Tu es beaucoup plus intéressante qu'elle, beaucoup plus belle qu'elle et beaucoup plus intelligente qu'elle.

— Et beaucoup plus autonome qu'elle, ajoute José. Puis on ne va jamais chercher une personne pour en remplacer une autre. Si elle la remplace, cela se fait doucement et rien n'est calculé par personne dans ce sens.

Je demeure quelque peu sceptique, cette réponse semble trop toute faite. Je me pose des questions, mais il ne faut quand même pas que je devienne trop susceptible, je ne ferais plus jamais confiance à personne.

— C'est vrai, je m'excuse, mais avec tout ce que j'ai entendu... il y a de quoi douter parfois. Et avant de vous faire part de mes sentiments, il était important pour moi d'éclaircir ce point. Vous savez, nous avons vécu plus de trente-six heures ensemble durant lesquelles je vous regarde fonctionner et je dois vous avouer que je suis jalouse de vous. Jalouse de votre entente, jalouse de votre amour, jalouse de ce que vous pouvez ressentir l'un envers l'autre, jalouse de la vie que vous partagez, jalouse de vos treize années de vie commune, moi qui ne réussis jamais à supporter une relation plus de trois ans. J'ai l'impression que malgré Sonya, malgré les coups durs de la vie, vous vous retrouvez toujours tous les deux pour vous épauler, vous finissez toujours, comme un chat, à retomber sur vos quatre pattes. En un mot, je vous envie, vous m'avez fait vivre ici, en fin de semaine, un mode de communication qui faisait, à mes yeux, partie du rêve, un mode de communication qui me semblait trop beau, trop parfait pour pouvoir exister réellement. Vous m'avez fait goûter à une vie que j'ai toujours espérée vivre à deux et voilà que vous me la faites vivre à trois. Nous avons discuté à trois d'une façon intelligente, sans qu'aucun de nous ne soit rejeté ou mis de côté et de façon à ce que tous les trois soient impliqués entièrement et pleinement. Si cela a pu exister entre nous trois, en fin de semaine, il y a beaucoup de chance que ce soit possible entre deux, cela me rempli d'espoir en la vie et plus précisément dans ma vie amoureuse. J'espère ardemment retrouver cette même entente un jour avec un homme. Je crois tellement à la communication, je l'ai tellement idéalisée que je croyais, comme la vie me l'a démontré, que cette communication ne faisait que partie du rêve et rien de plus. J'avais cessé d'y croire et voilà que vous deux venez me prouver le contraire. Je n'y comprends plus grand-chose, mais c'est bon.

— Tu vas avoir deux grandes journées pour y réfléchir, me répond José, parce que nous allons revenir cette semaine te donner encore un peu de joie et le coup de main que tu mérites.

Et en regardant Maurice :

— On va avoir un peu de boulot à faire aussi, il faudra bien s'installer.

— Tu as raison, bon, il nous faut partir, tout le monde se lève très tôt demain et on n'est pas rendu.

Maurice ne semble pas content des propos de José, il semblait pourtant décider lui aussi à revenir cette semaine, mais c'est comme si José avait pris une initiative sans le consulter. José a peut-être raison dans tout ce qu'il m'a expliqué de sa relation avec Maurice.

Maurice m'embrasse très amicalement et José me prend dans ses bras, plonge ses beaux yeux bleus dans les miens et m'embrasse très tendrement. Et c'est le départ.

III . 3 - J'AI PEUR DE ME RETROUVER SEULE

La vie redevient normale, si cela est possible de retrouver une vie normale après avoir vécu une telle fin de semaine. C'est très essoufflant de vivre tant d'émotions. Il me semble qu'il y en a tellement eu et que je me suis sentie tellement bien que j'en arrive à me demander si cette fin de semaine fait vraiment partie de la réalité, qu'elle n'est pas le fruit de mon imagination.

Je prends mes responsabilités du mieux que je peux et François vient tous les jours comme prévu. Il évite de me parler d'autres sujets que de la grange et du travail. Quand il s'aventure sur d'autres sujets, c'est pour me dire que je suis folle de recevoir ces deux gars-là, il me dit que je vais gâcher ma vie, mais il ne m'offre même pas son amitié pour compenser. Je ne lui demanderais rien d'autre, seulement de la compréhension de sa part et je n'aurais pas besoin d'aller la chercher ailleurs. C'est facile de dire à une personne qu'elle est folle, c'est facile de juger de l'extérieur. Il est bien plus difficile de lui tendre la main et de tenter de l'aider à sortir des situations difficiles dans lesquelles elle est. J'ai le droit d'avoir quelques bons moments même si aux yeux de tous, ils sont «anormaux». José et Maurice me font revivre. Après ces mois de noirceur, n'est-ce pas cela qui est important ? Ils ont été une éclaircie, une annonce du printemps après un très long hiver, un avant-goût des beautés de l'été. Été qui ne se passera pas avec eux, cela c'est certain; bon, me voilà encore en pleine fatalité, pourquoi cette amitié ne durerait-elle pas ? Pourquoi faut-il toujours que j'anticipe le pire, pourquoi faut-il que je considère que rien n'est complètement définitif, qu'il y aura toujours une porte de sortie, une fuite de l'un ou l'autre des participants. Pourtant, pour l'instant j'ai comme la conviction profonde que ce que je vis, je voudrais que cela dure éternellement, et en disant cela, il existe toujours un petit courant d'air sous la porte qui m'invite à croire que rien n'est éternel, mais qu'en passant, il existe ce baume qui me donne la certitude qu'il y a encore dans le destin qui m'est tracé certains moments plus agréables que ceux que je vis ici depuis si longtemps.

Je suis en mal d'amitié, d'amour, de tendresse, de gentillesse, d'attention, de partage, de... quelque chose. J'ai mal. Je ne veux plus jamais revivre cette sensation de solitude extrême où dans l'univers entier il n'y a personne vers qui me tourner. Je le sais et c'est sûrement cela qui me fait voir la relation avec mes deux petits copains comme si importante. Il ne faudrait pas exagérer non plus, et dire qu'une nouvelle amitié si peu réfléchie et en plus si peu logique soit anormale. Qu'est-ce qui me resterait si je n'ouvrais pas la porte à José et à Maurice ? Qui est-ce qui veut bien échanger des idées avec moi ? À qui cela tente-t-il de me manifester ne serait-ce qu'une infinie parcelle de gentillesse ? Personne. Pourquoi ? Parce que pour les autres, je suis différente, parce qu'à leurs yeux je me drogue en me bourrant de lithium, c'est bien pire que le «hash», que le «pot» ou que la cocaïne puisque c'est prescrit par un médecin. Je suis dépendante des pilules; pourtant on sait très bien que le lithium est un sel et qu'on ne peut scientifiquement le classer comme médicament comme tel. Le vide s'est fait tranquillement autour de moi, on ne me comprenait pas, c'était trop compliqué. J'avais un comportement agressif par instants, amorphe par d'autres mais je demeurais la même puisqu'on m'avait toujours connue ainsi. On ne s'apercevait pas que mon comportement allait en se détériorant et que je me sentais de moins en moins bien dans ma peau. C'était mes états maniaco-dépressifs qui devenaient de plus en plus présents. Mes «amis» n'ont pas compris et encore moins accepté que je sois une «handicapée mentale».

Ils n'ont pas accepté de m'avoir fait confiance, ils n'ont pas accepté de s'être trompés et d'avoir laissé quelqu'un d'anormal s'infiltrer parmi eux. Ils n'acceptent pas que je sois obligée de voir un psychiatre régulièrement. Pour eux, un psychiatre c'est quelqu'un qui modifie l'essence même de la personne et fait en sorte qu'elle devienne un robot dans la société. Il fait en sorte qu'elle cesse de penser par elle-même. À leurs yeux, je deviendrai morne, vide, je ne serai plus jamais moi-même et cela est indéniable et irrémédiable. Tout cela a fait peur à mes «amis», tout cela les a détournés de moi. Ils sont certains que je ne redeviendrai plus ce que j'étais et moi je l'espère. Ils ne peuvent pas comprendre à quel point j'ai eu mal et que jamais je ne veux revivre cela. Ils ont l'impression d'avoir été trahis. J'ai envie de devenir quelqu'un de nouveau, quelqu'un de nouveau et d'agréable, capable de passer à travers la vie, la tête haute, de façon équilibrée, autonome. J'ai envie de devenir ce que je suis vraiment dans la réalité, c'est à dire : MOI.

Maurice m'a téléphoné mardi soir, en pleine panique parce qu'il craint l'influence de Sonya sur José; c'est ce soir qu'ils allaient au cinéma ensemble. Il a besoin de moi, je sens que mon opinion est importante et appréciée. Il me fait aussi me poser les mêmes questions que José se posait. Qu'a-t-elle fait la belle Sonya pour mériter une telle haine de la part de Maurice ? Qu'est-ce qu'elle faisait dans un couple d'homosexuels mâles ? J'aimerais lui parler, cela me permettrait de comprendre tellement de choses. Je les attends demain soir. Maurice m'a assuré que José et lui ont tellement passé une bonne fin de semaine qu'ils ne peuvent s'empêcher de briser leur semaine par une visite à la ferme.

J'ai l'impression d'être importante pour quelqu'un, non seulement pour «quelqu'un» mais pour deux personnes. C'est très spécial.

Il m'arrive souvent de penser à Jean-Louis, j'espère qu'il s'amuse, au moins. Je ne lui en veux plus, il était dans le fond comme un enfant à qui on offre son premier jouet et cette perspective le rend aveugle face à tout ce qui l'entoure. C'est un rêve qu'un rien pourrait détruire, donc il faut qu'il l'habite complètement pour ne pas le perdre. Il était aussi désireux que moi de sortir de cet enfer qu'était devenu notre vie, il ne peut faire autrement qu'être heureux.

Mercredi, enfin, je passe une partie de la journée à imaginer la soirée qui s'annonce. Je suis contente. J'imagine Maurice et José arrivant dans la grange, etc. J'ai hâte de voir des yeux rieurs, j'ai hâte de voir des sourires, j'ai hâte d'entendre de belles choses, j'ai hâte de pouvoir parler sans toujours me faire contredire. J'ai le goût et le besoin d'être bien.

L'heure de la traite arrive, l'heure de leur arrivée aussi. Je commence donc seule, puis tout à coup j'aperçois à travers les fenêtres de la grange des phares d'autos. Me voilà gênée de nourrir de si belles pensées à leur égard et ne sachant plus trop bien comment agir, je me cache entre deux vaches.

Je regarde sous une vache et je ne vois qu'une paire de souliers. Ce sont des souliers en cuir fraîchement cirés, exactement le style de souliers que l'on ne met pas pour aller dans une grange et aussi le genre de souliers que ni Maurice ni José ne porteraient. Ce ne peut être eux. Qui est-ce ? Je me relève et pousse un cri de surprise... C'est Richard qui est là, souriant, comme les premières fois que l'on s'est vu. Il me dit qu'il ne pourra pas me donner un coup de main mais qu'il aimerait bien me tenir un peu compagnie. Je lui demande s'il est passé chez François avant de venir chez moi. Il me répond qu'il est parti directement de Chambly et que François n'a rien à faire ou à dire sur ses allées et venues. Il a dû découvrir bien des choses sur lui-même pour penser comme cela. Il m'offre à boire; comme à l'habitude, il a toujours tout ce qu'il faut avec lui. J'accepte. Il n'est pas ivre, donc il se souviendra sûrement d'être passé chez moi. Nous parlons un peu et le travail m'appelle. Il me semble tellement sympathique enfin, et j'aimerais tout à coup que Maurice et José ne soient pas sur la route vers ma demeure, je crois que je préférerais passer la soirée avec Richard normalement, plutôt que d'être sur le qui-vive et toujours à l'affût de ces nouvelles connaissances que sont mes deux copains. Ce serait plus simple et peut-être aussi intéressant. Je me sens très ambivalente. C'est du bonheur que je souhaite et presque n'importe lequel. Je suis quand même consciente que derrière Richard il y a toujours François et cela me pose un très gros point d'interrogation.

Même si sa visite ne m'explique pas ses pensées, elle est surprenante et me réjouit beaucoup. J'ai l'impression qu'il est venu pour qu'on s'explique enfin, pour que l'on poursuive le bout de chemin que l'on a commencé et qui a été interrompu de façon si étrange. Cela me plaît énormément, cela serait tellement plus normal que ce que je vis présentement et peut-être aussi charmant, voire même plus. Je suis toujours devant des décisions à prendre qui compromettent mon destin et cela toujours dans un laps de temps trop court, qui ne me donne jamais vraiment le temps de réfléchir, de peser le pour et le contre, de prendre une vraie décision. Je n'ai toujours à peu près pas le choix. Je finis toujours par ne vivre que d'impulsions. J'aurais tellement apprécié qu'il choisisse un autre jour, hier ou demain, pour faire sa visite. Cela aurait pu me permettre de réfléchir plus posément.

Comment, en sachant que José et Maurice s'en viennent me visiter, comment puis-je faire comprendre à Richard que j'ai envie de le revoir et de discuter avec lui ? Comment savoir très rapidement ce qu'il pense de moi et ce que cette visite signifie vraiment pour lui ? Et ce sans tout gâcher.

Le plus important pour l'instant est de le mettre au courant de la situation, car je me doute bien qu'il n'a pas l'intention de les rencontrer. François a sûrement fait de la publicité. François a-t-il son rôle à jouer dans cette visite ? Non, je ne vais pas me mettre à devenir paranoïaque maintenant, j'ai assez de problèmes comme cela.

Il comprend la situation mais insiste pour avoir mon numéro de téléphone pour pouvoir me rappeler et s'expliquer. Surprise, je m'exécute et très heureuse de la tournure des événements, je me sens le coeur en joie. Il est gentil, il a beau être gros, avoir cinquante ans, je crois que cet homme m'attire beaucoup ou bien c'est tout simplement parce que c'est un homme et qu'il a été gentil avec moi ? J'ai besoin de temps pour tout analyser, il y a tous ces si et ces peut-être. J'ai l'impression que ce manque de temps est en train de m'entraîner dans un gouffre où j'aurai de la difficulté à me sortir, mais je n'ai aucun moyen de changer la situation. Comme à l'accoutumée.

Maurice et José arrivent, je suis encore bouleversée par la visite de Richard, je me sens presque coupable de cette visite, mais ils ne s'aperçoivent de rien. J'ai plus de la moitié de la traite de faite et José m'aide toujours de la même façon gentille à terminer ma tâche. Au retour de la grange, il passe son bras autour de mon épaule et me dit qu'il est heureux d'être là et Maurice aussi. Douches, souper, puis:

Ring...

Eh oui, il n'était pas trop ivre, il s'est souvenu de son passage à la grange. Aussitôt arrivé chez lui, il a sauté sur le téléphone:

— J'espérais que tu aies terminé ta traite. C'est tellement dommage que tu attendais des visiteurs, j'aurais tellement aimé pouvoir te parler, j'en ai tellement à te dire. Tu sais, Jean, mon contrebassiste, m'a expliqué ce qui s'est passé quand tu es venue m'écouter à Laval, et si j'avais tout su cela à ce moment-là, je n'aurais eu aucune raison d'être jaloux. En plus, François a amplifié énormément les choses. Maintenant que la situation est éclaircie, je ne t'en veux plus. J'aimerais que l'on se revoie seuls tous les deux, peut-être un souper au restaurant, pour enfin faire le ménage dans tout ce qui s'est passé. J'espère que cela arrivera un jour, j'y tiens. Tu n'auras qu'à me téléphoner et on pourra planifier une petite soirée juste pour nous. Qu'en penses-tu ?

— J'aimerais beaucoup que la situation soit claire entre nous. Et je te donnerai sûrement signe de vie...

— Je t'embrasse en souhaitant avoir de tes nouvelles. Bonne nuit.

Tout cela me surprend tellement. Pourquoi, à ce moment précis où tout ce que je vis est déjà si mêlant, si confus, mais si bon ? Pourquoi faut-il qu'il vienne compliquer mon existence ? Je suis cependant de plus en plus convaincue que si Maurice et José n'étaient pas là, Richard serait un très bon candidat pour s'installer dans ma vie. Les sentiments, même camouflés, que je ressentais il y a quelque temps se seraient sûrement réveillés, mais ils sont là et curieusement, aussitôt le téléphone terminé, je l'oublie, il perd de son importance. Pourquoi ? Parce que Maurice et José sont déjà trop importants ou parce que ces sentiments ne sont pas vraiment des sentiments importants ? Ou bien ai-je peur de tout perdre ou bien je ne sais plus mesurer mes émotions ?

Ai-je peur de perdre José et Maurice qui eux semblent accepter sans aucun problème ma maladie ? Comment Richard prendrait-il ma folie si je compare ses réactions à celles de François qui est son ami ? Est-ce que des sentiments réels, j'en ai ? Pourquoi ai-je toujours à faire face, toujours, toujours ? Parce que les choses importantes je ne sais pas les déterminer ? Parce que je ne sais pas établir des priorités ? Comment fait-on la part des choses ? Comment fait-on pour choisir sans réflexion, comment fait-on pour ne pas toujours être pris entre deux feux ? Comment fait-on pour lire dans son coeur et de croire en soi et en ses propres sentiments ?

La soirée continue. Maurice se permet d'être très curieux sur la nature de l'appel que je viens de recevoir. Il me fait d'une façon voilée des reproches parce que je reçois des téléphones d'autres hommes et me fait sentir qu'il ne serait pas convenable que j'accepte de voir cette personne puisque maintenant ils comblent ma vie et que cela devrait me suffire, à moins que je sois une femme peu sérieuse. J'essaie de faire planer l'importance de l'amitié, mais José brise la controverse en m'invitant à monter au second étage avec lui afin de faire l'installation pour la nuit. Il avait parlé d'installation durant la fin de semaine et cela m'avait grandement intriguée. Je préfère le suivre plutôt que de répondre à Maurice, cette conversation serait trop longue. J'ai l'intention de faire ce qui me plaît, qu'ils soient dans ma vie ou non. Je n'ai pas envie de discuter seule avec Maurice sur ce sujet, j'ai besoin d'un soutien et je crois que je le trouverai quand le moment sera venu de la part de José. Est-ce que je m'illusionne ?

III . 4 - UNE NOUVELLE RÉALITÉ

Au deuxième étage, José m'explique comment avec deux matelas – un de lit double et un autre de lit simple – on peut installer un lit pour trois personnes des plus confortables.

J'écoute sa description, je vois qu'il a l'habitude. C'était donc cela Sonya. Pauvre Michèle, comme tu es innocente. Je vois que c'est très logique et je vois aussi que nous en sommes rendus là. Je n'ai pas l'intention de ressentir la solitude que j'ai ressentie samedi passé, seule dans mon lit. J'ai de la difficulté à exprimer mes réticences, mes peurs, etc. Je n'ai pas l'intention de vivre des choses bizarres sous le toit de Jean-Louis. C'est contre mes principes mais tout cela sort emmêlé, confus. José répond à mes craintes inexprimées:

– On ne te fera pas de mal, ne t'inquiète pas.

Il n'y a rien là pour me rassurer. Je l'aide donc à bâtir notre grand lit dans la chambre vide qui est en rénovation, tout en me demandant dans quel plat je suis en train de me mettre les pieds. Celui de Richard aurait sûrement été moins compliqué même s'il est sans espoir. Comme d'habitude, je n'ai pas le temps de réfléchir, tout va toujours trop vite, je m'en remets toujours à mes intuitions et à mes impulsions. Je continue à me demander si ce sont de bonnes conseillères. Souvent j'en doute mais elles gagnent toujours sur ma logique et sur ma volonté. C'est ce qu'elles sont en train de faire de nouveau, ces maudites impulsions. Maintenant que je suis engagée face à José et à Maurice, comment puis-je m'en sortir. J'ai bien peur que ce soit impossible, ce serait le grand néant après une fois de plus.

Au retour de la grange, José me prend dans ses bras:

— Ne t'inquiète pas, tu vas dormir à côté de moi et il ne t'arrivera rien que tu n'auras pas souhaité.

Je ne me sens rassurée qu'à moitié. Est-ce que je suis vraiment capable de dire ce que je veux et ce que je ne veux pas ? Est-ce que Maurice pense la même chose que José ? Pourquoi précise-t-il qu'à côté de lui il ne m'arrivera rien que je n'aurais souhaité ? J'ai quand même des besoins, vais-je être capable de les maîtriser à côté de José ???

Aux côtés de Maurice, que serait-il arrivé ? Et, à part cela, qu'est ce qu'une fille fait dans le lit de deux homosexuels ??????

Ce qui me rassure le plus, c'est la réponse que je trouve à cette question. C'est: RIEN. Alors, pourquoi s'enfuir ??

Maurice est déjà couché quand nous revenons à la maison. Je mets la robe de nuit la plus décente que je possède et entre dans la chambre.

Maurice est couché du côté gauche, José est au centre et me fait signe de prendre place à ses côtés. Je m'installe à la place indiquée en essayant de prendre le moins d'espace possible. Je suis très tendue, j'ai peur. Maurice commence la conversation:

— Tu sais, Michèle, il y a environ quinze ans, j'ai vécu durant un peu plus de deux ans en Californie dans une secte. C'était une secte philosophique où nous allions tout à fait librement dans nos gestes et nos pensées. Nous nous efforcions d'apprendre et de mettre en pratique un style de vie communautaire. Ce que j'y ai vécu a orienté tout le reste de ma vie. Cette secte portait le nom de Lagura Beach, nous y avons appris à vivre notre sexualité d'une façon tout à fait spéciale et José et moi avons mis ces belles théories en pratique.

José l'interrompt:

— Maurice, tu as certainement le don de tout gâcher. Il ne faut pas l'effaroucher avec Lagura Beach, et en plus, il est tard, elle travaille fort et a sans aucun doute beaucoup plus envie de dormir que d'entendre parler de Lagura Beach.

Il s'en trouve toujours un des deux qui me comprend et qui me défend. Je suis bien d'accord pour en reparler une autre fois, en plus, nerveuse comme je le suis, je ne sais pas vraiment si je comprendrais la profondeur des propos que Maurice semble vouloir tenir et je crains ne pas être à la hauteur pour discuter de philosophie de vie.

Maurice ne réplique rien. Soupir de soulagement

Maurice enjambe José pour venir m'embrasser et me souhaiter bonne nuit et, au passage, me caresse un sein avec un rire grossier et légèrement sadique. J'ai peur. Se souviendrait-il du spectacle que je lui ai involontairement offert la fin de semaine dernière ?

José l'embrasse passionnément et se retourne vers moi. Il passe son bras autour de mon épaule, m'attire vers lui et m'embrasse sur le front. Douceur. Chaleur. Bien-être. Mais toujours la peur.

Il colle son grand corps chaud contre le mien, grondement de l'autre côté, il se recouche un peu plus sur le dos et sa main gauche va se promener du côté de Maurice. Je sens son attention se porter autant d'un côté que de l'autre. Soudain, il m'abandonne et se retourne vers Maurice, ce qui est accueilli par de grands soupirs de satisfaction de la part de Maurice... et de la mienne.

Je m'en fous, je suis contente d'être dans le même lit qu'eux, je suis contente d'être en sécurité grâce à leurs ébats amoureux. Je ne veux rien y voir, ni rien y comprendre, je veux qu'on m'apprivoise lentement, je voudrais bien que, s'il y a des étapes à passer, je les passe doucement pour que je m'habitue à cette situation nouvelle.

La peur que je ressens est entremêlée de désir puisque José n'est pas un mâle à repousser, j'ai l'impression qu'il est un amant merveilleux, doux, attentionné, et plein de tendresse, mais en même temps, Maurice me fait horriblement peur. Il vient d'effleurer mon sein avec un rire qui me fait frissonner, un rire que j'ai reçu comme une gifle.

Cela doit être très particulier de se savoir désiré par deux personnes à la fois, de savoir que chacune d'entre elles désire une petite caresse, un petit sourire, une petite attention. Repue de fatigue, je m'endors et ma main est allée se poser sur la hanche de ce grand corps qui me tourne le dos.

Je suis éveillée par le contact d'une cuisse qui passe sur les miennes et d'une main qui va se poser à la naissance de mon sein droit. Je frémis. J'entends la respiration régulière de Maurice. J'imagine qu'il dort. Combien de temps ai-je dormi ? Je l'ignore mais je constate que la lune a eu le temps de faire un bon bout de chemin dans le ciel. José se cale sur mon épaule et semble vouloir dormir. Soudain, sa main commence à caresser tout doucement la base de mon sein et ses doigts remontent lentement vers la pointe.

Il y a une éternité que je n'ai pas fait l'amour et cette petite caresse attise grandement mes sens. Je pose ma main sur son avant-bras dans l'intention de freiner ses caresses et je me surprends à caresser cet avant-bras duveteux, ce qui produit l'effet contraire à mes intentions et ne fait que l'encourager dans ses caresses. Ses doigts remontent complètement à la pointe de mon sein et le caresse de façon très expérimentée. J'échappe un soupir de contentement qui est aussitôt suivi d'un grognement de Maurice. Dort-il ou ne dort-il pas ? Je trouve très pénible cette partie de cache-cache avec Maurice. Comme s'il fallait absolument se sentir coupable en quelque part.

José ne semble pas s'en soucier. Il continue lentement mais sûrement son exploration. Soudain, il se soulève et vient m'embrasser. Je me sens assaillie, cela est comme trop direct, je suis d'un naturel plutôt sauvage, je n'ai pas envie que mes sens passe par-dessus ma raison et que cela tourne au vinaigre parce que Maurice grogne encore. Il ne dort pas, c'est certain. José se recouche tranquillement.

Ce petit manège a quasiment duré tout le reste de la nuit, mais rien de très précis ne s'est produit sinon des caresses à faire mourir n'importe qui, entremêlées de grognements à faire frémir n'importe qui aussi... J'ai donc passé la nuit dans un état de désir constant et cela n'a rien de très reposant.

Au petit matin, je me lève la première et pendant que je me prépare, j'entends :

– José, c'est la dernière fois que tu passes la nuit à m'empêcher de dormir pour satisfaire tes petits besoins. J'espère que tu me comprends bien, on ne va pas recommencer de nouveau...

– Il ne s'est rien passé, on ne se connaît pas. C'est bien normal que quelqu'un se charge de l'amadouer, on a à peine fait connaissance. Il faut apprendre à se découvrir, c'est toi qui m'a montré toutes ces belles théories. Ce n'est pas cela que tu m'as appris de Lagura Beach ? Est-ce que tu renierais tes enseignements maintenant ?

– Je ne renie rien du tout, tu le sais très bien, mais tu t'en vas travailler et je n'ai pas l'intention que tu perdes ton emploi parce que tu es fatigué. Regarde-toi ! Tu as les yeux tout pochés par manque de sommeil. Sonya va se poser des questions quand elle va te voir ce matin.

– Laisse donc Sonya en dehors de tout cela...

Maurice a gagné, j'ai l'impression que José est touché. Il l'avait peut-être oubliée.

Je vais finir par être jalouse de cette Sonya qui prend tant de place dans leur vie, et puis je ne comprends pas très bien tout ce qui s'est passé, et cette crise de jalousie n'est pas sur le ton que je m'attendais. Quel est le rôle d'une femme dans leur vie ? Je n'ai pas eu l'impression de recevoir le peu de caresses que j'ai reçues d'un homosexuel mais d'un être tout à fait hétérosexuel. Je n'y comprends vraiment rien. En fait, y a-t-il une différence ? Trêve de réflexion, la traite m'attend, il faut que j'y aille. Maurice descend le premier, ils déjeunent avant de partir. Maurice me supplie presque de leur permettre de déjeuner parce que José déjeune toujours avant d'aller au travail. Cela me fait toujours sourire de voir comment Maurice est couveur, mère poule pour José, il faut qu'il fasse de la vie de José une vie des plus équilibrée et il passe son temps à l'envelopper dans de la ouate, à le gronder comme on le ferait avec un enfant de huit ans. Je crois commencer à comprendre les revendications de José de la fin de semaine dernière. Maurice m'ennuie ce matin; est-ce à cause des reproches qu'il a faites à José ?? C'est la première fois que je ne me sens pas bien et même coupable avec eux, que je leur trouve des défauts. Est-ce la visite de Richard qui aurait pu être plus enrichissante que la leur qui me donne ce sentiment de déception ? Aurais-je une fois de plus fait le mauvais choix ? Mais avais-je le choix ? Il faut que Richard sorte de mes pensées.

Je décide de commencer la traite un peu plus tard et de rester un peu à bavarder avec eux. José descend, resplendissant, aucune trace de fatigue dans sa figure. Il vient m'embrasser et s'assoit pour déjeuner. Les contraires s'attirent, j'en ai la plus grande preuve devant moi.

Maurice continue ses observations:

— Comme je l'ai dit à José tantôt, il va falloir faire attention de bien dormir, José fait de longues heures et il ne faudrait pas qu'il perde son emploi à cause de tes étourderies.

— Ce n'étaient pas les étourderies de Michèle, ni les miennes d'ailleurs. Ce n'était tout simplement pas des étourderies. Michèle et moi avons essayé de nous connaître et tu ne pouvais être inclus parce qu'elle a à se faire à beaucoup de choses en même temps, deux personnes nouvelles, une ambiance nouvelle, une situation nouvelle. On doit l'apprivoiser.

— José a bien décrit ce que je ressens. Vous êtes des étrangers dans ma vie et j'ai besoin de vous connaître doucement, tendrement, sans brusquerie, mais si cela te déranges vraiment, on peut y repenser.

Maurice se fâche...

— Et voilà des menaces, cela commence bien. Comprends bien cela, Michèle, cela ne me dérange pas, seulement il y a des choses que tu dois savoir sur nos vies et nos philosophies et sur Lagura Beach avant de te lancer tête baissée dans tes petites expériences de femme, pour ne pas dire de chatte en chaleur. À Lagura Beach...

— On n'a pas assez de temps pour parler d'un si important sujet ce matin. On devrait plutôt parler de notre prochaine visite.

J'ai toujours l'impression que José, tout en semblant très bien comprendre ce que je ressens et ce que je vis, ne veut pas que Maurice m'initie à ce fameux Lagura Beach. J'ai tellement envie de savoir ce que c'est, tout en craignant quelques machinations. Pour moi, une secte, quelle qu'elle soit, est toujours un endroit brimant pour l'esprit et la volonté. J'ai l'impression que José n'y adhère pas autant que Maurice semble le croire.

— Si tu veux bien, Michèle, on revient en fin de semaine, on arrivera vendredi soir, j'apporterai mon ordinateur parce que j'ai beaucoup de travail en retard.

— Cela me va. Qu'est-ce que vous en pensez, on pourrait inviter Hélène et son mari Pierre pour souper samedi soir. Vous avez semblé bien vous entendre avec Hélène. Quand vous connaîtrez Pierre, vous serez conquis.

— D'accord.

Embrassade générale, la bombe est désamorcée. Je ne sais comment, mais, avec eux, la tension devient tout à fait insupportable, puis tout à coup, il n'y a plus rien, plus d'agressivité, plus d'animosité, même l'anxiété que ces scènes suscitent disparaît comme par enchantement. J'avais l'impression que mon comportement avait réellement été inacceptable, que je n'aurais jamais dû me laisser aller à cette tendresse physique qui me manquait tellement sans penser aux conséquences; mais même ces sentiments sont disparus.

Les voilà partis. Il est presque sept heures, je crois que j'entends les vaches beugler de la maison, il ne faut pas que je commence à être négligente, ce serait trop facile.

Que de travail cela représente, se lever avant le jour, faire la traite, nourrir les veaux et les taures, voir à leur bien-être, faire le ménage de la grange, voir au confort des vaches, voir à leur santé, noter tout changement dans leur comportement, essayer d'en trouver la cause, y pallier ou s'adresser au vétérinaire, assister le vétérinaire dans son examen et son traitement, faire les traitements entre chaque visite du vétérinaire, surveiller les chaleurs des vaches, leur choisir un amant (insémination artificielle) et communiquer avec l'inséminateur à temps pour ne pas laisser passer une possibilité de rejeton, etc., etc., etc., et en plus, tenir la maison propre, ne pas oublier de me faire à manger et manger, approvisionner le poêle à bois, rentrer du bois. Je suis essouffler juste à l'écrire. Les temps qui sont vraiment pour moi sont extrêmement limités, je n'ai vraiment pas le temps de m'arrêter et je n'ai pas le temps de réfléchir. Pourtant, je devrais le prendre, avec toutes ces choses bizarres et nouvelles qui m'arrivent. Toutes ces choses en dehors de la normalité mériteraient assurément une très grande réflexion, j'ai l'impression de m'y engouffrer les yeux complètement fermés, à la recherche d'un peu de bien-être qui m'apportera peut-être un peu de bonheur. Je suis toujours pressée, je suis toujours sur un pied et sur l'autre, je n'ai jamais le temps. Ne devrais-je pas dire que je ne me donne jamais le temps ? Pour moi, les minutes qui passent ne seront plus jamais récupérables et lorsque je m'en donnerai le temps il sera probablement trop tard, n'aurais-je pas encore enclencher un processus qui blesse si on fait marche arrière ??

Je me pose toujours trois cent millions de questions mais jamais les bonnes, je me sens comme très inconfortable avec moi-même et je n'ose entreprendre de discussion de fond avec l'être qui se doit d'être le plus important dans ma vie: MOI.

III . 5 - LE SILENCE EST D'OR

La routine continue. François vient toujours accomplir son devoir. Lors de son dernier passage, j'ai eu droit à un discours sur la morale, le sida, les maladies vénériennes, l'opinion publique, etc. Mais heureusement, pas un mot sur Richard, il n'aurait plus manqué que cela.

Quand je l'entends, lui, venir me parler de l'opinion publique, c'est à se tordre de rire. François est un être qui a toujours provoqué l'opinion publique, par son allure physique – souvent le crâne rasé – sa façon de se vêtir qui est des plus provocantes – veston de cuir, etc. – et ses millions de folies qui lui donnent aujourd'hui la réputation d'un être à part, quasi dangereux: c'est à se tordre. Il me parle aussi du manque de logique que j'utilise pour choisir mes amis, il fait, ou du moins faisait, pourtant partie de cette race que je considère comme mes amis. Il menace de me renier et d'agir comme s'il ne me connaissait pas. Chantage ??? Je n'en sais rien. Je devrais y réfléchir. Jamais il ne m'a fait de telles menaces, et après tout, n'aurait-il pas raison ? Toujours le même dilemme. Qui dit vrai ?

Je me demande s'il veut vraiment me faire éviter un danger qui est imminent pour lui, qu'il sent profondément, et en toute amitié, ou bien veut-il que je lui obéisse comme souvent je l'ai fait dans le passé. Il essaie de me faire réfléchir, mais je suis incapable de prendre au sérieux ses propos et dans le fond de moi-même je suis tout à fait incapable de croire que je suis sur la mauvaise route. Ses propos me provoquent, je me sens comme pousser à contrer sa volonté, c'est important pour moi de continuer ma démarche et de me foutre de ce que François ou qui que ce soit d'autre pense de mes agissements.

J'attends le retour de Maurice et de José avec beaucoup d'impatience. Est-ce pour le coup de main que j'aurai, est-ce pour la solitude qui s'évanouira pour deux jours ou, pour leur simple présence ? Je crois que c'est pour toutes ces raisons également. Malgré la discussion qui a terni leur dernier départ. J'ai hâte de les avoir avec moi ici, tous les deux, les avoir bien à moi, juste à moi, comme s'ils pouvaient m'appartenir. J'ai hâte de reprendre ces conversations à trois qui me font vivre dans un autre monde. J'ai hâte de montrer à Maurice ce que je sais faire sur l'ordinateur. Peut-être trouverais-je là une nouvelle carrière. J'aurais donc un emploi, il ne me manquerait que le gîte et je pourrais repartir dans la vie et ne plus me sentir aussi mal dans ma peau comme avant le départ de Jean-Louis. Plus jamais me sentir dans une situation sans issue, dans un piège, mal aimée ou peu ou même pas aimée.

Je me rends compte que depuis que Jean Louis est parti, c'est vrai que je pense à lui de temps en temps mais sa présence ne me manque pas du tout. Enfin, je me sens renaître, je ne sens pratiquement plus ce poids qui m'empêchait de respirer, je ne sens plus cet immense étau dans lequel j'étais comprimée. Est-ce son absence ou la présence des deux autres qui me procure ce bien-être ? Ou le changement de cap de l'état de mes émotions ? C'est là une question de plus en plus difficile.

J'attends leur arrivée, je suis toujours rendue à la fenêtre, espérant des phares qui entrent dans la cour, mais toujours rien. Le train n'avance pas bien vite comme cela. Enfin, les voilà. José vient aussitôt me rejoindre à la grange et m'assure être très heureux d'être enfin arrivé près de moi.

Après la traite, Maurice nous reçoit à la maison les bras ouverts, le souper est prêt et il est souriant contrairement à son départ jeudi dernier. Il existe cette fois-ci un drôle de sentiment que personne n'exprime mais que chacun de nous semble ressentir, un sentiment d'appartenance des uns face aux autres. Une complicité digne d'amis de longue date. Une sensation de quotidienneté bien assumée et pleine de vie. Ce ne sont plus des visiteurs mais des gens espérés et aimés.

L'heure du coucher approche, j'ai cependant un peu peur de ce qui va se passer. Au retour de la grange, c'est toujours un moment privilégié pour José et moi puisqu'on se retrouve seuls et on peut se faire certaines confidences que l'on n'oserait pas toujours se faire en présence de Maurice. José m'avoue à quel point il a pensé à moi depuis jeudi matin, comment j'ai pris de l'importance dans sa vie et comment il serait maintenant difficile de se détacher de moi.

— Michèle, j'ai besoin de savoir quelque chose. Est-ce que tu es vraiment sérieuse quand tu dis que toi et Jean-Louis c'est terminé et que tu fais une croix sur ta vie à la ferme ? J'ai besoin de savoir, je n'ai pas l'intention de me faire encore mal, de m'attacher à toi puis tout à coup plus rien, tu nous mets de côté.

— Je croyais que vous aviez compris tous les deux. Au début, je vous ai dis que mon plus grand défaut est l'honnêteté et la franchise. Je trouve cela triste que tu n'y aies pas cru. Quand Jean-Louis reviendra, je prendrai une semaine de congé à mon tour, je l'aurai bien mérité, j'en profiterai pour me chercher un nouvel emploi et un nouveau toit, je recréerai cette joie de vivre qui n'existe plus dans cette maison.

— C'est exactement ce que je voulais entendre, merci.

De retour à la maison, Maurice est déjà couché, il s'est installé dans le centre du lit, nous laissant une place de chaque côté de lui et nous séparant obligatoirement. Maurice me souhaite bonne nuit et me tourne le dos. Il commence à caresser José qui ne semble pas disposer. Maurice insiste et j'ai droit à un concert de soupirs. Je me sens mal à l'aise. Maurice veut-il me remettre la monnaie de ma pièce ou dois-je prendre ces gestes comme des moments normaux de leur vie de couple ? Je finis par m'endormir au son de cette charmante musique. Je ne me fais réveiller par personne et une partie de mes peurs s'évanouissent.

L'optimisme m'envahit de plus en plus. Maurice m'assure que je connais suffisamment l'ordinateur et que j'ai une grammaire suffisante pour pouvoir faire le même travail que lui. Voilà donc une porte de sortie pour le travail. Enfin de l'espoir à l'horizon. Ce verdict de Maurice les rend tous les deux fous de joie, joie qui à mon avis est tout à fait démesurée par rapport à cette déclaration. Je ne comprends pas vraiment cette explosion.

Je n'ai pas l'impression d'être au même diapason qu'eux mais il n'y a rien de terrifiant là-dedans. C'est tout simplement très bizarre. J'ai l'impression qu'ils se font des plans, des espoirs quand ils sont tous les deux et que tout cela m'arrive en même temps lors de leur visite. J'ai toujours un pas derrière eux. Je devine qu'ils veulent m'insérer dans leur couple. Je devine qu'ils ont des projets pour moi, mais ils ne m'expliquent rien. Ils ne font que vérifier leurs idées. Malgré tout, j'ai une petite idée, mais j'ai tellement peur de me tromper que je n'ose poser de questions, comme si le temps n'était pas encore venu où la peur du ridicule en me trompant me pousse à me mettre la tête dans le sable et à m'y enfoncer.

Pierre et Hélène arrivent. Je n'ai pas l'impression que c'est moi qui les reçois mais plutôt nous, tous les trois. Les enfants s'en vont avec Hélène et Maurice à l'ordinateur, je reste dans la cuisine avec José et Pierre. Je me sens extrêmement gênée. Pierre est mieux qu'un frère pour moi, il n'a jamais dérogé, contrairement à tous les autres, à l'amitié qui nous lie. Je suis importante pour lui autant qu'il l'est pour moi. Nous ne nous sommes jamais jugés l'un et l'autre, nous avons toujours essayé de nous épauler dans les coups durs et nous savons tous les deux à quoi nous attendre de l'autre. Il me sait farfelue, originale, impulsive, et désireuse de bonheur, il est un des seuls qui acceptent ma maladie comme naturelle même si cela me rend imprévisible. Je le sais sage, intelligent, responsable, original à sa façon et heureux dans sa vie de famille. Je me sens quand même examinée, mesurée, jugée, quoique pardonnée avant même que le jugement ne soit prononcé.

Pierre et José semblent s'être compris au premier abord, ils veulent tous les deux mon bonheur et ils se le disent, ils ont trouvé un terrain commun. La bonne entente s'installe un peu partout dans la maison et c'est un sentiment très agréable à ressentir. Cette maison qui en a vu tellement de toutes les couleurs semble accepter d'emblée cet éclat de joie. Pour ma part, je jubile.

Nous partons avec Pierre pour la traite. Pour Pierre c'est un cadeau, il adore le travail de la ferme. Il en profite pour me dire qu'il trouve José très sympathique mais qu'il y a un petit quelque chose chez Maurice qu'il ne peut identifier mais qui cloche. Il en conclut que c'est peut-être parce qu'ils ont moins échangé tous les deux; il demeure toutefois réservé.

La traite se fait le temps de le dire. Mes deux comparses semblent s'amuser comme des petits fous et cela me fait énormément plaisir. Je finis par me dire que c'est trop beau pour être vrai, que j'ai tellement cherché à être bien qu'enfin, ça y est, JE SUIS BIEN.

Je continue cependant à me demander si cette joie de vivre, je pourrais la vivre aussi intensément avec Maurice et José qu'ici, maintenant, avec Pierre et José ?

Pierre et Hélène sont ravis, la soirée se passe dans un état de découverte des uns et des autres. C'est très enrichissant, même les enfants se mêlent à la conversation d'une façon intelligente et posée. Que demander de plus ?

Après leur départ, Maurice nous fait une analyse, qui détonne de l'ambiance de la soirée, sur la situation sentimentale d'Hélène et Pierre. Il croit que leur union est fragile. Pierre, se laissant mener par le bout du nez par sa femme, ne serait pas vraiment heureux, il joue le jeu, il fait semblant. Maurice nous dit qu'il a essayé d'ouvrir les yeux d'Hélène et de lui faire comprendre qu'un homme a besoin de se sentir plus important que ce qu'elle permet à Pierre d'être. Il dit lui avoir fait un grand discours sur les relations homme/femme et d'après lui, elle a compris et elle va en tenir compte dans sa relation avec son mari.

Je suis très choquée et surprise que Maurice se soit permis cette intrusion dans la vie de couple de personnes dont il ne connaît rien de leur vécu, de leurs valeurs, de leur sentiment réel. J'espère qu'Hélène n'a pas mal pris cette indiscrétion. Elle ne semblait pas indisposée durant le souper, ni après. Il a dû mettre ses gants blancs parce qu'Hélène est très autonome et ne laisse pas n'importe qui se mêler de ses affaires personnelles; elle est plutôt catégorique sur cette question.

Tout cela me choque mais je me sens aveuglée par mon désir de ne plus être loin d'eux, j'ai envie de faire partie intégrante de leur vie. Je sais que c'est une impulsion, il y a si peu de temps que je les connais et je ne sais toujours pas ce que je ferais avec eux. Quel est le rôle d'une femme dans un couple d'homosexuels ? Je ne vois aucun rôle défini, j'ai peur que leurs intentions soient différentes des miennes qui sont très innocentes, j'ai peur de me faire des idées, je n'ose poser des questions, j'ai peur d'être ridicule, j'ai peur de perdre cette amitié naissante, j'ai peur de tout gâcher, donc je me tais.

Je me sens bizarre au moment d'aller au lit, c'est tellement peu conventionnel. C'est un sujet de conversation que nous n'avons pas encore abordé. Nous vivons cette situation ambiguë sans jamais en parler. J'ai aussi remarqué que les conversations ont été plus limitées dans leur profondeur cette fin de semaine-ci. C'est vrai que Maurice a été un bon moment à l'ordinateur et que nos visiteurs ont pris beaucoup de temps mais même à l'heure du dîner et hier soir, les sujets sont demeurés vagues et superficiels. Aurions-nous déjà épuisé la banque ? Était-ce une illusion ? Je me sens très négative cette fin de semaine. Y aurait-il des choses qui se vivent sans être discutées ou bien est-ce qu'il est préférable de taire certains sujets pour éviter la controverse ? Je ne veux pas de réponse, je ne veux rien gâcher. Ce que je veux, c'est de tenter le bonheur pour qu'il vienne s'installer chez moi, enfin dans mon coeur.

C'est comme toujours la surprise à tous les soirs. La place que l'on m'a déterminée pour ce soir, c'est le milieu du lit. Pourquoi est-ce que je me laisse manipuler de la sorte sans rien dire, comme si souffrir serait un état que j'apprécie ?

Je suis donc au centre du lit, tendue, à mon avis vulnérable, me demandant ce qui va m'arriver. Je me sens sans ressource pour refuser quoi que ce soit. Maurice se tourne vers moi, essaie de me caresser; je me raidis, j'ai vraiment peur de lui. Il n'est pas long à trouver José et, à moitié à cheval sur moi, il commence à le caresser. Je suis écrasée sous le poids de Maurice, compressée entre les deux, paniquée. J'ai envie de crier que rien ne va plus, que je n'ai pas envie d'être un obstacle entre eux et que je n'ai surtout pas envie d'y être écrasée. Je veux retourner dans ma chambre et ne plus me poser de questions. J'étais bien dans le fond toute seule dans mon grand lit et je veux y retourner. Je panique.

José s'aperçoit de ma panique et repousse très agressivement Maurice.

— Mais à quoi tu penses, tu ne sentais pas que tu écrasais Michèle. Parfois je me demande ce que tu as dans la tête.

Il m'embrasse, se blottit contre mon épaule, refuse que Maurice le touche de nouveau. Maurice se retourne en grommelant.

— Ne t'inquiète pas, ce n'est qu'une bouderie d'enfant gâté. Il se met à l'épreuve et nous met aussi à l'épreuve. Tu es en train de devenir nôtre, j'espère qu'il ne réussira pas à t'effrayer.

J'ai un peu de difficulté à faire disparaître mes angoisses, j'ai toujours l'impression d'être un peu comme leur prisonnière, la prisonnière de ce que je veux appeler le bonheur. José m'embrasse en collant son corps sur le mien et en me faisant bien sentir son désir. Sa main descend et s'arrête à la naissance de mes poils où sa caresse est très insistante. Mon corps tout entier le réclame. Maurice dort maintenant, et j'ai un sentiment de trahison, d'infidélité face à lui. Je n'y comprends plus rien. Ce mélange de sensations, de sentiments, d'émotions, de valeurs et de tout ce qui m'a été inculquée depuis tant d'années me trouble au plus haut point, m'empêche de réfléchir d'une façon sensée, tout est tellement insensé autour de moi. José m'embrasse très longuement et me souhaite une bonne nuit.

Je ne réussis que très tard à m'endormir, mon corps est déçu et endolori et malgré tout, je suis bien. Je n'y comprends rien. Je réagis tout à fait contrairement à mes habitudes. Jusqu'où suis-je prête à aller ? Jusqu'où ai-je envie d'aller ? Je ne saurais répondre à aucune de ces questions. Je suis une aveugle qui se promène dans un monde sans lumière et qui essaie d'y voir clair et d'y être bien. Tout plutôt que la noirceur et l'angoisse.

Nos discussions me semblent avoir toujours été très franches et je m'explique très mal l'incapacité que je ressens à leur faire connaître toutes mes interrogations. Au lit, je subis, je ne prends pas ma place, je suis passive, dans mes actions comme dans mes pensées, ce n'est pas moi cela, c'est la vieille Michèle qui est revenue, comme si le fond de moi-même se refuse de démontrer qui je suis en réalité. Peut-être par peur de décevoir, de les perdre eux-aussi et d'être à nouveau seule ? Par gêne ? Par soumission réelle ? Je l'ignore mais mon esprit est à la torture et cette torture ne lui permet plus de réfléchir. C'est une douleur de l'esprit qui en devient physique. C'est un cercle vicieux: la situation me dépasse, je veux comprendre, je ne le peux pas, je me décourage de mon incapacité, ce qui me désoriente encore plus et me fait comprendre que la situation me dépasse encore plus, et ainsi de suite...

C'est un martyr et j'ai besoin d'un peu de bien-être à travers cela, si bizarre soit-il.

IV - RÉAPPRENDRE À VIVRE

IV . 1 - AINSI JE N'AURAI PLUS PEUR DE LES PERDRE

Dimanche matin, pendant que nous faisons la traite, Maurice décide de retourner à Montréal. Cela semblait être prévu puisque José me dit de ne pas m'affoler puisqu'il va sûrement voir ses vieux amis, comme à l'habitude, le dimanche matin. À l'heure du dîner, il est de retour.

— J'aurais le goût, cet après-midi, d'aller me promener dans les rangs pour voir quels genres de maisons sont disponibles. C'est agréable ici, et tu as vu, Maurice, comme nous ne sommes pas loin de Montréal. Le trajet serait facile pour aller au travail et nous pourrions vivre à la campagne, au grand air, nos chiens pourraient avoir de l'espace et nous serions sûrement plus heureux ainsi.

C'était donc pour vérifier le kilométrage que Maurice est allé se promener à Montréal ce matin. J'ai une drôle de sensation de cachette.

J'ai l'impression qu'il se trame quelque chose et tout en me sentant incluse, je m'en sens exclue. Je ne suis pas consultée et je me demande en même temps si je suis suffisamment incluse dans ces projets pour qu'on me consulte réellement, je me sens quelque peu manipulée, ce qui m'angoisse. Mais d'où provient-elle, cette angoisse ? De la situation ou de mes angoisses intérieures qui sont amplifiées par la situation ? Comment savoir ?

Nous partons. Je suis le guide. Nous allons dans les villages voisins et nous nous amusons – du moins à mes yeux c'est un jeu – à prendre en note des numéros d'agents immobiliers pour certaines maisons qui sont bicentenaires, donc vraiment inabordables. Notre promenade dure environ une heure.

— Êtes-vous vraiment sérieux quand vous dites que vous voulez venir vivre dans ce coin de pays ? En avez-vous réellement envie ?

— Nous aimons ton patelin, et nous sommes convaincus que tu ne voudras jamais revenir vivre à Montréal. Donc, si tu ne viens pas vers nous, nous, nous viendrons vers toi. Je continuerai à travailler à Montréal, ce n'est pas loin, nous sommes à trente-cinq minutes du pont tunnel et je travaille juste à côté, cela ne me fera pas vraiment plus loin que de vivre à Montréal.

— Moi, je continuerai à faire de la transcription juridique, cela me demandera d'aller à Montréal entre deux et trois fois par semaine et non à l'heure de la grande circulation. J'en profiterai pour voir mes amis, toi tu me donneras un coup de main et tous les deux nous réussirons à sortir une quantité très intéressante de travail.

— Nous en avons parlé une partie de la semaine et nous nous sommes mis d'accord, nous voulons que tu fasses partie de notre vie et c'est même indispensable.

Je n'en crois pas mes oreilles. Je ne réfléchis absolument pas – de toute façon on ne me demande pas mon opinion – et je plonge tête baissée, avant qu'ils ne changent d'idée. C'est la seule façon de plaire à tout le monde. Je ne pense même pas que je pourrais réfléchir. Pour quelqu'un qui voulait qu'il lui arrive quelque chose d'exceptionnel, je suis servie.

Je leur propose de faire appel à un agent immobilier que je connais, qui nous suggère d'aller visiter une maison dans un rang; elle n'est pas trop chère parce que les propriétaires actuels doivent se rapprocher de la ville. Il y a cependant encore des rénovations à faire.

Nous partons donc. Au premier regard, je suis conquise; il est vrai que j'aurais peut-être accepté n'importe quoi pour changer de vie mais José, lui, fait la visite avec le propriétaire, il visite la maison de fond en comble tandis que Maurice se contente d'examiner la cuisine d'un de ses airs tout à fait réprobateurs. Nous avons donc, tous les trois, des pensées tout à fait différentes. De retour à la maison, Maurice se remet aussitôt à l'ordinateur tandis que José et moi nous retrouvons dans la cuisine à faire des projets de rénovations.

— José, nous sommes là à faire des plans de rêves tandis qu'il y a peut-être quelqu'un d'autre qui est en train de l'acheter et nous aurons fait tous ces rêves pour rien.

— Tu as raison. Parlons-en avec Maurice et prenons une décision, sinon nous perdons notre temps.

Maurice est d'accord avec nous mais il tient mordicus à ce que les rénovations commencent par la cuisine, sinon il n'ira jamais vivre là; nous lui assurons que ce sont nos projets. Dans le temps de le dire, nous nous retrouvons chez l'agent immobilier.

Maurice prend les rênes de la discussion. Je comprends bien vite que Maurice n'est pas solvable et que José achètera la maison seul avec moi. Pour les paiements, tout se fera à trois.Je comprends aussi que je viens d'y investir toutes mes économies. Je m'en fous, j'aurai ce qui me manquait, un toit sur la tête.

La traite se fait en retard, et Maurice est de mauvais poil puisqu'avec nos folies il s'est grandement mis en retard dans son travail. À vingt-trois heures trente, l'agent immobilier vient nous faire accepter la contre-offre du propriétaire. Il ne reste qu'à obtenir une hypothèque et le tour est joué.

On se met au lit. Il est tard, j'en conviens, mais j'ai un énorme besoin de parler de cette journée, de cette maison. Maurice me fait taire très directement en me disant que José a une très grosse journée à faire demain car il doit demander à son patron de déclarer son salaire plus élevé qu'il ne l'est en réalité. Et qu'après il devra aller supplier un gérant de banque qu'il ne connaît pas de lui accorder un prêt très considérable. Et moi dans tout cela ??? Je sers à quoi, c'est aussi à moi cette maison.

Je suis frustré, je ne comprends pas ce ton de panique, comme si nous venions non de commencer à bâtir notre avenir mais plutôt de décider de faire un suicide collectif. Pour moi, il est important de le rêver ce projet, d'en parler, de se mettre tous les trois sur la même longueur d'onde. S'ils ne sont pas disposés à en parler, c'est sûrement mieux de s'abstenir que de gâcher un moment qui pourrait être si heureux. J'en prends donc mon parti et je finis par m'endormir au son de leurs ronflements.

Lever, course effrenée, il nous faut avoir un rendez-vous à la caisse, il nous faut avoir des documents prouvant notre capacité de payer. Je fais la traite très distraitement dans un état de surexcitation difficilement égalable. Je m'en veux d'avoir de la difficulté à me concentrer sur le travail que je me suis promise de faire consciencieusement. J'ai l'impression de ne pas porter toute l'attention qu'il faut à mes gestes et aux soins que je donne. Je ne m'aime pas beaucoup là dedans. Hélène vient faire un tour, je suis toujours à la grange et je ne réussis pas à terminer mon travail.

— Michèle, tu sembles affolée, qu'est-ce qui se passe ? Maurice et José ont l'air si gentil, s'est-il passé quelque chose ?

— Il se passe de grandes choses ici, depuis que l'on s'est vu avant-hier. Nos vies vont changer. Hier, nous nous sommes achetés une maison, ici dans le Brûlé. Ils sont allés à Montréal, chercher des papiers, et cet après-midi nous irons à la caisse.

Hélène est plus que surprise, elle est blanche comme un drap.

— Tu ne trouves pas que cela c'est fait très vite, vous n'en avez même pas parlé samedi soir et tout de suite le lendemain, voilà c'est fait. C'est un geste important, il me semble que l'on doit faire participer les gens que l'on aime à nos joies, surtout une joie comme celle-là. Je sais qu'avec toi il faut toujours s'attendre à n'importe quoi. Bon, c'est fait; ce n'est pas de ma faute, mais tu réussis toujours à me surprendre. Es-tu certaine d'avoir bien réfléchi. C'est un contrat de vingt ans que tu vas signer là.

– Si j'ai bien réfléchi ? Je crois que non mais José et Maurice m'offrent un style de vie qui m'intéresse et rien ne pourra être pire que ce que je vis ici, sur la ferme. J'aurai un emploi, un toit sur la tête et deux personnes que j'aime énormément avec moi, qu'est-ce que je peux demander de mieux à la vie ?

Est-ce possible de mentir comme cela ? Tout ce que je dis n'est que pour me justifier de poser des gestes irréfléchis. Peut-être parce que j'ai beaucoup de difficultés à réfléchir.

Je suis une maniaco-dépressive. Ce diagnostic a été posé il y a peu de temps et je sais très bien que je n'ai pas atteint un équilibre acceptable mais il est suffisant pour prendre de vraies décisions en connaissance de cause. Ce que je fuis ici, c'est tout ce temps où j'ai vécu des moments inexprimables causés par la maladie.

J'ai décidé de venir sur la ferme avec Jean-Louis parce qu'il était le seul qui disait m'aimer et avait assez de patience pour endurer mes «downs» qui n'en finissaient plus après la mort de mon ami. Je me disais aussi que sur une ferme, la vie était présente dans la nature, les animaux. Au début, tout a très bien été, j'avais un jardin énorme, je donnais un grand coup de main à la grange, aux champs, je m'occupais de la maison, je faisais des conserves, etc. J'étais sûrement dans un «high». Puis lorsque l'hiver est arrivé, la succession des périodes «high» et des périodes «down» se sont succédées de plus en plus rapidement, je ne me comprenais plus. Je suis allée consulter une psychologue qui après quelques mois s'est avouée vaincue, nous n'avions pas évolué d'un pas; au contraire, nous avons empêché que le processus évolue. Je suis devenue agressive, je brisais beaucoup de choses, je renversais beaucoup de choses aussi. Puis, je m'en suis prise à Jean-Louis qui de son côté voyait sa patience diminuer doucement. Après avoir voulu le détruire, j'ai voulu me détruire moi-même, je me sentais si mal dans mon intérieur qu'il fallait absolument que cela bouge en quelque part pour m'empêcher de sombrer. Lorsque mon ami est mort, je me suis noyée dans l'alcool et la drogue. Je faisais maintenat tout en mon pouvoir pour ne pas reprendre ces béquilles. Si je sortais, je perdais les pédales et Jean-Louis devait me ramener. Il a dû me faire vomir des médicaments pour que je ne meurs pas. Je l'ai mené au bord de la dépression. Tout le monde avait de la difficulté. C'est tout cela que je veux fuir. Je sais que mon équilibre est encore précaire mais le lithium m'aide énormément et je sais que je peux maintenant faire face à la vie. Est-ce que je me surestime ? Je crois et j'espère que non.

C'est le bonheur qui est devant moi. Il est temps, non ?

Pourquoi Hélène ne voit-elle pas tout cela, elle qui me connaît si bien ? Mais non, elle est là, avec sa morale, sa logique, ses préjugés et ses conseils. Je n'ai pas envie qu'on me fasse changer d'idée, je n'ai pas envie qu'on vienne mettre des peurs dans ma tête, dans mes espoirs, je vois cela beau et intéressant et je veux que cela le soit. Je tiens absolument à ce que ce rêve soit une réussite, je tiens à me prouver que je suis capable de réaliser quelque chose, aussi farfelu que cela puisse être. Je tiens absolument à ce que ces deux hommes fassent partie intégrante de ma vie, je veux être avec eux et non ici, et c'est la meilleure façon de souder notre entente. Nous ne nous marierons jamais, c'est évident, mais avoir une maison, un toit pour nous trois, avoir quelque chose à partager, quelque chose que nous pourrons modifier à notre convenance, organiser à notre convenance, qui sera le fruit de nos trois personnalités, je trouve cela aussi beau et aussi grand que si nous décidions de faire un enfant et de lui transmettre nos trois personnalités en souhaitant qu'il ne prendrait pas trop du caractère de Maurice, mais de son intelligence.

Nous revenons à la maison. Maurice et José sont de retour. José a obtenu sans trop de problèmes ce qu'il voulait de son patron. Il a mis ses plus beaux atours pour faire bonne impression et il est beau comme je ne l'ai jamais vu, mais nerveux... Il reste des grands moments sans parler, puis quand il se décide, c'est un vrai moulin à paroles et en plus, son discours est très décousu et quasi incohérent. Hélène est enfin encourageante et nous appuie fortement.

Maurice, de son côté, est déroutant. Il ne participera pas directement à l'action et cela le fatigue énormément. Il nous abreuve de conseils, de «il faudra», de «n'oubliez pas de dire», de «n'oubliez pas que c'est important de mentionner» mais aussi de «j'aimerais faire cette démarche à votre place, je serais plus tranquille et le succès serait assuré» et de «vous ne vous en sortirez jamais seuls tous les deux», ce qui a le don de fâcher José. Le même discours qu'à leur première visite réapparaît, le même dilemme des relations père / fils qui existent entre eux. L'ambiance est mortelle, ce qui surprend grandement Hélène qui en met le tort sur la tension de cette avant-midi décisive pour chacun de nous.

Le discours de Maurice se veut, j'en suis persuadée, positif et a pour but de nous motiver à réussir cette démarche, mais cela me fait perdre confiance en moi. J'ai l'impression que la personne qui devrait le plus nous appuyer et y aller de «vous êtes capables, je vous fais confiance» et de «vous avez notre sort entre vos mains» nous détruit lentement et souhaite presque notre échec parce que ce n'est pas lui qui agit. Je suis déçue de Maurice, je m'attendais à une toute autre attitude, je commence à croire que José avait raison lors de cette fameuse discussion, Maurice ne fait confiance à personne et tient à tout diriger. Il faudra s'y faire.

Enfin, à treize heures trente, José et moi partons pour notre rendez-vous, abasourdis. Loin de la maison, nous sentons le calme et la détente nous envahir. Notre confiance en soi se régénère et nous sommes tous les deux sur la même longueur d'onde, la tête farcie de rêves et d'espoir.

Tout se passe bien, et à la sortie de la caisse, nous sommes tous les deux persuadés que notre démarche sera bien accueillie. Nous respirons enfin la joie de vivre et nous désirons ardemment tous les deux faire partager notre joie à Maurice, lui faire comprendre à quel point il fait partie de cette transaction. Nous voulons tous les deux qu'il se sente propriétaire au même titre que nous deux. Nos projets se font dans le but qu'il soit heureux dans cet environnement comme si nous venions en quelque sorte d'être aller lui acheter un cadeau. Nos idées sont donc très positives même si nous commençons une longue période d'attente.

Je suis dans un état tout à fait fébrile, je suis consciente d'avoir signé des papiers qui m'engagent à prendre possession de ce petit château mais c'est comme si le geste, son importance et les responsabilités qui en découlent ne sont pas vraiment bien pensés. Je me sens un peu comme si j'étais entraînée dans un mouvement plus ou moins conscient, conscient peut-être, mais comme dans un rêve, sans conséquence, un peu comme la Belle au bois dormant qui rêvait de son prince charmant, qui l'espérait. Quand il arrive, elle ne sait rien de lui, mais elle part quand même, les yeux fermés, sur son beau cheval blanc, sans se poser d'autres questions. Le prince vient de répondre au besoin le plus immédiat de la princesse, celui de lui redonner la vie et cela lui suffit.

Je veux me sortir de la situation dans laquelle je suis, il me faut un toit sur la tête. Eh bien ! en voici un. Pour ce qui est de ce que sera la vie avec José et Maurice, cela m'importe peu. Au jour le jour, je fonce et il suffira de s'y mettre pour que cette vie à trois, aussi inimaginable qu'elle puisse paraître, devienne un paradis terrestre. Je me sens prête à n'importe quoi pour que cette relation naissante soit une réussite pour chacun de ses acteurs.

Les voilà repartis, ils sont dans cette ville que je n'aime pas et où je n'aurai probablement plus besoin d'aller vivre. Voilà un but d'atteint, je me suis jurée de ne plus jamais retourner vivre à Montréal, je m'y sens tellement mal, c'est tellement peu moi-même. Cette ville m'étouffe, son impersonnalité, son brouhaha, sa violence, sa pollution, non. J'ai besoin d'air. Même un mois pour moi à Montréal serait le pire des cauchemars.

Mi-semaine, j'ai de nouveau droit à cette visite qui représente mon avenir et à cette aide dont je ne peux plus me passer. Je suis de plus en plus fatiguée, pour ne pas dire totalement exténuée. Je ne réfléchis plus, je ne vois même plus François quand il vient accomplir sa tâche. Heureusement qu'il est là, je n'aurais jamais pu donner cet ensilage aux vaches en plus de tout le reste.

Durant cette soirée j'écoute Maurice et José et «gobe» littéralement tout ce qu'ils peuvent dire. José est très anxieux, il a peur d'un nouvel échec, d'un refus de la caisse. Cela semble être un test pour lui. Je trouve que le discours de Maurice, tout en étant encourageant, reflète une note de je-m'en-foutisme comme s'il n'était que très peu impliqué dans ce projet et surtout parce qu'il doute de nos capacités de négociateur et de notre possibilité de fonctionner sans lui. Il détourne souvent la conversation. Il est beaucoup plus préoccupé par la promesse que José a faite à Sonya et qui doit se réaliser samedi prochain. Notre projet de vie le dérange beaucoup moins que cette Sonya. Il me semble que lorsque l'on vient d'acheter une maison, on a envie d'en parler, de garder nos espoirs, de refaire nos calculs pour connaître exactement nos chances de succès, de revoir en pensée tout l'ensemble, le dedans et le dehors de la maison, de commencer à se faire une liste de ce qu'il y aura à rénover ou à refaire, le plus urgent, histoire d'échanger sur un sujet qui devrait nous rapprocher et non nous séparer comme Sonya. Au lieu de cela, Maurice trouve plus important d'exprimer ses réticences face à une petite activité d'à peine trois heures avec quelqu'un qui ne devrait plus avoir grande importance pour lui. Cela est-il un message ? J'ai souvent l'impression que lorsqu'il en a l'occasion, Maurice se fait un devoir de me parler de Sonya, comme pour me donner un avertissement, comme pour me dire «regarde ce qui peut t'arriver».

– Pourquoi est-ce que tu as fait une telle promesse, tu savais que je n'avais aucune envie d'affronter encore une dernière fois les yeux vides de cette femme qui va passer la journée à nous casser les oreilles avec les prouesses de sa fille qui dans le fond est des plus ordinaires.

— J'ai promis et je tiendrai ma promesse, je t'ai expliqué des milliers de fois pourquoi, et tu avais fini par accepter, pourquoi faut-il que tu remettes tout en question maintenant.

— Parce que je ne veux plus la voir, elle me donne des haut-le-coeur, je ne peux croire qu'elle a déjà couché dans mon lit, je ne peux pas croire que j'ai déjà eu à la toucher, je ne peux surtout pas croire que j'ai pris plaisir à caresser ses énormes cuisses et que j'en oubliais les senteurs dues à l'humidité des recoins qui...

— Maurice! Là, tu exagères, tu n'es pas correct. Je peux toujours comprendre toutes tes raisons et le fait que tu ne sois pas d'accord de la revoir, mais ton discours n'est pas très agréable pour Michèle. C'est très peu ragoûtant à entendre et je me mets à sa place, elle doit vraiment être dégoûtée, elle doit se demander quel genre d'hommes nous sommes et elle aura bien raison. Tu es en train de lui faire peur et de risquer de tout détruire.

Que d'agressivité de la part de Maurice. Je comprends qu'il n'aime pas Sonya, mais de là à se mettre dans un tel état et de dire de telles choses seulement parce qu'il aura à lui faire face et à lui parler ! Mais à quoi peut bien ressembler cette Sonya pour que Maurice se pose tant de questions, ait tant de commentaires désobligeants à son égard, ait tant de haine et, en même temps, ait si peur qu'elle soit trop souvent avec José ? N'exagère-t-il pas ? Dans tous les cas, il a réussi à nous changer les idées. J'ai de la difficulté à le comprendre, il semble ravi de la tournure des événements.

J'ai l'impression que pour Maurice tous les moyens sont bons pour éviter de parler de ce «petit cadeau» que nous venons de nous faire. Il n'est pas avec nous, il fait bande à part, il ne construit rien avec nous. J'ai envie et j'ai besoin de partager mes émotions mais ce ne sera pas encore pour ce soir. Il n'y a que cette sortie de samedi prochain qui est importante, et cette Sonya. Vais-je un jour avoir l'«honneur» de connaître la personne que je pourrais, avec tout ce que j'ai entendu sur son compte, qualifier d'«horreur» ? Peut-être que José a raison, après tout: après cette sortie de samedi prochain, elle sortira complètement de leur vie et il n'en sera plus jamais question. J'ai l'impression que Maurice dramatise, c'est peut-être dans sa nature, il faudra que je m'y fasse et que je sois assez perspicace pour déceler quand il y aura exagération. C'est un avertissement.

Ce soir, je me sens un peu étrangère face à eux pour la première fois, leurs priorités ne sont pas les miennes, je ne nous sens pas en parfaite communion comme à l'habitude. J'ai un peu l'impression qu'une petite brèche a été faite à notre entente, ou du moins elle est en train de se faire. Nous devrions plutôt être en train de consolider notre groupe, de s'épauler face à une vie commune qui s'ouvrira devant nous. Non, au contraire, je ne me sens pas des leurs, et c'est très triste.

Au lit, ce soir, je suis à côté de Maurice qui ne fait pas attention à moi, et avec l'ambiance qui règne actuellement, je ne peux rien espérer de mieux. José m'a embrassée très tendrement au retour de la grange en me disant «patience.» Comme s'il avait lu à l'intérieur de moi, comme s'il avait compris que je ne comprends rien à tout ce qui se passe. Comme j'aimerais être couchée à ses côtés et sentir son bras autour de mon épaule, sentir sa chaleur, sa complicité.

Je suis fatiguée, j'ai comme besoin de me faire consoler de je ne sais quoi. L'envie de pleurer est souvent présente mais je ne sais pourquoi, il n'existe dans ma tête qu'une très grande confusion. Je ne comprends pas ce qui se passe dans ma tête et je n'aime pas cela, je me sens de plus en plus proche de José et le phénomène inverse se produit avec Maurice, et en plus, on dirait qu'il provoque ces sentiments, qu'il en est bien conscient et qu'il les recherche. Les questions ne cessent de m'envahir et les réponses d'être de plus en plus absentes.

Vendredi. Il ne reste que trente-six heures avant le retour de Jean-Louis, trente-six heures avant que je me décharge de cette responsabilité que je suis en train de mener à bien. C'est également aujourd'hui que nous saurons si oui ou non la caisse nous fait confiance pour l'achat de notre avenir.

À l'heure du dîner, Maurice me téléphone, nous avons obtenu notre prêt hypothécaire. Ça y est, le processus des quatorze semaines d'attente avant de prendre possession de notre petit nid tel qu'entendu dans le contrat est enclenché. Maurice semble content mais sans plus. J'aurais préféré apprendre la nouvelle par José, j'ai l'impression que la joie aurait été tellement plus explosive, nous aurions pu pousser le cri de victoire, mais il faut se contenter de ce que l'on a.

Je sais que je suis épuisée par le travail inhabituel que je viens d'abattre depuis deux semaines mais je me sens «down», très «down», j'ai peur de sombrer dans une crise de dépression et de tout gâcher. J'ai mal au fond de mon être, je suis tellement fatiguée, il y a eu trop d'émotions positives et négatives et tellement trop de travail. Je devrais avoir envie de crier, de chanter, de m'amuser, de fêter, mais ce n'est pas cela qui m'arrive, tout le monde semble sous tension. Nous avons enfin eu la réponse que nous attendions depuis une semaine, la réponse qui nous ouvre la porte de la liberté, la porte des rêves vers leur réalisation, la porte d'une forme de bonheur. Il me semble que nous devrions être joyeux, nous devrions être en plein état d'euphorie face à ce rêve qui devient réalité, mais non, c'est le vide d'émotion. Rien.

IV . 2 - IL FAUT PARFOIS FERMER LES YEUX

Ils arrivent vers la fin de la traite. Maurice est toujours de mauvaise humeur à cause de la sortie de samedi. Il n'est toujours pas décidé à y aller et José a l'air exaspéré. Maurice est maussade depuis que José et moi avons signé le contrat d'achat de la maison. Maurice me semble différent, plus grogneux, moins conciliant. C'est un peu intriguant.

– Depuis la fin de semaine passée que l'on discute du même sujet. Tu ne veux pas venir à la démonstration. Je te dis que je vais y aller seul même si ma promesse t'impliquait. Tu n'es pas encore d'accord et tu dis que Sonya va me faire changer d'idée, me convaincre de ressortir avec elle et m'entraîner dans toutes sortes de chimères. Tu t'attends à ce que je finisse par te répondre que tu as raison et que je n'irai pas. Oublie cela, Maurice. J'ai promis et quand je promets, c'est sérieux. Tiens cela pour décidé.

– Je le sais, quoi qu'il arrive tu vas y aller, ne t'en fais pas, il est trop tard. C'est déjà fait, elle t'a envoûté. Tu es à jamais sous son emprise. Je serais à l'article de la mort et cela ne te ferait pas changer d'idée. Mais, tu peux être assuré d'une chose, jamais elle ne m'aura. Jamais!

Je n'en peux plus de cette discussion, cela fait trop longtemps que je les écoute sans réagir. Je crierais! Je me décide enfin à intervenir, comme si j'avais décidé que je dois enfin comprendre et que je ne suis pas un pantin qui les regarde se chamailler tout le temps sur le même sujet sans jamais ne rien y comprendre. J'en ai assez de me sentir obliger de me taire sur ce qui est pour moi le plus important. Si je n'interviens pas, je vais tout casser, je le sens, c'est tellement serré dans mon coeur que cela va éclater.

— Dites-moi, vous deux, où il est le bobo ? Qu'est-ce qu'il y a de si grave à se rendre à cette fameuse démonstration ? C'est comme si j'avais l'impression que c'est la fin du monde, que cette petite sortie représente l'avenir de vos deux vies. Moi j'en ai assez, je n'ai pas l'intention d'entendre parler de cela ce soir. Faites quelque chose ou je vais éclater.

— Mais tu ne comprends donc pas que si José va avec Sonya seul, elle va lui remettre le grappin dessus et il faudra tout recommencer...

— Donc, la solution est là, s'il ne doit pas y aller tout seul, tu n'as qu'à y aller avec lui et en plus, tu vas lui faire plaisir.

— Tu ne comprends jamais rien. Elle m'a fait tellement mal. Il ne me fait pas plaisir, lui. De toute façon, laisse-nous régler cela entre nous.

— Maurice! pourquoi mets-tu Michèle de côté ? Elle est avec nous ou elle ne l'est pas. Elle a le droit de comprendre.

— On verra cela demain. De toute façon, ce n'est que demain ces compétitions de patinage.

Tous les moyens sont bons pour me faire taire.

L'ambiance demeure bizarre, comme en attente qu'une bombe éclate quelque part. La maison est loin d'être le sujet de conversation le plus important. Je me rends compte que, depuis le début de notre relation, j'ai parlé beaucoup mais je n'ai pris réellement part aux discussions que très rarement. Est-ce que je me laisse toujours guider ainsi dans mes relations avec les hommes ? Est-ce que je me laisse dominer ? Puis un beau jour, je me réveille et je dis ce que je pense à leur grande surprise et cela brise tout. Cela serait à repenser face à ma longue vie d'échecs. Qu'est-ce que cela va donner dans cette nouvelle recherche de bonheur ?

Pour José, ce qui retient le plus son attention c'est la journée de demain, le retour de Jean-Louis.

— Tu vas être obligée de passer la journée de demain toute seule, c'est un peu dommage, parce que tu auras à passer une dure soirée.

— Est-ce que tu aimerais que nous ne soyons pas trop loin, au cas où cela tournerait mal ? Il peut devenir violent, sois en consciente.

— Violent ? Jean-Louis ? Jamais. Je ne vous comprends pas très bien, vous ne connaissez pas Jean-Louis, vous ne connaissez pas réellement quelle sorte de relation nous entretenons depuis deux ans, vous ne connaissez pas réellement où nous en sommes et vous vous permettez de porter des jugements sur lui et sur son caractère. Sur ses réactions. Je regrette, cela est mon affaire, cela fait partie de mon passé et c'est à moi et à moi seule d'assumer et de finir en «beauté» cette relation. Vous me mettez à l'écart de vos histoires avec Sonya parce que je ne peux pas comprendre, mais dans ma relation, restez à l'écart parce que vous ne pouvez pas comprendre non plus. Vous êtes en train de me faire peur pour rien. Moi je connais Jean-Louis et je sais ce qui va se passer, il m'écoutera, il me dira ce qu'il aura à dire et la vie continuera. Nous avons jusqu'à juin à attendre avant d'avoir notre maison, donc, il n'y a pas tant de choses de changées; je devais de toute façon partir en juin. Je ne vois pas ce qu'il y a à craindre. Laissez-moi avec mes problèmes.

Maurice insiste:

— Je ne serai pas tranquille, tu sais, il arrive tellement de choses, on ne peut pas prévoir comment il va réagir.

— Tu as raison, tu ne peux pas, mais moi oui.

Je sens la panique s'emparer de moi. J'ai de plus en plus de difficultés à me maîtriser. Je suis fatiguée et cela ne m'aide pas à rester calme. J'ai l'impression qu'ils veulent premièrement me faire peur, deuxièmement me faire voir Jean-Louis d'un autre oeil. Mais je sais que c'est un bon gars et je ne veux pas changer d'idée là-dessus. Cela prendrait des gens qui le connaissent beaucoup pour me prouver que j'ai de bonnes raisons d'avoir peur et de prendre des précautions. Ce n'est tellement pas son genre. La fatigue me rend vulnérable et j'ai un peu peur, ils ont réussi à me faire douter de Jean-Louis et à ombrager la journée de demain.

À l'heure du départ, Maurice semble calme face au retour de Jean-Louis, du moins il ne m'en parle pas et ce qui est plus surprenant encore, il part pour ces fameuses compétitions le sourire aux lèvres, confiant de passer un bon après-midi et une bonne soirée.

C'est vraiment incroyable. Cela fait plus de dix jours que c'est son sujet de prédilection et qu'il nous rabat les oreilles avec cette journée qui représente la pire journée de sa vie et le voilà maintenant qu'il y va avec le sourire. Je ne le comprendrai jamais. Je ne comprendrai jamais ses sorties et ses attitudes. Il faudra s'y habituer. Est-ce que ce sera possible ?

Enfin, la dernière traite est terminée, enfin les trente jours sont complétés. Je reviens à la maison, je n'ai pas faim, je me sens passablement déprimée, je suis tellement fatiguée, je ne pense qu'à pleurer, je sais que Jean-Louis s'en vient et que je me passerais volontiers de tout ce qui arrivera dans les prochaines heures. Je préférerais m'endormir et me réveiller quand tout cela sera réglé, je n'ai plus de courage, je n'ai plus rien, je ne m'inquiète même pas de ce que mes deux petits copains peuvent faire à Montréal avec la fameuse Sonya, je suis comme devenue aveugle et insensible, tout me laisse indifférente. La seule chose qui me motive c'est de savoir qu'un peu plus tard je trouverai un bon lit pour dormir, laisser relaxer les muscles de mon corps, les laisser reprendre du tonus, de l'énergie. La douche n'a été que d'un très futile secours.

J'attends qu'il arrive. Qu'est ce que je vais lui dire ? Je n'en sais rien, je sais seulement que je suis fatiguée, mon coeur est pesant, il me fait mal, de cette douleur que je ne peux contrôler par de belles pensées. Ma vie a changé durant l'absence de Jean-Louis. J'ai hâte: au mois de juin ma vie va se transformer, je resterai dans une autre maison où je pourrai me sentir chez moi et m'y sentir à mon aise. Comment lui présenter tout cela. Je m'en fous, après tout, ce qui sortira, sortira, ce que je ne dirai pas, je le tairai. Je suis vraiment dépassée par tout, et tout en étant fort prometteur, l'avenir se présente à moi comme un immense trou comme si tous les éléments n'ont pas encore trouvé leurs places respectives et que rien n'est bien ordonné, voire même bien décidé. Tout se promène dans ma tête dans un méli-mélo qui finit par être un vide absolu.

C'est dans cet état d'esprit que je me retrouve, enfoncée dans un fauteuil de la cuisine, à moitié endormie et peut-être même en train de pleurer en raison de toute cette incompréhension de ma vie, quand Jean-Louis entre dans la maison.

Il est très bronzé et a les bras chargés de cadeaux. Il en a long à raconter sur ces vacances, la vie au Club Med, Haïti, sur les gens qu'il a rencontrés, en particulier une fille avec qui il a l'intention de garder le contact, les plaisirs qu'il a eus, etc. Il a l'air tellement bien dans sa peau, sa fatigue semble s'être complètement dissipée, il est d'une humeur sans bornes et prêt à faire les plus belles discussions.

Cela fait environ une heure que je me promène avec ce bon guide en Haïti et au Club Med quand enfin il pense à s'inquiéter de la ferme et de ce qui s'est passé durant son absence. Je lui fais un compte rendu complet de chaque vache, des taures, des veaux, des inséminations, enfin de toute la situation dans la grange. Il peut ainsi constater que tout s'est bien passé. Il est content mais ne me remercie pas. Je l'attends, je l'espère, j'ai tellement besoin de l'entendre ce petit mot de cinq lettres: ce M-E-R-C-I, si facile à prononcer qui me ferait tellement plaisir et qui changerait peut-être des choses. Un seul signe de gratitude, il me semble que ce n'est pas si exigeant que cela. Il n'y en aura aucun, je lui en veux tellement que cela ne me dérange plus de le démolir, de le faire revenir rapidement à la réalité. Je me sens devenir méchante au fur et à mesure qu'il me montre les cadeaux qu'il a rapportés pour ses soeurs et ses parents. Pour moi il y a... deux cartes postales qu'il n'a pas pensé de poster.

Je me décide:

— Il y a autre chose que je veux te dire: je suis très fatiguée, et je vais avoir besoin de vacances à mon tour.

— Tu peux partir demain si tu veux, prends deux ou trois jours, après ce sera le temps de faire les «sucres».

— Durant ton absence, tu te souviens, j'ai eu deux visiteurs, ils m'ont bien aidée.

— Ils n'ont pas eu peur de se salir ?

Bon, voilà que lui aussi se met à les juger sans les connaître. J'ai pourtant dû le défendre pour les mêmes motifs il n'y a pas si longtemps.

— Non, ils n'ont pas eu peur de se salir, ils m'ont été réellement d'un grand secours, nous nous sommes si bien entendus que nous avons décidé qu'il serait intéressant de rester ensemble. Nous nous sommes achetés une maison dans un rang. Nous avons obtenu notre hypothèque de la caisse hier. C'est chose faite, on aménagera en juin.

Aucune réaction, rien dans ses traits, rien dans ses yeux, même pas un peu de surprise, pas un mot.

— Demain ou en juin, de toute façon, c'était en juin. Tu es aussi bien de partir tout de suite, demain.

— Tu m'avais donné jusqu'en juin. Pour l'instant je suis trop fatiguée pour prendre une décision, je te tiendrai au courant.

Ça y est, c'est fait. Je me sens écrasée, rejetée, le vent a tourné de bord. J'avais raison, avec Jean-Louis pas de violence mais seulement une indifférence qui fait plus mal que le plus grand des k.o. Je me retrouve encore, comme d'habitude, avec le sentiment qu'on a hâte de se débarrasser de moi, c'est incroyable. J'ai de la difficulté à assumer les conséquences de mes gestes, de mes actions, de mes décisions. Je suis toujours surprise que cette anxiété et ce découragement me reprennent.

Dimanche, après la traite où je n'ai fait qu'une brève apparition, c'est comme si j'étais déjà partie, comme si le désir de Jean-Louis de me voir loin de lui et de la ferme était un ordre, un commandement sans réplique, cela me donne l'impression que si je restais ici encore deux ou trois jours, l'ambiance serait insoutenable, il ferait lui-même mes valises pour que je parte. Déjà, les échanges se font plus secs, empreints de menace. Je ne pourrai le supporter longtemps. Je cesserais de maîtriser cette vague d'émotions qui sera toujours la mienne et je perdrais de nouveau la maîtrise de moi, c'est certain. Plutôt mourir que de revivre une seule seconde cet état-là. Jean-Louis a raison, mieux vaut partir, m'éloigner de ce qui pourrait arriver. Mais où aller ?? Je n'ai pas beaucoup de choix et pas beaucoup de sous non plus. Il faut penser au futur et être très raisonnable pour les dépenses.

Je téléphone donc à Maurice et à José comme prévu, pour leur dire que tout s'est bien passé et que je pars en vacances. C'est Maurice qui répond:

    — Où vas-tu ? Comment allons-nous faire pour te rejoindre ? Est-ce que tu vas nous téléphoner pour nous dire où tu es rendue ? Nous ne voulons pas perdre tout contact avec toi, cela est très important pour José et moi. Tu le sais bien. Nous allons être très inquiets. Nous avons des engagements avec toi et nous ne voulons pour aucune raison que tu disparaisses dans la nature, nous tenons à toi tu sais. Et en plus, dit-il sur un ton rieur, la maison est à nous trois, il ne faut pas en perdre un en cours de route.

Comme c'est bon d'avoir l'impression de compter pour quelqu'un, cela fait plaisir de savoir que quelqu'un s'inquiète à votre sujet et ne tient pas à couper le contact.

— Maurice, du calme, je ne sais pas encore où je vais aller, tout ce que je sais c'est que je suis fatiguée et que je veux m'éloigner pour deux ou trois jours au moins de la ferme, c'est mieux comme cela. J'ai fait mes bagages pour au moins une semaine, au cas où je décide de prolonger mon absence, et en partant je déciderai où je veux aller.

— Passe par ici, tu repartiras demain. De toute façon José disait hier soir qu'on devait trouver une solution pour nous trois en attendant le mois de juin. Tu as sûrement besoin de vacances mais il faut aussi que tu penses à ce qui t'arrivera par la suite.

Je sais que Maurice a raison, il faut que je prenne de grandes décisions. Je pars donc avec beaucoup trop de bagages, j'ai besoin d'avoir plein de choses avec moi pour me sentir en sécurité et pour affronter la vie. Je sais que Maurice et José ont envie de me savoir avec eux. Je ne veux pas savoir pourquoi, je demeure en quelque sorte extérieure à eux, je ne me sens pas entièrement avec eux. Ils sont trop différents de moi. Cependant, ils représentent une très bonne occasion et même la porte de sortie d'une vie noire vers la lumière.

Durant le trajet vers Montréal, c'est la libération qui apporte les larmes aux yeux, c'est l'extase. Le seul fait de savoir ce cauchemar terminé me donne l'impression de ne plus être fatiguée, d'être prête à recommencer autre chose. C'est le point zéro où tout commence et où l'innocence ressemble au bonheur.

Que de choses peuvent se passer en si peu de temps. Ce matin, en passant le pas de la porte, je sais pertinemment que ma vie va changer. Ce petit geste déterminera ma vie future. Si je décide de le faire, je sais que ce sera sans retour. Si je décide de ne pas le faire, c'est toujours mon choix jusqu'à la dernière fraction de seconde. Je peux demander à Jean-Louis de renégocier notre style de vie, nos besoins personnels, de réévaluer nos facultés de continuer cette vie sur une autre base. Je crois qu'il pourrait être ouvert à cela, je crois qu'il pourrait du moins être tenté de continuer et de me «pardonner» ce que je viens de vivre avec Maurice et José. Il y a longtemps, à cause de ma maladie, de mon instabilité et de sa difficulté à comprendre quoi que ce soit dans tout cela, que nous ne nous sommes pas vraiment assis tous les deux pour se permettre de parler de nous, de notre relation. Nous l'avons laissée aller au fil du temps sans lui donner un coup de main pour continuer. Il n'y a encore rien de perdu. Que faire ?

Derrière cette porte je vois qu'un autre destin m'attend, mais je suis aussi convaincue que quel qu'il soit il ne peut être que l'apogée, la récompense de tant de labeur physique et de recherche de soi dans ma maniaco-dépression. Cela ne peut faire autrement que d'être bon. Sinon, la vie ne mérite pas d'être vécue.

Je n'ai pas assez de courage et mon défi est trop grand à relever, je fais le pas, le plus rapidement possible, comme une voleuse. Je saute dans mon auto et je fonce, à une vitesse folle, comme si l'envie de changer d'idée pourrait me reprendre. Voilà, cela y est, la page est maintenant tournée.

IV . 3 - ASSUMER SES DÉCISIONS

J'arrive à Montréal. Je n'avais rien imaginé du quartier dans lequel ils habitaient. J'avais beaucoup d'autres préoccupations. Je stationne devant l'adresse qu'ils m'ont donnée, je me retrouve dans un quartier de la ville qui mérite bien son qualificatif de défavorisé; en plus, je suis en plein quartier gai. Les escaliers sont délabrés, les trottoirs pleins de détritus, les enfants qui jouent ont des vêtements qui ont fait leur temps, ils ont de très grands yeux et ont le teint de ceux dont l'alimentation est très peu équilibrée. Je n'ai rien contre ce quartier mais José et Maurice ont joué les gens un peu plus aisés avec leur lapin et leur canard au repas. Cela commence à m'intriguer. Je m'attendais à un environnement très différent, pas riche, mais un peu plus moyen et ce non par snobisme. Cela me surprend.

Je sonne à l'adresse indiquée. Je suis accueillie par des aboiements terribles, puis la grosse voix de Maurice qui somme une des deux bêtes de se taire et celle de José qui fait de même pour l'autre: un accueil plutôt bruyant.

José enjambe les chiens et arrive à mes côtés sur la galerie.

— Il ne faut pas t'en faire, ils ne sont pas méchants, ils ne font que beaucoup de bruit et prennent beaucoup de place. Viens, je vais t'aider à monter tes bagages, ce sera fait, on pourra parler tranquillement après.

Je n'avais pourtant pas l'intention de m'éterniser, mon but était de m'arrêter en passant et d'aller faire le point un jour ou deux. J'ai encore les moyens de me payer un motel et de la bouffe pour deux jours. Je me laisse faire, je les laisse décider encore à ma place.

Voyant enfin l'intérieur, je m'aperçois que l'extérieur m'avait donné une fausse image de la réalité. C'est une vieille maison de Montréal avec ses plafonds hauts, ses plafonniers gigantesques, ses murs travaillés sur la tôle et ses planchers de bois, une architecture intéressante et, en plus, une décoration, des meubles de style et des antiquités rénovées avec art qui se marient parfaitement au style et donnent à l'appartement une très grande classe. Je viens de douter d'eux pour la première fois.

On s'installe dans un petit salon victorien, mes bagages sont empilés dans le corridor. Je leur raconte comment le retour de Jean-Louis s'est déroulé. J'ai l'impression que Maurice veut surtout savoir à quel point cela l'a choqué que je me sois acheté une maison avec deux homosexuels, bien plus que ce que je vis, moi. Je n'ai rien à dire là-dessus, c'est très loin de mes préocupations. Je n'ai pas l'impression de pouvoir vraiment exprimer le fond de ma pensée, de pouvoir dire ce que mon coeur ressent. C'est dur ce que je vis et je ne peux le partager. Est-ce parce que je n'ai pas vraiment l'impression d'être écoutée ou parce que je ne me sens pas suffisamment en confiance avec eux pour me laisser aller à toutes les confidences que je voudrais faire ? Je suis dans un tunnel et j'ai très peur que quelqu'un juge mes états d'âmes et mes agissements.

J'ai un peu l'impression que c'est avant tout par politesse que l'on me laisse m'exprimer et rien de plus. Comme à l'habitude, cela me déçoit et me laisse sur mon appétit.

Il m'est difficile de savoir ce qui s'est passé avec Sonya durant cette fameuse démonstration de patinage artistique. J'aurais espéré que Maurice qui a tant repoussé cette sortie en ait long à raconter, mais tout ce qu'ils en disent c'est que tout s'est bien passé et qu'ils sont rentrés plus tard que prévu.

L'ambiance est différente, je suis chez eux et je me sens un peu à leur merci. La fatigue revient, j'ai souvent envie de pleurer et j'aurais besoin d'avoir une épaule pour m'appuyer et un bras pour me protéger. Ici, tout se présente en double et je n'ai pas le droit de faire de choix.

J'ai besoin de réconfort, j'ai besoin de tendresse, j'ai besoin de quelque chose que je ne saurais définir mais dont l'absence provoque un immense trou dans mon coeur, j'ai mal. Je devrais me sentir comblée d'être ici mais je me sens seule et triste, comme avant. Qu'est-ce qu'il y aura de changé dans cette nouvelle vie ? Me suis-je trompée ? Il est trop tard, le pas de la porte a été franchi.

Le soir venu, Maurice propose d'aller souper dans le «Chinatown» afin de me faire voir le nouveau quartier chinois, de me faire connaître leurs endroits préférés et de souligner mon arrivée parmi eux. Je suis très touchée par la pensée de Maurice, pour une fois qu'il fait quelque chose qui me semble directement destiné. José le ramène à la réalité.

— Ton idée est loin d'être mauvaise de faire la fête pour l'arrivée de Michèle, Maurice, mais tu sais que nous avons défoncé notre budget hier soir. On devrait remettre cela à vendredi soir prochain, j'aurai eu ma paie et ce sera beaucoup mieux ainsi. Je suis convaincu que Michèle ne nous en voudra pas. Elle semble si fatiguée que ce serait peut-être plus sage; comme cela, vendredi, elle pourra goûter pleinement à sa sortie.

— C'est vrai, José a raison, je suis très fatiguée mais j'aimerais quand même vous offrir cette sortie si vous le voulez bien, pour vous remercier à l'avance de m'accueillir chez vous.

Maurice accepte avec empressement et José finit par se laisser convaincre après bien des réticences.

Je suis contente de cette sortie, mais l'atmosphère semble lourde, José parle souvent du fait que ce n'est pas à moi de les inviter à sortir mais à eux de me faire la fête. Il reproche souvent à Maurice de profiter de la situation.

Est-ce José qui a raison ? Je me sens tellement incertaine, je me sens tellement en quête de bonheur, que ma sensibilité est à son point extrême. Je suis prête à n'importe quoi pour ressentir un peu de joie.

Nous partons donc pour le quartier chinois où je me retrouve dans un monde tout à fait inconnu. Tout a changé depuis environ dix ans que je n'y ai pas mis les pieds. Du quartier louche, aux rues étroites et noires, dangereuses le soir, le quartier est maintenant une rue piétonnière, grandement colorée avec une ambiance tout à fait spéciale en cette soirée de printemps. Ils me montrent leur épicerie préférée, leur restaurant préféré, le banc où ils aiment bien venir se reposer pour se plonger dans ce climat exotique. Ils me racontent des anecdotes amusantes, nous nous promenons tous les trois bras dessus, bras dessous. Je finis par découvrir ce qui pourrait être notre vie à trois et la joie de vivre qui pourra en résulter.

On entre dans un petit restaurant, leur préféré, où tout est calme et reposant et la nourriture, exquise. Je n'ai aucune idée de ce que je mange mais c'est bon, j'ai faim, je n'ai pas mangé de la journée et j'en profite. Je me sens bien, je suis comme dans un état second, je n'ai même pas envie de me mêler de la conversation. Je les entends discuter de mon avenir, j'entends des bribes de conversation dans lesquelles ils disent que je dois rester avec eux pour qu'on commence à expérimenter notre vie commune. Moi, je sais que j'ai envie de prendre des vacances, de prendre du recul, de faire le point, mais je ne parle pas, je ne réagis plus, je suis dépassée, je suis vidée. Je m'enferme dans mon petit monde où personne ne peut plus m'atteindre et j'essaie de me contenter de répondre à mes besoins fondamentaux pour la simple survie de mon corps. Leur discours me donne envie de leur dire que je veux avoir la paix, je veux qu'on me laisse le temps de respirer, qu'on me laisse me retrouver seule avec moi-même. J'ai envie de crier:

«Laissez-moi, vous m'essoufflez, je suis fatiguée, je suis physiquement et moralement fatiguée, je m'étendrais là, sur le plancher, et j'y resterais jusqu'à ce que mort s'en suive, je suis vidée, je suis à bout, je n'ai plus la force de me battre. Laissez-moi du temps!» Mais je ne suis pas capable d'exprimer ces désirs, ces pensées.

On revient à la maison. L'heure du coucher est arrivée. José me prépare un tiroir où je pourrai disposer mes choses demain, et je l'aide à installer un lit semblable à celui de la ferme. J'ai l'impression que José essaie de me faire une place parmi eux.

Je ne parle pas, je n'ai plus rien à sortir de mon être, j'obéis, je suis comme un robot, programmée, rien à sortir de ce cerveau ce soir. Demain, peut-être que je saurai ce que je veux faire de ma vie. Mais ce soir, la réponse serait trop négative pour être exprimée et mon pouvoir d'analyse est à peu près anéanti.

Avant qu'on se mette enfin au lit, ils m'expliquent que je serais mieux de rester ici demain, c'est la meilleure place pour me reposer. De toute façon, où pourrais-je aller ? Qui est-ce qui voudrait bien m'accepter chez lui ou chez elle ? Je n'en sais rien mais si je cherchais un peu je trouverais sûrement. Ce n'est rien pour me remonter le moral. Maurice me rappelle aussi qu'il ne faut pas que je jette mes sous par la fenêtre, le mois de juin arrivera plus vite qu'on ne le pense. Pour les faire taire, j'acquiesce en me disant que demain je serai reposée et pourrai alors décider par moi-même. Demain.

Je m'étends enfin dans ce lit de fortune que Maurice qualifie d'idéal. Je suis épuisée. José est au centre, il a le goût de parler de notre vie commune, mais moi, je n'ai qu'un désir, dormir, ne plus rien entendre sur rien, rien de beau et rien de laid, le neutre, la paix, je veux que cesse ce bourdonnement dans ma tête, je veux que cesse d'entrer toutes ces idées nouvelles qui n'ont même pas le temps de passer à la censure et qui vont directement se trouver une place dans mon cerveau. J'ai l'impression de subir un lavage de cerveau, je ne peux réagir et cela me mêle au plus haut point. Malgré tout, je suis heureuse d'être ici, loin de la ferme et de Jean-Louis. Cela me décourage aussi de découvrir que c'est une autre phase de ma vie qui est terminée, une autre phase que j'ai encore réussie à gâcher, un échec de plus à ajouter dans le grand livre de mes records personnels d'échecs.

José me prend dans ses bras et me rapproche de lui, puis fait la même chose avec Maurice. Il commence à me caresser et je lui dis que je veux dormir. Vont-ils finir par comprendre ? Je n'en peux plus, et j'éclate en sanglots, la vie est trop dure et trop compliquée pour moi. Je ne peux plus la supporter, elle va trop vite pour moi et j'ai toujours l'impression d'être la seule qui ne suit pas son rythme. Je suis toujours un peu en retard sur tout le monde, je réagis à mon idée toujours un peu après, je réfléchis trop longtemps, c'est pourquoi je remets toujours mes temps de réflexion à plus tard et je finis toujours par ne pas réfléchir suffisamment sur les éléments les plus importants. Je voudrais mourir, malgré cette forme de bien-être que je ressens ici et que je ne comprends pas. Je voudrais aller rejoindre ceux que j'aimais et qui sont partis pour l'au-delà où tout, je l'imagine, doit être beaucoup moins compliqué qu'ici bas. José me sert plus fort, plein de tendresse, il semble vouloir me faire comprendre que je ne suis plus seule, qu'il est là. C'est réconfortant mais Maurice, de son côté, grogne. Est-ce qu'il y en a un des deux qui comprenne quelque chose ! Si oui, lequel ?

— Les femmes, tu leur donnes tout ce que tu peux et regarde ce qu'elles font. Elles braillent, elles ne sont jamais satisfaites. Celle-ci n'est pas mieux que les autres. J'espère que cela ne se produira pas trop souvent.

Ce n'est rien pour me consoler. Je m'endors en larmes, frustrée de si peu de compréhension, mais enfin retirée de ce monde qui m'écrase et où personne ne pourrait venir pour changer le cours de ma vie.

En ce premier matin de cette vie commune, le cadran sonne à cinq heures trente. Maurice et José se lèvent. José me dit que je peux rester couchée si j'en ai envie mais je préfère connaître le genre de bateau dans lequel je m'embarque. J'ai envie de tout partager de leur vie pour pouvoir y trouver ma place, pour pouvoir y être bien.

José prend sa douche, puis c'est le déjeuner où la conversation s'entame avec animation sur notre avenir à tous les trois, sur, il fallait bien que cela revienne, Sonya que José reverra tantôt au travail et sur l'attitude à prendre avec elle face, entre autres, à ma présence chez eux. Il est décidé de ne pas lui faire de mal pour rien et de lui taire ma présence. Nous parlons de toutes sortes de choses, je devrais dire ils parlent de toutes sortes de choses pour la maison, parce que moi, j'écoute et j'apprends. Il est décidé que puisqu'il fait très beau, je devrais renouer avec la ville et aller m'y promener un peu, histoire de connaître le coin et les accommodations environnantes.

José part enfin vers sept heures trente, Maurice et moi partons avec les chiens. Il m'explique le caractère et les habitudes de chacun d'eux afin que je puisse les comprendre et que je puisse aller les promener quand lui ou José n'auront pas le temps. Je me sens un peu exclue, c'est une tâche que je pourrai partager avec eux même si présentement ils ont chacun leurs heures déterminées pour le faire et cela ne changera pas. Je pourrai toujours y aller avec eux, pourquoi pas ?

De retour à la maison, Maurice m'explique que le matin, c'est toujours ainsi, on planifie ensemble la journée afin que tout le monde sache où est tout le monde et ce qu'il fait. Il se met à me parler de José et de Sonya, encore elle. Il me raconte en détail ce qu'elle fut pour eux mais surtout à quel point elle leur a menti. Il me décrit à quel point il la hait, à quel point elle a voulu lui enlever José, à quel point elle a semé la zizanie dans l'esprit de José, suffisamment pour qu'il ait envie de remettre son orientation sexuelle en question. Il me décrit à quel point c'est un poison et qu'elle ne devrait même pas respirer. Elle ne devrait même pas avoir la responsabilité de sa fille, elle la corrompt, elle la maltraite, il l'a même dénoncée à la Protection de la jeunesse. Juste à m'en parler, calmement, il se fâche contre elle comme il l'avait fait à la ferme; je trouve cela étrange et excessif.

— Pourquoi continues-tu à la haïr ainsi, elle n'est plus avec vous à ce que je sache, tout cela est terminé, tu devrais tout oublier. Tu ne te fâcherais plus comme tu le fais, c'est vraiment donner de l'importance à quelque chose qui n'en a plus, c'est te faire du mal pour rien.

— Tu sais, il n'y a jamais rien de gagner avec José, il travaille avec elle, il continue à la voir et elle continuera toujours à le minauder. Toi, physiquement, tu n'es pas son type de femme. Il les aime sophistiquées, grandes, minces, belles et maniables. Elle n'est pas son type non plus mais il l'a aimé elle, et toi pas encore. C'est pas en pleurant comme tu l'as fait hier soir que tu vas le gagner non plus, José a horreur des larmes. José aime l'harmonie, il aime surtout qu'on l'aime et elle, elle l'aime à en mourir. Elle l'a tellement envoûté qu'il ne voit même pas à quel point elle est grosse, laide, qu'elle sent la transpiration et qu'elle n'a rien dans la tête. Tu as du travail à faire si tu veux le conquérir. Il va commencer à faire des plans pour la maison, tu dois l'aider mais tout en lui montrant que c'est lui qui fait tout le travail. Tu dois agir en femme que tu es, être aguichante, lui montrer que c'est lui le maître et que tu ne comprends rien à ses grandes théories de construction de façon à ce qu'il ait tout à te faire découvrir. Il se sentira ainsi important et cela lui plaira grandement. Tu dois lui montrer que tu l'aimes autant que moi, cela c'est important, et pas seulement pour le lit, cela c'est un sujet dont je te parlerai bientôt, pas ce matin parce que j'ai du travail en retard et il ne faut pas que je perde mon temps avec toi ce matin.

·Je n'aime pas sa façon de voir les choses et le rôle qu'il m'attribue. Je veux bien essayer si c'est le prix qu'il faut payer pour vivre avec eux mais pas en femme niaise et soumise.

J'aurais beaucoup trop de difficulté à jouer le rôle d'une femme qui n'est pas moi. Enfin, je ferai comme j'ai toujours fait même si les résultats ne sont pas toujours positifs, je continuerai à être moi et personne d'autre, advienne que pourra.

Mon but aujourd'hui, c'est d'essayer de faire un peu ma place dans cette maison. Donc, je vais faire le lit, mais il est déjà fait, je n'ai pas eu connaissance que quelqu'un l'ait fait mais c'est comme cela. Puis je desserts la table et voilà, je n'ai déjà plus rien à faire. J'installe mes bagages du mieux que je peux dans le tiroir qui m'est assigné et dans la penderie. Je ne veux pas prendre trop de place, je ne veux pas déranger, je suis habituée de fonctionner dans une maison de treize pièces, sans compter la cave, et dans une chambre seule depuis près de six mois. Ici je me sens très à l'étroit mais j'ai un toit sur la tête. J'ai décidé de rester ici justement parce que j'ai un toit sur la tête, il faut que cela me suffise.

IV . 4 - J'AI TELLEMENT LE GOÛT
DE M'ÉVADER

Il fait très beau dehors, je dois aller à la caisse. J'avise donc Maurice que je sors, de ne pas s'inquiéter de moi, je connais la ville, je ne m'y perdrai pas et que je ne sais pas à quelle heure je serai de retour. Il me fait un tas de recommandations comme si j'étais une enfant de cinq ans. Il me laisse enfin partir à la recherche de Montréal.

Montréal, cette ville que je hais tant, dans laquelle je m'étais pourtant toujours jurée de ne jamais revenir vivre. Cette ville où tout le monde court, où personne ne se parle, où tout le monde se contente d'exister, où on ne ressent jamais de chaleur humaine, où j'ai passé, aussi, tellement de moments malheureux sans savoir pourquoi et où je ne trouvais jamais l'aide qu'il me fallait pour sortir de mon gouffre. Maintenant que mon problème est clair et en train de se résoudre, aujourd'hui, je part à sa recherche avec des yeux que je veux nouveaux, des yeux qui se veulent avoir oublié le passé. Il fait beau, je veux en profiter et je souhaite ardemment y retirer un peu de bonheur. Je lui en demande beaucoup, à cette première journée.

Je me promène dans les rues, le soleil me pénètre complètement et me donne de l'énergie, je me sens bien, je me sens belle, le vent joue dans mes cheveux, j'avance à grandes enjambées comme si je voulais que chaque pas soit du bonheur que j'accumule, je me sens jeune. Je ne m'aperçois pas du nombre de rues que je traverse, je marche tout en regardant les vitrines, je note ce que je vois, je remplis mon esprit d'images, je me sens enfin libre, je me sens enfin moi-même. J'ai peut-être même l'impression de faire l'école buissonnière encore plus que d'être en vacances. Il y a longtemps que je ne me suis pas sentie aussi bien et ce que je trouve encore plus fabuleux c'est que mon esprit semble ressentir les mêmes bienfaits que mon corps. Il ne se fatigue pas à se poser des questions sur demain, il ne se fatigue pas à se poser des questions sur hier, il vit, un point c'est tout. Je souris à la volée, ce qui est très exceptionnel pour moi. C'est la pleine liberté.

Je fais le tour des magasins et boutiques. Il doit commencer à être tard, j'ai même perdu la notion du temps. Il a passé très vite, je suis rendue dans le centre-ville, au complexe Desjardins. Il me semble qu'il y a de plus en plus de monde. Je décide donc de revenir chez Maurice et José. J'ai encore un très long chemin à faire. Il est vraiment tard, les édifices commencent sérieusement à se dessiner sur ceux d'en face. Je ne panique pas, il y a quelque chose en moi qui s'en moque éperdument et qui m'empêche de prendre le métro pour raccourcir le périple. Je veux y goûter jusqu'à la dernière seconde. J'ai été tellement bien cet après-midi que cela en a valu la peine même si je commence à avoir mal aux pieds à force de marcher.

Ce sont de vraies vacances, une liberté nouvelle, une impression d'avoir du temps pour moi, une sensation de vivre que je voudrais toujours ressentir. Dans un moment pareil, je suis loin d'avoir envie de mourir, cela ne saurait être plus beau de l'autre côté.

J'arrive enfin, heureuse, souriante, convaincue que je pourrai probablement m'y faire jusqu'en juin. J'entre dans la maison et j'arrive face à face avec Maurice qui a son visage des mauvais jours.

— Mais tu es complètement folle, tu es complètement inconsciente et inconséquente. Sais-tu quelle heure il est ? Six heures. José va arriver dans quinze minutes et le souper ne sera pas prêt parce que tu m'as tellement énervé par ta disparition que je n'étais même plus capable de me concentrer pour faire le repas. J'ai même pensé à appeler dans les hôpitaux pour m'informer s'il ne t'était rien arrivé. Veux-tu bien me dire où tu es allée ? Cela va faire bientôt quatre heures que tu es partie. Est-ce que tu t'étais perdue ? Qui as-tu rencontré ? Où êtes-vous allés ? J'espère que tu ne feras pas cela trop souvent. On téléphone quand on est pour arriver en retard, et puis la ville, c'est dangereux, on est pas dans le fond de ton rang, ici. Il aurait pu t'arriver n'importe quoi, je n'aurais pu expliquer à José pourquoi je t'ai laissé sortir toute seule...

José est entré sans que personne ne l'entende et il assiste au reste de la conversation, ou du moins au monologue de Maurice.

— ... moi qui voulais te parler du travail, tu ne peux pas rester ici à rien faire, il faut rejoindre Guy et tu t'achèteras un ordinateur et te mettras à la tâche, la vie, c'est pas aussi facile que tu sembles te l'imaginer. Il faut travailler, c'est pas comme cela qu'on va réussir à garder la maison, il faut que tout le monde fasse sa part...

Maurice, une fois de plus, est vraiment fâché, il est presque aussi rouge que ce matin quand il me parlait de Sonya. Je me sens comme une enfant prise la main dans le pot de biscuits, moi qui n'ai rien fait sinon retrouver un peu de paix. Je ne comprends pas très bien ce qui se passe. Je me sens très frustrée, je ne veux pas vivre cela. À trente-cinq ans, on doit savoir ce que l'on fait, non ? Je demeure cependant tout à fait sidérée, incapable de riposter. José semble très surpris aussi.

— Mais qu'est-ce qui se passe ici ? Pourquoi est ce que tu es fâché à ce point ? Qu'est-ce que tu peux bien avoir fait de si mal, Michèle, pour qu'il se mette dans cet état ? J'espère que vous ne serez pas toujours en train de vous disputer quand je ne serai pas là.

— Qu'est-ce que tu penses de cela, toi ? Elle est partie vers une heure cet après-midi en me disant que cela ne sera pas très long et elle vient tout juste de revenir. J'ai imaginé les pires choses, qu'elle s'était perdue, s'était fait attaquée, volée, peut-être même violée. Elle n'a même pas téléphoné pour que je ne m'inquiète pas.

Maurice a l'air sincèrement bouleversé, José va l'embrasser et l'enlasse. Ils sont là tous les deux devant moi avec des regards accusateurs.

— Mais où est-ce que tu es allée tout ce temps ? Il a raison, la ville ce n'est pas sûr et j'aurais été aussi inquiet que lui si j'avais été ici.

Je n'ai pas encore eu le temps de dire un mot, je suis abasourdie, ma belle liberté de l'après midi, mon beau sentiment de bien-être, j'ai envie d'aller voir dans l'entrée si je ne les ai pas laissés là en arrivant. Pourquoi sont-ils en train de m'assommer comme si j'avais fait les pires choses du monde ? Rien ne change, on dirait toujours que lorsque je réussis à être bien dans ma peau, cela dérange quelqu'un. Il y a toujours quelque chose qui arrive et vient ternir mon bonheur. Pourquoi Maurice amplifie-t-il les choses de cette manière ? Enfin, j'ai le courage de parler.

— Vous voulez savoir ce que j'ai fait, eh bien pour commencer, Maurice, en partant je t'ai dit que la ville je la connaissais et que je ne savais pas à quelle heure je serais de retour. Je me souviens aussi de t'avoir dit de ne pas t'inquiéter. Ce que j'ai fait ? Eh bien, je me suis tout simplement promenée, j'ai profité de la belle journée ensoleillée, je me suis aventurée un peu loin, c'est vrai, je suis allée de l'autre côté du complexe Desjardins, j'ai regardé les vitrines, j'ai regardé la ville, j'ai regardé les gens, j'ai essayé de m'y faire. Je croyais avoir en partie réussi à accepter Montréal dans ma vie mais avec l'accueil que j'ai ici, je ne sais plus ce que je devrais penser. Je n'ai rien fait de mal, je n'ai parlé à personne, je n'ai pas vu le temps passé, c'est un fait, mais je n'ai jamais dit à quelle heure je reviendrais, c'étais tellement agréable que j'en ai profité et j'ai même dû me pousser dans le dos pour rentrer tant j'étais bien. Il n'est pas trois heures du matin, il est à peine six heures du soir. Où est le drame ? Je suis en vacances à ce que je sache, il me semble qu'en vacances on se paie un peu de bon temps, je me trompe ?

Mais au fond de moi-même, je me dis que Maurice a raison. Je veux vivre et pourtant, je le laisse me brimer. Ai-je peur de perdre le peu de statut que j'ai dans cette maison en disant vraiment ce que je pense et en exigeant d'être respectée ? Je n'ai pas envie d'expliquer que la ville je la connais, ils le savent, j'y ai passé vingt-cinq ans. Ses dangers et ses embûches, je les connais et, pour une fois, j'avais réussi à m'y sentir bien. J'aurais tellement aimé conserver cette sensation, mais il est trop tard, elle est partie.

Je veux aider Maurice pour le souper, il me fait mettre la table en me sortant tous les plats et en m'expliquant comment les disposer sur la table. José va promener les chiens. On s'installe et on mange en silence. Après le souper, José s'en va dans sa bibliothèque et commence à chercher dans les livres de rénovations. Maurice retourne à son ordinateur puisque, paraît-il, il a perdu beaucoup de temps à s'inquiéter de moi durant l'après-midi. Je tourne en rond, je suis très déçue et ne sais quoi faire, j'ai peur d'aller rejoindre José, je n'ai pas envie que l'on reparle de l'après-midi et, en plus, il me gêne. Je décide donc d'aller me coucher. Quand ils viennent à leur tour, je dors déjà et je rêve à beaucoup plus de liberté.

IV . 5 - LES LOIS DU LOGIS

Discours habituels du matin, rien ne revient sur le tapis au sujet de mon escapade de la veille. José parle de Sonya qui est très heureuse de sa journée de samedi et qui ne demande maintenant plus rien. Maurice est ravi, il met quand même José en garde d'éventuels retours. José parle vaguement d'aller au cinéma en soirée et Maurice dit qu'il ne pourra pas parce qu'il a beaucoup de travail. Moi je suis toujours là qui écoute et je ne trouve toujours rien à dire. C'est leur vie qui se déroule, devant moi qui ne suis qu'une invitée; ma place est loin d'être faite au sein de ce couple. Y a-t-il vraiment une place ici pour moi ?

Après être allé reconduire José au travail, Maurice m'amène dans son petit restaurant préféré parce qu'il a, dit-il, des choses à me dire.

J'ai tôt fait de m'apercevoir que la clientèle de ce bistrot est uniquement homosexuelle et mâle. Je me sens un peu gênée, on me regarde bizarrement et Maurice semble plutôt s'amuser de la situation. Il n'a rien de spécial à me raconter, c'était un prétexte; pourquoi, je l'ignore. On parle beaucoup plus avec les deux serveurs qu'entre nous. De toute façon, il serait très difficile d'avoir une conversation très confidentielle, nous sommes installés au comptoir et tout le monde écoute ce que nous disons.

Maurice avait cependant quelque chose à me dire et ce n'est pas dans ce bistrot qu'il voulait me le dire, mais une fois de retour à la maison.

— J'espère qu'hier quand tu es allée te coucher avant nous, tu n'espérais pas te faire réveiller avec des caresses alléchantes et un mâle prêt à te servir ?

— Maurice, tu me juges très mal, tu ne me connais vraiment pas et cela me fait mal. Si je suis allée me coucher la première c'est que j'étais fatiguée de ma journée et des trois ans que je viens de passer à travailler comme un nègre, et en plus, je ne voyais pas ce que je pouvais faire pour être utile ou même pour passer le temps; la seule solution c'était de dormir.

— José était inquiet, il se demandait quoi faire pour que tu comprennes que la vie ici n'est pas basée sur des relations sexuelles constantes. Il serait temps que je t'initie à Lagura Beach et à ses théories qui sont aussi les nôtres.

— Maurice, je ne sais toujours pas ce que c'est une femme dans un couple d'homosexuels, je peux seulement te dire que dans mes relations hétérosexuelles passées, je n'ai jamais été une «Marie couche-toi là». Il faudrait que tu comprennes cela et que tu me croies sur parole. J'aimerais que tu cesses de penser que j'ai des besoins aussi importants que tu l'imagines, je n'ai besoin que d'un peu d'attention et d'affection, c'est tout.

— Lagura Beach, c'est un endroit en Californie où plusieurs personnes vivent en communauté selon des lois préalablement établies. Ces lois sont acceptées de tous et tout le monde les respectent sans condition. José et moi vivons depuis des années selon ces lois. J'ai vécu deux ans comme cela et je lui ai tout expliqué, il accepte ces théories, il les a faites siennes et il en est très fier. Il est maintenant convaincu que c'est la seule façon de fonctionner pour être heureux, juste et respectueux de tous les êtres humains également. Lorsque quelqu'un arrive à Lagura Beach, il doit passer trois semaines dans un pavillon d'introduction où il assiste à des conférences, des scéances d'information et de pratique des philosophies de la secte. De cette façon, ceux qui sont à l'intérieur ont tous la même ligne de pensée. Il n'y a donc pas de conflit ni de frustration et tous peuvent être heureux. La vie communautaire est très importante. Tout le monde vit avec tout le monde sans aucun sentiment d'appartenance des uns face aux autres, aucun couple ne se forme. Les décisions se prennent en groupe et tout se fait dans l'harmonie. C'est un paradis terrestre. Du côté sexuel, puisque c'est de cela que je veux te parler, le principe le plus important est l'égalité de tous. Une relation sexuelle ne doit comporter aucun geste de supériorité des uns sur les autres. C'est pourquoi une relation sexuelle, telle qu'elle est pratiquée par tous, est pour les gens de Lagura Beach une aberration dans laquelle l'homme est le plus grand possesseur. Il fait ce qu'il veut du corps de la femme, la tripote, lui fait mal en la pénétrant, la réduit à rien tout le temps qu'il la tient avec sa queue, elle est soumise, elle souffre, elle laisse son corps se faire envahir par le désir animal du mâle. Elle accepte de se soumettre entièrement en se laissant envahir par lui et lui, de son côté, il est parfaitement conscient de sa supériorité en la mettant à sa main. À Lagura Beach, il n'y a rien de cela qui existe. Personne n'a de pouvoir sur personne et c'est ainsi que nous pouvons vivre dans l'égalité, la joie et l'harmonie. Les désirs sexuels peuvent se satisfaire de bien d'autres façons. Quand tu seras prête, quand tu auras bien assimilé ce que je viens de te dire, nous te les montrerons. Ici, nous vivons avec ces principes et je te répète que José y a adhéré d'une façon totale. C'est même lui qui m'a demandé de t'expliquer le tout parce qu'hier soir, il s'est posé bien des questions sur tes attentes et il pense que tant que tu ne seras pas au courant de tout cela, nous vivrons dans la gêne et nous ne serons pas vrais.

— J'aurais tellement aimé que cette conversation se fasse à trois, comme les belles conversations que nous avions quand vous veniez au début sur la ferme. J'aurais aimé que vous m'approchiez tous les deux dans ce sens en même temps. On pourra quand même en rediscuter, n'est-ce pas ?

— Laisse-moi faire. Quand je trouverai le moment opportun pour José, j'amènerai le sujet. Pour l'instant, José n'est pas prêt, il a beaucoup de choses en tête, cette Sonya qui lui tourne autour et la maison. Ce qui était urgent, c'était que tu saches ce que c'est que Lagura Beach pour ne pas être déçue de nos attitudes. Pour l'instant, moi je dois aller travailler. Je vais téléphoner à Guy pour qu'il vienne te voir pour ton ordinateur afin que tu puisses commencer à m'aider bientôt. Cela commence à être urgent, tu ne peux pas rester à rien faire, tu dois apporter de l'eau au moulin toi aussi.

C'était donc cela, Lagura Beach. C'est bizarre, je m'attendais à autre chose, mais si c'est ainsi, on verra bien dans l'avenir. J'ai hâte qu'on en parle à trois, je ne sens pas ma place là-dedans, je n'ai pas l'impression que je compte, il faut que je suive la consigne. C'est moi l'intruse après tout, je n'ai qu'à me modeler au patron. J'ai hâte de savoir comment José se sent là-dedans, lui qui n'a pas vécu à Lagura Beach mais qui adhère à ces principes de vie. En temps et lieu, on en saura plus long. Pour l'instant, cela m'oriente un peu pour l'avenir, je n'ai rien à craindre car je n'ai surtout pas envie de faire l'amour avec Maurice, je ne me sens pas près de lui du tout et j'en ai assez de ses menaces. Je n'ose sortir cet après-midi de peur de rentrer trop tard et de subir encore ses foudres et il faut que je sois ici à six heures puisque Guy sera là pour l'ordinateur. Et mes vacances, elles, où sont-elles rendues ? J'ai vraiment besoin de me reposer, c'est ce qui me tourne le plus dans la tête. Comment se fait-il que je ne sois pas capable de m'affirmer un peu, de dire vraiment ce que je pense quand je ne suis pas d'accord ? Au sujet de cette histoire de Lagura Beach, je ne suis pas une maniaque sexuelle, mais j'aime bien recevoir quelqu'un en moi sans pour cela me sentir diminuée, soumise par l'homme qui me fait l'amour. Si je fais l'amour avec lui c'est parce que je l'aime et que j'ai envie qu'il se donne à moi comme je me donne à lui. Pourquoi n'ai-je pas réagi, pourquoi n'ai-je pas posé des questions, pourquoi est-ce que je deviens soumise aux idées et aux paroles des autres ? Est-ce seulement parce que je ne veux plus être seule ??? Est-ce parce que je n'ai confiance ni en moi ni en mes idées ? Est-ce parce que je ne m'accepte pas ???

IV . 6 - SUIS-JE VRAIMENT SI MÉCHANTE QUE CELA ?

Maurice comprend qu'il ne pourra pas aller chercher José au travail puisque Guy sera ici vers dix-huit heures; il lui demande donc de revenir en autobus, ce qui ne semble pas l'enchanter. J'aurais pu prendre mon auto ce matin pour aller dans le centre-ville, le problème ne se serait pas posé, mais Maurice ne fait pas confiance à mon auto et encore moins à moi comme conductrice. De toute façon, s'il a dit non c'est parce que c'était mon idée. Je sens une prise de pouvoir immense de la part de Maurice. J'ai l'impression que tout passe par lui et qu'il soumet tous et chacun à ses quatre volontés. C'est peut-être une impression mais je n'aime pas cela et cela me rend très mal à l'aise face à lui. C'est peut-être cela que José tentait d'expliquer sur la ferme quand il parlait du côté «papa» de Maurice. Ce n'est pas particulièrement agréable.

Guy est là, il me parle de l'ordinateur, du prix, des fonctions, et m'explique que l'on pourra brancher les deux ordinateurs sur la même imprimante; ce sera donc une économie. Tout est parfait, il ne me reste qu'à choisir le clavier qui me convient. Je choisis celui qui ressemble le plus à celui qui était sur la ferme, cela fera une adaptation de moins et de la vitesse en plus. Maurice insiste pour que j'en choisisse un identique au sien. Je m'entête et dit à Guy que mon choix est définitif, c'est moi qui paie, c'est moi qui choisis. Il viendra me le porter demain ou après-demain.

Il part cinq minutes avant l'arrivée de José. Quand ce dernier entre dans la maison c'est pour entendre:

— Mais tu as donc la tête dure, Michèle, quand je te dis de choisir ce clavier, c'est parce que je sais qu'il est plus fonctionnel que l'autre, c'est moi qui connaît ce travail après tout, pas toi. Pourquoi faut-il que tu me contredises tout le temps ?

— J'ai choisi ce clavier parce qu'il ressemble à celui sur lequel j'ai l'habitude de travailler, je ne suis pas si idiote que cela, il y a quand même des choses que je sais être bonnes pour moi, je connais ma vision et ma dextérité mieux que toi à ce que je sache et je sais comment je fonctionnerai sur un instrument et sur un autre. C'est une question d'habitude, tu vas voir, je vais fonctionner aussi bien que je fonctionnais sur la ferme et ce sera un élément de moins auquel j'aurai à m'habituer.

— Moi, je sais que tu auras des difficultés et ne viens pas pleurnicher, c'est toi qui l'auras voulu.

— Mais qu'est-ce qui se passe encore ici, vous êtes encore en train de vous disputer, je n'ai pas particulièrement le goût de vous entendre après avoir voyagé en métro et en autobus. Cela va faire!

— C'est Guy qui ne pouvait pas venir à un autre moment et Michèle insistait grandement pour avoir son ordinateur. Tu sais comment elle est, quand elle veut quelque chose il faut que soit tout de suite. Ce ne sera pas long, le souper est prêt.

Il est encore sur mon dos, il ne manque aucune occasion de me mettre dans une situation ambiguë. José va promener les chiens et à son retour s'enferme dans la cuisine avec Maurice. Je sens qu'on parle de moi et je suis mal à l'aise comme jamais.

— Ce soir, je vais au cinéma, Michèle, as-tu envie de venir avec moi ? Maurice a du travail à faire et le mardi soir c'est ma soirée de cinéma. Si tu veux venir, il faut se dépêcher de souper pour arriver à temps pour la scéance de dix-neuf heures trente, il est dix-huit heures cinquante.

On n'a pas de temps à perdre. C'est certain que j'ai le goût de sortir de cette maison, de faire quelque chose, de m'éloigner de Maurice. Depuis hier, je me sens en résidence surveillée et, en plus, manipulée. En même temps, si j'en ai le courage, j'ai plein de chose à parler avec José. Je me suis toujours sentie tellement plus proche de José que de Maurice, déjà sur la ferme c'était comme cela. Avec Maurice c'est toujours des prises de bec. Il faut que je sois consciente que je suis avec eux pour au moins vingt ans. Si ça se passe toujours comme ça, ce ne sera pas drôle, et guère mieux qu'avec Jean-Louis. Il faut prendre une décision différente si c'est nécessaire, mais j'ai besoin de comprendre. J'ai l'impression que depuis que nous sommes à Montréal, je ne vois pratiquement plus José, on ne se parle plus, c'est toujours la course. Donc, il n'y a rien qui me ferait plus plaisir que de passer la soirée avec lui.

En route vers le cinéma, il me raconte toutes sortes de choses sur son travail, il me met au courant que les mardis sont ses soirs de cinéma et que si j'en ai envie, je pourrai l'y accompagner, cela fera comme pour lui une brisure dans la monotonie de la semaine. Maurice ne l'accompagne presque jamais, il a beaucoup de difficulté à demeurer assis toute une soirée, en plus en silence. Il ne me parle pas de notre trio, il me parle du film. Je ne dis pas un mot, c'est tellement agréable d'entendre un monologue où il n'y a aucun reproche, aucune allusion désagréable sur mon état mental ou sur mon passé et mes expériences sexuelles. Je suis bien et j'y goûte entièrement.

Le film est intéressant, les prises de vue sont fabuleuses et la paix du cinéma inégalable, je ne pensais pas que ce refuge pourrait me faire ressentir cette paix. À la sortie du cinéma, José me prend tendrement par l'épaule, j'ose le croire empli de cette même paix.

— J'ai l'impression que nous venons de passer une très bonne soirée. Maintenant il nous faut retourner à la maison. Michèle, est-ce que je me trompe en pensant que tu as de la difficulté à t'adapter à Maurice ? Il a ses idées, c'est vrai, mais c'est un être formidable et j'espère que je ne vous retrouverai plus, à mon retour du travail, en train de vous chamailler. Il a beaucoup de difficulté à accepter que ses idées ne soient pas acceptées d'emblée et il n'accepte que très difficilement l'opinion des autres. Tu vas faire attention n'est-ce-pas ?

— Je suis prête à ne pas faire exprès, c'est d'ailleurs ce que j'ai l'impression de faire depuis deux jours mais il y a des choses qu'il vous faut comprendre aussi. Je suis en période de transition, ma capacité d'adaptation n'est pas très grande et elle prend du temps à se réaliser. Tu vas me dire que vous aussi vous devez vous adapter. Mais j'existe, je suis un être différent de vous deux, j'en conviens, mais j'existe et vous vous devez vous aussi de me faire une place dans votre vie. Je suis positive pour l'avenir mais il faut me laisser du temps. Je suis déchirée pour l'instant.

— Je vais essayer de t'aider, je n'ai pas l'intention que tout se brise entre nous à cause de Maurice, on t'a trouvée et j'ai l'intention de te garder avec nous, je crois que mon sentiment envers toi grandit rapidement. Ne t'attends surtout pas à ce que Maurice te tienne un discours semblable au mien, c'est au-dessus de ses forces, mais je suis convaincu qu'il tient à toi autant que moi. On va commencer à faire des plans pour la rénovation de la maison, surtout pour la cuisine pour qu'il se sente à son aise, sans cela, ce sera la guerre. Nous pourrons donc vivre des choses très intéressantes pour toi et moi.

Nous sommes déjà de retour au bercail. Maurice a l'air affolé, Sonya a téléphoné et elle voulait parler à José. Il nous fait encore une de ses crises de haine à cause de Sonya. Ces crises d'agressivité sont de plus en plus présentes et toutes les occasions sont bonnes. Étrange. J'essaie de le calmer, de lui dire qu'il ne faut pas qu'il panique à chaque fois qu'il entend ce nom. Que José est beaucoup trop bien avec lui pour le laisser tomber. Dans mon for intérieur, je crois cependant qu'à part la soumission, José ne me semble pas vaiment amoureux de Maurice, il lui manque quelque chose avec Maurice, une chimie qui fait que deux personnes s'aiment inconditionnellement. Pour eux deux, je crois que ce qui manque c'est un arbitre, quelqu'un pour équilibrer les forces.

José revient du téléphone en disant tout simplement qu'elle avait besoin de certains outils pour travailler le cuir et qu'elle voulait que demain il ne les oublie pas. Il n'y avait pas de quoi s'alarmer.

Il est tard. Au lit, José me prend très tendrement dans ses bras en attendant que Maurice arrive.

– J'ai hâte qu'on ait un peu de temps pour vraiment se connaître, se découvrir. Tu es de plus en plus importante pour moi, je m'en suis aperçu en répondant au téléphone tout à l'heure. Je n'avais pas du tout envie de Sonya. Je tiens absolument à ce que tu le saches.

Je m'endors la tête sur l'épaule de José. Même si Maurice lui fait de très grosses caresses, je reste là, à être bien à ma façon tandis qu'eux le sont différemment. Cela ne me choque plus. C'est leur vie de couple après tout.

Troisième matin, lever très tôt, discussion matinale. On a décidé pour moi que, durant la fin de semaine, José et moi irons commencer à emballer mes choses chez Jean-Louis et à les entre-poser chez mes parents en attendant le mois de juin.

Je dois donc communiquer avec Jean-Louis pour lui dire que je ne reviendrai plus sur la ferme comme il doit s'en douter et s'en réjouir d'une certaine façon et que déjà en fin de semaine je commencerai à déménager. Je trouve que tout va trop vite, on me bouscule encore. Je ne peux jamais émettre mon opinon.

Comment Jean-Louis prendra-t-il la nouvelle ? Et on le bouscule en plein début des sucres. Je ne suis pas vraiment d'accord et Maurice s'en fout éperdument des sucres lui. Il me semble que ce n'est pas si pressé mais Maurice a peur qu'il y ait des choses qui disparaissent. J'ai beau lui dire qu'il ne connaît pas Jean-Louis, il s'entête et puisque je préfère éviter une nouvelle prise de bec, j'accepte. Avais-je vraiment le choix ?

Je lis une partie de la journée et enfin, mon nouveau jouet arrive. On l'installe à la place que José lui à faite dans le bureau. Maurice fait le premier essai, et recommence à tempêter à cause du clavier. Guy a beau lui expliquer et lui réexpliquer que la disposition du clavier n'a aucune importance dans le résultat obtenu, il ne veut rien comprendre et assure qu'il n'y retouchera plus jamais. Moi, je suis contente et j'aimerais passer la soirée à fouiller dans les livres et tout découvrir de ce bijou.

Maurice invite Guy à souper et la discussion s'entame autour de notre nouvelle demeure et des péripéties de la vie profession-nelle de Guy. Il nous quitte vers vingt-deux heures trente. José et moi allons promener les chiens et j'en profite pour lui exprimer ma joie d'avoir mon ordinateur et de surtout commencer dès demain à mener une vie normale avec eux. José est heureux de cette situation mais a peur que Maurice et moi développions une complicité où il serait exclu à cause de notre travail commun. Maurice ressentait peut-être la même chose quand ils étaient avec Sonya.

Jeudi, après avoir reconduit José à son travail, nous nous retrouvons de nouveau dans le même petit bistro où, cette fois-ci, les clients sont plus nombreux. Je ressens une antipathie certaine. Tous me regardent, ils chuchotent, on me fait de gros yeux inter-rogateurs, on ne m'adresse la parole sous aucun prétexte, même pas pour que je me pousse d'un banc pour laisser une place à un nouvel arrivant. Tout cela se fait par geste, ce qui signifie que je n'ai pas le choix d'obéir. Je me sens en terrain ennemi et le mot est encore trop faible. Maurice ne dit rien, il les laisse faire, il n'est pas pressé de partir et semble même bien s'amuser de mon malaise. Je m'étais pourtant dit que je ne voulais plus mettre les pieds dans cet endroit, comment se fait-il que j'y sois encore ? Est-ce que par hasard j'aimerais me mettre dans des situations de malaise complet, ou les colères de Maurice me font-elles déjà si peur que je n'ose même pas l'affronter sur un sujet si bénin ? Qu'est-ce que José dirait de tout cela ? Serait-il en accord ou en désaccord ?

IV . 7 - QUAND VAIS-JE FAIRE UNE
FEMME DE MOI ?

Nous allons ensuite faire des emplettes et Maurice me fait comprendre que son budget est un peu serré cette semaine parce que je suis une bouche de plus à nourrir. Je paie donc plus des trois quarts de la facture dans l'espoir de ne plus jamais me faire faire ce genre de reproche. Je ne suis pas en accord avec son style d'achat, il achète tout dans des boutiques spécialisées sans porter la moindre attention aux réclames de la semaine, donc il paie le gros prix, et il se plaint qu'il manque d'argent. Il se paie des gâteries tels des fromages recherchés, des fruits de mer, etc. J'ai pour principe que si le portefeuille est plutôt plat, il vaut mieux faire des petits «sacrifices» pour cette semaine et tout ira probablement mieux la semaine prochaine au lieu de traîner de semaine en semaine un déficit qui devient de pire en pire et rend l'avenir précaire. Mais cela ne sont que les petites théories d'une petite campagnarde qui ne sait ni acheter ni manger mais qui semble savoir payer. Cela ne servirait à rien de faire la moindre remarque sinon de provoquer une crise de la part de Maurice; il est certain que je veux éviter cela. Qu'est-ce qui se passe maintenant ? Je m'empêche de parler parce que j'ai peur des réactions de Maurice. Il a une habileté certaine pour me faire mettre les pieds dans les plats de façon à ce que je sois prête à déclarer une guerre mondiale. Je commence cependant à en avoir assez de passer mon temps à ouvrir mon porte-monnaie. C'est lui le cuisinier, après tout, et c'est un domaine de chasse bien gardé, je suis convaincue que je fais bien de ne pas me mêler de ce sujet, la guerre mondiale éclaterait dans les cinq secondes qui suivaient et j'ai promis à José la paix universelle. Quel dilemme ! Quel défi à relever ! Quelle contradiction dans mon cerveau et dans mon âme! Et je l'endure et je paie même si j'achèterais un poulet plutôt qu'un lapin.

Ensuite, pour pouvoir travailler avec Maurice, il me manque encore un instrument auquel je n'avais pas pensé: un dictaphone. Un dictaphone que je dois louer, à la grande tristesse de Maurice qui aurait voulu que je l'achète. Ma banque personnelle commence à éprouver de grandes difficultés. Et il ne faudrait tout de même pas exagérer, le sien aussi n'est que loué après tout.

Tout compte fait, je suis ici depuis moins de cinq jours et j'ai dû dépenser près de trois mille dollars. Toute mes économies, celles qui me restaient avant de mettre le comptant sur la maison, sont en train d'y passer. Je dois absolument me prendre en main parce qu'à ce rythme, je n'aurai même plus suffisamment d'argent pour prendre possession de la maison et... adieu nos rêves. J'ose douter que les économies de Maurice à cette époque pourront venir combler le vide !!!

De retour à la maison, on peut enfin tout installer pour affronter ce nouveau travail, ce nouveau défi. Maurice m'explique d'une façon compliquée et rapide la marche à suivre. Les explications sont nombreuses, il refuse que je prenne des notes, il dit que je dois tout mémoriser; j'ai une tête, je n'ai qu'à m'en servir. J'ai beau y mettre toute la bonne volonté du monde, lorsque je commence, je suis toujours embêtée et je dois le déranger souvent. Cela me frustre énormément. Je me sens analysée et jugée et j'ai droit à toute une kyrielle de reproches à toutes les questions que je pose. Je décide donc de faire seule des tentatives et, comme il se doit, je fais des gaffes. Maurice s'en aperçoit par mon silence, se fâche et me dit que je ne vaux rien, que je devrai me trouver un autre emploi pour payer ma part de loyer dans la maison. Il passe son temps à me décourager et je me décourage instantanément. J'ai la déprime facile et il a le don de me faire déprimer. Je me sens dans un état d'anxiété extrême. J'ai mal à tout l'intérieur de mon être. Je ne comprends plus rien. J'ai l'impression d'être rongée de l'intérieur; ma patience, ma volonté, mon bien-être, mon coeur, tout y passe. Je me sens vraiment mal. Mon être intérieur est à l'agonie. Il joue avec mes cordes sensibles, il a eu le temps de les découvrir, il s'amuse toujours à faire planer mon incapacité de les aider pour la maison, il joue avec mon insécurité. Il me «cherche» ! Et cela me fait paniquer puisque c'est tout ce que j'ai et j'y tiens à cette fameuse maison.

Je ne sais pourquoi, je ne comprends pas tout ce qu'il m'explique, je n'ai pas l'habitude d'avoir la tête si dure que cela pour apprendre quelque chose. Au contraire, je suis autodidacte et, surtout si ce sont des éléments dans un ordre logique, il n'y a rien habituellement de difficile pour moi. En plus, l'informatique, ce n'est pas du chinois pour moi, j'ai quand même suivi quelques cours. De plus et je connais la dactylo, je fais quand même cinquante mots à la minute. Il y a un hic et je ne peux pas mettre le doigt dessus. J'ai l'impression qu'il se fait un malin plaisir à me mettre des bâtons dans les roues et se fait une joie de mes échecs. En plus d'être une maniaco-dépressive, suis-je en train de compliquer ma situation par une paranoïa démesurée ? Tout ces petits détails de ma vie avec Maurice me mettent hors de moi, me font me cacher à l'intérieur de moi-même. Est-ce que je les forge au fur et à mesure ou est-ce bien la réalité ?

C'est ma première journée de «travail», et je crois que c'est normal que je fasse des erreurs. J'ai eu le malheur de lui demander s'il possédait de la documentation sur le traitement de texte, la transcription juridique et les fonctions de l'ordinateur afin que je puisse m'y référer plutôt que de le déranger chaque fois qu'il y a un petit détail qui m'échapperait. J'ai de la difficulté au départ à apprendre par quelqu'un d'autre sans voir les données sur papier (cela je ne lui ai pas dit, c'est certain). Je dois être visuelle. Je crois que je l'ai insulté. Il me fait un long discours pour me dire qu'il me montrera tout ce qui me sera utile. J'ai droit à une description complète de tous les cours qu'il a donnés et de tous les succès qu'il a récoltés. L'ordinateur n'a aucun secret pour lui et si je n'apprends rien c'est tout simplement parce que je n'ai ni talent ni aptitude pour quoi que ce soit. Que je suis une tête de mule. Il n'y a donc pas d'issue, je suis à sa merci, je dois essayer d'apprendre par cette seule source qu'est Maurice. Et José ne peut m'aider. Il ne comprend rien à l'ordinateur et Maurice s'est bien gardé de lui en montrer les rudiments; cela demeure une science réservée au talent de Maurice. Cela aurait tellement pu être intéressant. C'est dommage, enfin, on verra.

Ai-je le choix, encore ? Je décide donc de me soumettre à ses connaissances, de passer outre toutes ses rebuffades et de me forcer à apprendre le plus rapidement possible afin de pouvoir le plus tôt possible fonctionner sans son aide. En conclusion, durant cette première journée, je n'ai pas réussi à faire grand-chose à part me familiariser avec les instruments et taper une dizaine de pages. En résumé, est-ce si négatif ?

José est rentré, très content de ne pas nous avoir retrouver en pleine pagaille. Il ne sait cependant pas que c'est la guerre froide.

— Tu sais, José, je ne suis pas convaincu que Michèle soit une bonne candidate pour travailler avec moi, pour faire de la transcription juridique. Elle a une tête de mule, elle n'écoute pas tout ce que je lui dis, elle n'en fait qu'à sa tête et me dérange beaucoup avec ses questions. Je dois répéter constamment les mêmes choses.

Sa colère s'amplifie au fur et à mesure qu'il parle. Cela me surprend toujours.

— Maurice, tu ne crois pas qu'il serait sage de lui laisser un peu de temps, je trouve que tu es encore plus exigeant avec elle que tu ne l'es avec moi pour mes cours d'anglais. Je suis bien placé pour savoir que tu es super exigeant. Laisse-lui le temps de respirer un peu.

— Ne vous en faites pas, je crois que je ne serai pas si mal lorsque je comprendrai parfaitement ce qu'il faut faire, comment il faut le faire et comment il faut le disposer. C'est possible que cela me prenne un peu plus de temps qu'à quelqu'un d'autre, mais je sais que je passerai au travers. José a raison, il me faut juste un peu de temps. J'aimerais te dire une chose cependant, Maurice, si tu continues à te fâcher contre moi comme tu l'as fait tout au long de la journée, mon apprentissage ne sera que plus long car cela contribue grandement à faire augmenter ma tension et diminuer ainsi ma concentration.

Je respire, je l'ai dit. Il me fallait dire ce que je pense, j'en ai assez de me laisser salir et diminuer aux yeux de José quand ce qui est dit n'est pas vrai et qu'en me taisant s'installe un cercle vicieux qui me fait dérailler. Par contre, Maurice est fâché noir, il ne me trouve pas drôle du tout. Et d'après son visage, José semble désapprouver mon attitude lui aussi. Je m'en fous, ma santé mentale avant tout, je n'ai pas envie de me mettre à tout casser ici, il faut que cela sorte au fur et à mesure, c'est une soupape de sécurité.

La discussion change lorsque le téléphone sonne. C'est Hélène qui nous invite à souper samedi soir. Maurice lui répond que cela tombe bien, José et moi seront à faire le déménagement et lui viendra nous rejoindre chez elle. Une fois de plus, la bombe est désamorcée sans que rien ne soit réglé.

Vendredi matin, nous nous retrouvons, Maurice et moi, toujours dans le même petit bistro où encore une fois je ne me sens pas à l'aise. J'ai bien l'intention de prendre mon café à la maison à l'avenir, libre à lui de se retrouver là où il veut mais pour ma part, c'est le dernier café que je prends ici. J'en parlerai à José en fin de semaine. Nous serons seuls. Nous allons ensuite dans le centre-ville où Maurice s'approvisionne de bobines pour le travail. Au retour il me dit:

— Maintenant que nous sommes deux à faire ce travail, j'en ai pris un plus long et nous avons toute la semaine prochaine pour le faire; il comprend quatre cassettes, ce sera un test pour toi. Cela représente environ cinq cents à huit cents pages de texte. Si tu travailles comme si tu avais des tripes, nous avons amplement le temps.

— Cinq cents à huit cents pages, tu es sérieux ? Tu crois que je suis vraiment prête pour me lancer si rapidement dans un travail si ardu ? Cela me donne la chair de poule.

— Il va falloir que tu t'y mettes; de toute façon, il nous faut des sous pour payer tout ce qui se présente à la fin du mois.

Qu'est-ce que je peux répondre à cela ? Rien sinon, ma petite fille, arme-toi de patience et concentre-toi, c'est le début d'une longue carrière. Vas-y, tu es capable. De toute façon, si tu échoues, tu risques d'être obligée de payer la fin de mois puisqu'il sera prouvé que c'est de ta faute si les sous ne sont pas rentrés. José ne semble pas de ton côté pour ce qui touche le travail, il n'y comprend rien, il semble croire Maurice sur parole. Courage.

De retour à la maison, je m'installe, il me semble qu'il faut commencer si on veut finir. Je ne serai pas là en fin de semaine pour relever le défi. Maurice de son côté soutient qu'il faut commencer par dîner. Nous avons déjeuner avec José et nous avons mangé des croissants au bistro. Je sauterais volontiers le dîner, nous serons assis sans trop dépenser d'énergie tout l'après-midi. Maurice me donne un cours sur l'alimentation et sur l'importance de prendre trois repas par jour et ce à des heures les plus régulières possibles. Je ne lui parle pas des collations qu'il ajoute à ses belles théories, ce serait encore la guerre et on perdrait encore plus de temps. Que c'est difficile de vivre dans cette prison intérieure et extérieure. Je commence à regretter la ferme. Il faut que je tienne. Je vais faire ma place et doucement on m'accordera le droit de parole quand on s'apercevra que je suis un être sensé comme quiconque et non la malade mentale que Maurice semble avoir auprès de lui. Il est près de deux heures trente lorsqu'enfin on peut s'installer pour travailler. Tout va mieux que la veille. Maurice a peut-être raison, le défi m'aidera à apprendre plus vite. Je me fie plus à mon instinct plutôt que de vérifier au fur et à mesure auprès de Maurice, tout se corrige de toute façon. En milieu d'après-midi, Maurice passe plus d'une heure au téléphone avec un de ses amis. Après la communication, il me dit qu'il n'avait pas vraiment quelque chose à dire. Vers dix-neuf heures, lorsque nous nous préparons pour aller chercher José, je suis fière de moi, j'ai pratiquement quarante-cinq pages de taper et cela sans erreur, du moins je n'en ai pas trouvé.

José a trouvé des boîtes et nous sommes prêts à aller déménager. Maintenant, j'ai hâte que cela soit fait, je n'ai pas envie d'entrer de nouveau dans mon ancienne maison. J'ai peur que les parents de Jean-Louis soient là et je manque un peu de courage pour vivre cette situation. C'est facile à dire pour Maurice, «tu n'as qu'à les ignorer», mais ce n'est pas si facile à faire. Je sais que plus de quatre-vingt-dix pour cent de ce qui est dans la maison m'appartient, mais je n'ai pas le courage de laisser Jean-Louis sans mobilier, sans réfrigérateur, sans cuisinière, etc., pour aller entreposer le tout. J'ai plus de coeur que cela. Pour moi le matériel a beaucoup moins d'importance que le reste.

Jean-Louis a probablement les moyens de se payer un nouveau mobilier, même usagé si nécessaire, mais peut-être pas tout de suite. Il revient de vacances, des vacances coûteuses. Je me sens très coupable déjà de l'avoir laissé seul avec toute la besogne de la ferme; moi, je n'ai dû assumer que deux semaines, mais lui... Je me sens coupable d'avoir cru la vie possible avec lui et de le lui avoir laissé croire, je me sens coupable de le laisser après tout ce qu'il a fait pour moi durant la période la plus affreuse de ma vie, la période où vivre avec moi a été le plus pénible, toute cette période qui m'a amené à aller consulter un médecin parce que ma vie n'avait plus de sens, pour finalement me retrouver avec cette étiquette de maniaco-dépressive. Cela a dû être aussi pénible pour lui que pour moi d'apprendre que j'étais atteinte d'un cancer de l'âme, d'une douleur qui n'est pas complètement guérissable. Durant tous ces mauvais moments, je l'ai tellement bafoué qu'il en a fait lui aussi une dépression, mais qui n'était, heureusement, que circonstantielle. Tout cela me rend très triste et me fait appréhender grandement la journée de demain. Comme j'aimerais pouvoir en parler à quelqu'un qui comprendrait ou du moins essayerait de comprendre.

J'aimerais mieux rester ici à faire de la transcription, c'est-à-dire m'enfermer dans un monde de gens que je ne connais pas, qui se chamaillent entre eux, sans jamais m'attaquer, et cela dans un langage qui me fascine énormément. Lorsque je les écoute et transcris leur parole, je n'ai plus de problèmes, ma concentration est complète et nul ne peut me blesser. Je trouve que la vie est dure avec moi, je fais peut-être tout pour qu'il en soit ainsi mais je me sens constamment déchirée de part et d'autre, je ne sens pas souvent de vrai réconfort. Je dois puiser dans des réserves profondes, à l'intérieur de moi, pour trouver encore du courage pour continuer, pour me battre. Je constate de plus en plus que ma banque de courage et de patience s'épuise rapidement et que je risque de faire faillite très bientôt... Et qu'est-ce qui arriverait alors, en pleine faillite ? La peur.

IV . 8 - L'OPINION DES AUTRES

Samedi, avant que nous partions, Maurice nous fait un très long discours en nous prévenant de toutes les sortes d'intimidation que Jean-Louis pourrait utiliser contre nous. Je ne dis pas un mot, dans quelques instants, nous serons loin de Maurice, de ses peurs et de ses manigances. Loin de «papa». Je le sais, je connais tellement bien Jean-Louis et je sais qu'il n'est pas du genre à nous mettre les bâtons dans les roues. Il semblait tellement heureux de se débarrasser de moi la semaine dernière qu'il n'y aura vraisemblablement aucun problème.

Je me demande quand Maurice redeviendra l'être positif, moins possessif et dictateur, intéressant et même attirant qu'il était sur la montagne. Je commence à comprendre réellement les arguments que José avait énoncés à leur première visite à la ferme. Je n'ai pas les mêmes sentiments à l'égard de Maurice qu'à l'égard de José, je trouve cela parfois très pénible, il y a du parti pris qui s'installe. Sur quelle base vais-je pouvoir me fixer pour vivre et accepter Maurice tel qu'il est en réalité ? Parfois, j'en viens à me poser la question: qui est fou dans tout cela ? Moi, c'est officiel, j'ai une étampe dans le front, mais suis-je vraiment la seule ? Je me sens de plus en plus possédée par Maurice, sans défense, comme si je devenais doucement sa marionnette. ATTENTION, je dois demeurer consciente, ne m'endormir sous aucun prétexte. J'ai vingt ans à vivre avec cela. Ai-je commis une erreur ? Si oui, je ne veux pas le savoir, maintenant il faut danser les bons pas sur la bonne musique. Bon, me voilà qui recommence à broyer du noir.

Suis-je vraiment en train de devenir paranoïaque ? Il me semble qu'une maladie serait suffisante ? C'est dommage, je ne me sens pas vraiment la même, celle que j'étais en train de devenir.

Assez de ces pensées, la journée est à peine commencée, elle cache suffisamment de fantômes comme cela. Ce n'est pas comme cela que je passerai au travers.

Nous sommes enfin partis. J'ai l'impression qu'en chemin nous pourrons enfin être capables de nous parler.

— Je suis un peu déçu par la semaine que tu as passée, je m'attendais à ce que Maurice réagisse différemment, c'est lui qui rend la situation invivable. J'espère que tout rentrera dans l'ordre bientôt parce que pour moi, ta présence devient de plus en plus indispensable et je ne veux pas que tout soit gâché par ses sautes d'humeur. Je ne voudrais pas qu'un beau matin tu te lèves en nous déclarant: «J'en ai assez de me faire traiter en bébé. Je pars.» Toi, tu n'as pas à tenir compte de treize années de vie commune avant de prendre une telle décision, elle pourrait être vite prise.

— Je me suis promis que, durant la semaine qui vient, je m'efforcerais d'être plus patiente, plus conciliante. Je viens de rencontrer deux personnes avec qui je désire faire un long bout de chemin. Lundi soir prochain, j'ai une réunion et cela vous permettra de vous retrouver entre vous, de faire le point peut-être, en tout cas de vous retrouver. Tout c'est fait tellement vite, personne n'a vraiment eu le temps de s'habituer à quoi que ce soit. Nous sommes tous les trois en période d'adaptation, c'est normal que nous nous affrontions constamment. Il n'existe aucune passion réelle entre nous pour atténuer les chocs de l'adaptation.

Comme je parle bien parfois. Que les théories sont belles à côté de la réalité. C'est tellement facile de se dire que le temps arrangera les choses pour le mieux. Ce temps est tellement long et terrible à regarder passer ! Et il ne fait que commencer !!

C'est quand même remplis de bonnes intentions et d'espoir que nous arrivons sur la ferme. Il y a un peu plus de courage dans la banque. L'auto des parents de Jean-Louis est là, je les avais oubliés, eux. Courage.

La mère de Jean-Louis est dans la cuisine avec deux de ses soeurs qui préparent le dîner pour apporter à la cabane. C'est le «temps des sucres» qui commence. Cela me donne un choc, c'était moi qui préparais tout cela les années passées et je m'en faisais toute une fête. J'aime la vie sur la ferme. Les voir avoir tous ces plaisirs, quand pour moi la vie est loin d'être ce que j'espérais, me donne un choc. Je ne m'étais pas préparée à cet aspect de la situation. Elles sont là toutes les trois qui nous regardent rentrer, elles regardent José comme si c'était une bête furieuse, elles l'examinent des pieds à la tête comme si elles cherchaient une marque, une étiquette prouvant son homosexualité. José n'a rien de l'image que beaucoup se font d'un homosexuel. J'ai honte de la situation, je les trouve très déplacées. Cependant, je suis certaine que pour la mère de Jean-Louis tout est bien mieux ainsi. Cela se voit dans ses yeux.

Je me sens gênée, c'est moi qui fais de la peine à son fils. Je suis la coupable. Je m'étais donné le défi de partager avec Jean-Louis ce travail sur la terre que j'aime et voilà que je n'ai pas su tenir le coup, je n'ai pas été capable de faire face à la musique, je n'ai pas été capable de passer par dessus mon handicap mental et mon deuil et je n'ai pas réussi à le rendre heureux, peut-être faute d'amour de part et d'autre, mais c'est moi qui penche la tête et qui dis: «Excusez-moi, je me suis trompée, je croyais pouvoir rendre votre fils heureux et l'être par le fait même mais j'ai échoué, ne m'en veuillez pas trop c'est ainsi dans la vie». Je lis cependant dans leurs yeux: «Et tu penses que dans cette nouvelle vie cela va aller mieux? Ouvre-toi les yeux, ma fille, tu rêves en couleurs. Quand on sème le malheur autour de soi, on ne récolte que du malheur.»

Après la semaine que nous venons de passer, j'ai bien peur qu'ils aient tous raison et que je me sois une fois de plus mise les pieds dans les plats et cette fois-ci jusqu'aux chevilles. Je mise tellement sur l'éloignement de la ville, le travail en commun, le grand partage. J'avais pourtant tout cela ici sur la ferme. Pourquoi avoir tout remis en question, que me manquait-il d'essentiel pour que mon insatisfaction ait été si profonde ?

Nous commençons donc à regarder ce qu'il y a à faire. Je me réapproprie ce que je me souviens avoir apporter ici. Ce qui s'est ajouté entre mon arrivée et mon départ, ce sera à lui et ce dont je ne me souviens pas, ce doit être à lui. Je crois que cela est équitable, voire même généreux dans certain cas.

Lorsque nous nous attaquons à la cuisine, José me dit souvent: «Cet article-ci ou celui-là, on en a déjà un, tu es aussi bien de le lui laisser, cela ne te servira plus.» Ces articles je les laisse donc là. De cette façon, je peux me déculpabiliser d'abandonner tout cela en laissant quelques petites bases pour continuer et cela sans que Maurice ne s'y oppose. On travaille avec Pierre d'arrache-pied tout le reste de l'après-midi. Vers cinq heures nous avons deux voyages de faits à l'entrepôt et beaucoup de boîtes sont prêtes. Nous décidons que pour aujourd'hui l'effort est suffisant. Nous partons donc pour aller rejoindre Maurice chez Pierre et Hélène.

À notre arrivée, l'ambiance semble tendue. José et moi, par un seul regard, reconnaissons l'odeur des méfaits de Maurice et nous sommes très mal à l'aise. Hélène ne semble pas avoir apprécié la conversation qu'elle vient d'avoir avec Maurice. Dans la cuisine elle me dit:

– Un bon jour, il va falloir se parler toutes les deux. Tu sais, Maurice c'est un drôle de bonhomme, je ne sais pas si c'est dans ses habitudes, mais il se mêle un peu trop facilement des affaires des autres. Il n'est pas toujours drôle.

Notre diagnostic était bon. J'ai envie de lui dire qu'elle a raison et que moi non plus, je ne le trouve pas toujours drôle, mais cela l'inquiéterait inutilement, je n'ai qu'à me débrouiller avec mes petits problèmes. De toute façon, tout rentrera dans l'ordre cette semaine et ce sera encore mieux lorsque nous serons dans notre maison. Je sais aussi qu'Hélène est un peu susceptible ces temps-ci, elle exagère peut-être ce qui vient de se passer entre eux. Mais cela m'intrigue quand même.

Le souper se passe dans l'harmonie, Maurice fait bien rire les enfants par toutes sortes d'anecdotes. Même entre Hélène et lui, la paix semble être revenue, comme elle revient toujours si facilement quand il y a prise de bec avec Maurice. Le souper est délicieux, ce qui semble surprendre Maurice, et c'est agréable. José, Pierre et moi sommes fourbus, nous avons encore une bonne journée à faire demain, quoique nous ayons décidé qu'elle sera moins ardue, nous ne travaillerons qu'après le dîner. Ce n'est pas demain la fin du monde, on peut quand même prendre un peu notre temps. Cela permettra à Jean-Louis de se retourner et, pour ma part, de me faire un peu plus à l'idée que je sors de cette vie.

Nous nous sommes beaucoup rapprochés aujourd'hui, José et moi. Ce travail en commun nous a fait partager des moments qui ont établi une communication non verbale importante entre nous. J'aimerais tellement que notre travail commun nous rapproche ainsi, Maurice et moi, au lieu de créer la zizanie comme cela se produit maintenant. José et moi avons découvert que nous pouvions travailler ensemble, que nous avions un rythme semblable, de l'imagination à revendre de part et d'autre. Nous avons découvert que nous pouvions être bien, avoir un but commun et être heureux malgré les circonstances. C'est une belle découverte pour moi.

Nous partons tôt de chez Pierre. José fait le voyage de retour avec Maurice et je me retrouve seule dans mon auto à réfléchir. Conduire a toujours été pour moi un moment de réflexion intense, quand je m'en donne la peine. Je constate que les moments qui me sont donnés pour réfléchir sont tellement rares que je ne sais plus très bien où j'en suis. Ce que je pensais il y a une semaine, est-ce toujours la même chose cette semaine, quels sont mes sentiments réels pour José ? Quels sont mes sentiments réels pour Maurice ? Quels sont mes sentiments réels pour les deux ? Cette vie dans laquelle je me suis embarquée, est-elle pour moi ? Y suis-je bien ? D'où vient ce malaise que j'ai ressenti une partie de la semaine ? Cela s'atténuera-t-il avec le temps comme je le souhaite ? Est-ce cette anxiété constante qui m'habite toujours, ce resserrement de poitrine que nous ressentons toujours et qui nous empêche d'être logique dans nos décisions, nous les maniaco-dépressifs ? Je suis de plus en plus convaincue qu'il est impossible que ce malaise soit voulu par Maurice, c'est ma perception des choses qui fait que je me sens mal. Il n'a aucun intérêt à me rendre malheureuse. C'est moi qui suis en train de bâtir de nouveau mon malheur. Il est peut-être spécial, mais José vit avec lui depuis treize ans, pourquoi lui trouverais-je des «bébittes» après moins d'une semaine de vie commune ? Je n'y comprends rien, est-ce que je ne sais tout simplement plus ce que je veux ? Peut-être. Je n'ai pas envie de perdre ce que je vis, je me dois donc d'y mettre du mien à cent cinquante pour cent.

V - ME SUIS-JE ENCORE TROMPÉE ?

V . 1 - LE BONHEUR COÛTE-T-IL SI CHER QUE CELA ?

C'est donc décidé, cette semaine, je deviens la petite fille docile qui fera tout pour se faire accepter. Qui ne dérangera plus, qui cessera de poser des questions «stupides», qui travaillera d'arrache-pied pour faire sa place, sans bousculer personne. Il suffira tout simplement de les suivre et...

Déjà la ville. C'en est déjà fait de ce moment de réflexion. Je ne sais pas ce qui s'est passé dans l'autre auto mais ce serait tellement passionnant que ce soit à peu près la même chose que dans ma tête. Rien ne transparaît de notre retour, chacun vaque à ses occupations et à sa préparation pour le coucher.

Je suis la dernière à être prête et à entrer dans la chambre. José est couché à ma place et je n'ai pas le choix de prendre la place du milieu à côté de Maurice. Comment se fait-il que je suis totalement incapable de poser des questions ? Comment se fait-il que je sois incapable de réclamer ma place, de m'imposer ? Je suis envahie d'une gêne, d'une soumission, d'un sentiment d'impuissance inqualifiable. Pourtant, même si Maurice me traumatise, je me sens obligée de subir sa promiscuité.

Je n'aime pas l'ambiance, cela sent le complot. Il ne s'est assurément pas passé la même chose dans les deux autos. Je veux quand même mettre en pratique les belles théories que je me suis entrées dans la tête en revenant. Je ne dois pas avoir peur de Maurice, c'est un ordre. Je m'étends enfin.

Je voudrais que ce soit des bonsoirs hâtifs et ensuite le sommeil puisque la journée sera encore très dure pour José et moi. Mais il n'en est rien. La conversation s'entame sur le déménagement et sur Hélène et Pierre. José commence à me caresser un bras et à m'embrasser tout doucement. Même s'il y a plus de six mois que je n'ai pas fait l'amour et que mon corps réclame de la tendresse et des caresses, je demeure très nerveuse et très inquiète de l'issue de ces gestes puisque Maurice commence à l'imiter. Je suis figée. Maurice est beaucoup moins doux que José, je devrais même qualifier ses caresses de très brusques. José devient de plus en plus insistant. Il dénude mon épaule, puis mon sein et commence à l'embrasser doucement. Je me sens comme une poupée, inerte. Je ne peux les toucher, c'est très frustrant. Je finis par toucher leurs cuisses, caresse à laquelle José ronronne comme un petit chat tandis que Maurice me repousse et grogne comme s'il venait de se faire violer. Je le laisse aller et je suis très soulagée. José caresse mon ventre et me fait frissonner des pieds à la tête.

Je n'en demande pas plus, cela me suffit amplement. Sa main descend vers mon sexe et celle de Maurice vient le rejoindre. J'ai peur, je me raidis, je panique. Soudain, José s'étend sur moi, passe de l'autre côté et caresse Maurice. Il est maintenant complètement à la place du milieu et tous les deux se font l'amour. Je suis frustrée dans un sens. J'aurais aimé comprendre ce qui se passe. J'aimerais peut-être aussi participer à leurs ébats, mais comment ? En même temps, je me sens soulagée parce que c'est de l'inconnu, tout un inconnu et il me fait une peur bleue. Je viens de l'éviter et ainsi d'éviter Maurice, ses brusqueries et ses rebuffades. Dans ma tête, c'est la confusion totale et l'impossibilité d'avoir des réponses à aucune question. Ils ronflent déjà. Je me retourne donc et m'endors en rêvant de caresses expertes et à un corps viril qui, tout en m'aimant avec son coeur, saurait faire parler mon corps, ne serait-ce que par ses caresses. Je veux être aimée mais pas comme ce soir, jamais.

Dimanche, suite du déménagement. Durant le voyage vers la ferme, José et moi sommes mal à l'aise mais aucun des deux n'ose aborder le sujet de notre fin de soirée. J'ai l'impression que c'est peut-être cela le rôle d'une femme dans un couple d'homosexuels, une espèce de stimulateur qui les entraîne à s'accoupler. Je n'en suis pas certaine mais cela m'empêche de poser des questions et en plus, j'aimerais tellement que tout ce qui se fait à trois soit discuté à trois. Tout cela m'empêche d'ouvrir la conversation. De plus, José est de mauvais poil, il y a encore eu discussion au sujet de Sonya durant le déjeuner et cela le met toujours en rogne.

À la ferme, Jean-Louis m'affirme que la semaine prochaine je pourrai débarrasser la maison de tout ce qui m'appartient, il aura trouver tous les meubles qui lui seront nécessaires pour ne plus avoir à subir la présence de mes choses chez lui. Il n'y aura enfin plus aucune trace de moi autour de lui.

Cela nous oblige à travailler plus fort encore. De retour au bercail, l'ambiance est encore bizarre et rien n'a encore été dit. José me prend dans ses bras :

— Si nous n'étions pas fatigués, je sens que nous t'en ferions voir de toutes les couleurs, et ce avec une tendresse infinie et de l'amour comme tu n'en a jamais connu. Ce serait ta fête et la nôtre en même temps. Enfin réussir à découvrir ton corps après tellement d'attente, j'en rêve. Arrête d'avoir peur, nous n'avons pas l'intention de te faire mal, seulement nous unir à toi comme on veut le faire dans le reste de nos vies. Ce sera pour bientôt, sinon je meurs.

Que de promesses ! Que peut-on en croire ? Non, il ne faut pas que je me mette à douter de José aussi, ce sera l'enfer. Maurice ne dit rien. A-t-il compris ce que José vient de dire ?

Mystère. J'ose croire que s'il n'était pas en accord avec les propos de José, il aurait sûrement fait des commentaires, selon son habitude, ou bien ne se serait-il pas tout simplement tu ???

Lundi matin, selon mes bonnes résolutions, je me mets au travail le plus tôt possible, je m'applique avec ardeur. J'ai l'impression que de son côté Maurice s'applique à me déranger pour mille et une raison. Je garde mon sang-froid, je demeure calme, ce qui semble le surprendre. Pour une fois que je réussis à le dérouter!

Je travaille d'arrache-pied, je me surprends à me laisser charmer par les tournures de phrases et la poésie du langage juridique. Je me surprends à aimer cette activité dans laquelle mes oreilles et mes doigts ne font qu'un. Je suis ravie de cette nouvelle étape même si Maurice me dit de ne pas m'en faire, dans peu de temps je n'aurai même plus conscience de ce que j'écrirai, je ne serai qu'une machine. J'en doute et je n'en ai pas vraiment envie, j'aime bien prendre du plaisir même dans le travail que j'exécute.

Ce soir, j'ai une réunion, un engagement que j'ai pris quand j'étais encore sur la ferme. Je devrai respecter mon mandat jusqu'à la fin même si je rencontrerai Jean-Louis à chaque fois.

Pendant que je me prépare, j'entends Maurice dire à José que j'ai fait des progrès et qu'il y a peut-être quelque chose à faire avec moi. C'est la première parole positive que j'entends depuis que je suis dans cette maison. Mes bonnes intentions réussiraient-elles à bâtir mon bonheur, enfin ?

À mon retour, tout le monde dort et les chiens ont dû m'adopter puisqu'ils me laissent entrer sans japper ni faire de bruit. Je ne dérange donc personne dans son sommeil. Je m'étends doucement à ma place et m'endors en n'étant pas dupe des ébats amoureux qui ont sûrement eu lieu durant mon absence. Je m'en fous éperdument.

Mardi matin, tout le monde me paraît détendu, je crois que cette séparation a fait du bien à tous. L'atmosphère est différente. Tout depuis mon arrivée s'est passé trop vite, je partais en vacances et je finis par rester ici sans aucune préparation; j'ai toujours eu l'impression que je les envahissais. Je devrai probablement me bâtir une petite vie à travers la leur pour respecter leur intimité et par le fait même, pour moi, sortir de ce vase clos qu'est la vie en leur présence et reprendre contact avec des gens que j'aime bien à Montréal.

J'aimerais tellement savoir s'ils se posent aussi des questions, s'ils essaient de discuter de notre vie et de chercher des solutions pour la rendre plus agréable. Mais le manque de temps nous empêche d'échanger sur quoi que ce soit.

Encore aujourd'hui, je m'efforce pour rendre la journée semblable à celle d'hier. Tout va bien jusqu'au repas quand je veux donner un coup de main pour dresser le couvert; voilà la guerre qui reprend :

— Ici, on dresse une table comme il se doit, on prend les bons plats pour les bons mets. Tu n'y connais rien. Tu es trop gourde, tu es aussi bien d'essayer de continuer à travailler, pour ce que tu réussis à faire de toute façon. Mettre une table, ce n'est pas comme sur une ferme, cela demande des connaissances que tu ignores. N'oublie pas que c'est dans une ferme que l'on t'a dénichée et non dans un endroit de classe.

Je ne sais pas comment je réussis mais je retourne à mon clavier. J'ai envie de crier. Je ne viens pas du fond des bois, j'en ai vu des gens avant d'arriver sur la rue Cartier à Montréal. Il se prend pour qui, ce demeuré ?? Je dois reprendre la maîtrise de moi. Je ne voulais que donner un coup de main après tout. Je dois faire un peu ma place dans cette maison si je veux m'y sentir bien. Il n'y a donc personne ici qui peut comprendre cela ?

Il faut que je trouve le moyen de susciter ces conversations à trois qui existaient sur la ferme et qui me fascinaient tant. Les conflits à l'époque existaient entre José et Maurice mais au moins durant ces conversations ils pouvaient s'exprimer sur le sujet. Même si des solutions n'étaient pas apportées, des sujets de réflexion demeuraient et au bout d'un certain temps tout rentrait dans l'ordre. Pourquoi ne peut-on pas faire la même chose entre Maurice et moi, et José fera l'arbitre, comme je le faisais dans le temps ? J'ai l'impression que si cela ne se fait pas, c'est foutu, et la vie à trois, et la maison et tout le reste. J'ose croire que tout cela, je ne l'ai pas imaginé, c'était bien agréable.

Je me sens comme une convalescente après une longue dépression à qui on empêche de faire quoi que ce soit de peur de la perturber, de la déranger dans son cheminement, de peur qu'elle ne redevienne anormale. J'ai envie de crier, j'ai envie que l'on me considère comme un être normal. Je n'aurais jamais dû dire à José et à Maurice que je suis une maniaco-dépressive. Ils me considéreraient peut-être comme n'importe qui et la relation entre nous trois serait peut-être différente. Je suis tannée que l'on me considère comme un être inférieur, comme une handicapée, j'ai droit d'avoir le statut de n'importe quel être humain mais cette maudite société a peur.

Nous sommes mardi, cette conversation que j'espère tant n'aura pas lieu ce soir, c'est jour de cinéma pour José.

— Maurice, il serait grand temps que tu prennes une soirée de congé de ton ordinateur. Ne penses-tu pas ? Michèle et moi aimerions tellement que tu nous accompagnes au cinéma ce soir. Ce n'est pas quelques heures de relaxation qui vont te mettre en retard à ce point, au contraire, cela te changerait les idées, te détendrait. Cela nous ferait aussi un point commun aux trois pour pouvoir échanger. Cela fait si longtemps que cela n'est pas arrivé.

Je suis très surprise de la nature de l'intervention de José, j'ai l'impression qu'il pense les mêmes choses que moi. Cela lui manquerait-il autant qu'à moi ? Il faut que je trouve le moyen et le moment propice pour agir. C'est très important pour moi et pour l'avenir. Maurice brise tout espoir :

— José, tu sais bien que lorsque j'ai commencé un travail important, je n'ai nulle envie de m'en sortir d'aucune façon. C'est nécessaire pour ma concentration et pour le résultat que j'obtiendrai. C'est déjà beau que tu ne sois pas seul, Michèle ira avec toi, elle n'attend que cela.

— Mais, Maurice, avant que Michèle ne soit avec nous, travail ou non, tu aimais bien sortir avec moi.

— C'était pour te faire plaisir, maintenant, je peux m'en dispenser, elle est là, et bien je me gâte.

J'ai l'impression qu'il veut se débarrasser de nous. Puisqu'il n'y a rien à faire, nous partons pour ne pas être en retard, mais nous sommes en avance. Tout en nous promenant dans la rue en attendant, nous rêvons de la maison :

— Tu vas m'aider, j'ai des tas de livres avec des explications sur les normes de construction et des idées de rénovation et de décoration. J'ai toujours rêvé de me bâtir une maison, j'ai donc toujours accumulé des volumes sur le sujet. Tu as sûrement aussi de bonnes idées et tous les deux nous ferons un concepteur formidable pour bâtir notre petit nid d'amour. Nous sommes capables, avec les moyens que nous aurons; je suis convaincu que nous ferons des miracles.

Il a l'air emballé et réveille en moi ce désir qui était en train de s'endormir, à cause de Maurice, cette complicité et cet accomplissement mutuel. Créer c'est s'accomplir.

Le film est d'une violence extrême. Lorsqu'on parle des dessous de la guerre du Viêt-Nam, il y a de quoi frissonner. Une contradiction, probablement voulue, est frappante. On tue, on massacre mais toujours dans un environnement enchanteur et en plus au lever du soleil, le lever du soleil qui devrait représenter la libération, le monde meilleur. Est-ce vraiment l'espoir que cela n'existera plus ? J'aimerais que ce soit ainsi dans ma vie, la fin de la guerre qui présagerait des jours meilleurs, enfin des levers de soleil, de l'espoir.

Au retour, José me dit à quel point il est heureux de ma présence parmi eux et de son désir de voir ce temps se prolonger indéfiniment. Il est content que l'atmosphère se soit décontractée entre Maurice et moi, il ne sait pas ce qu'il m'en coûte et j'ai un peu peur que ce soit comme dans le film, le côté nature que je vis et que dans les jours qui viendront les atrocités mentales de la guerre referont surface. Il faut que je me concentre pour éviter le pire. La force que José me donne devrait suffire à tout surmonter, du moins je le souhaite ardemment.

À notre retour, Maurice nous annonce qu'en fin de compte il a perdu sa soirée parce qu'il a eu un visiteur et qu'il se doit de continuer son travail maintenant en retard. José s'y oppose violemment mais comme toujours, c'est Maurice qui a le dernier mot.

Nous nous retrouvons donc tous les deux seuls au lit. Il m'embrasse, me caresse, me dit à quel point il me désire. Je ne comprends rien au mot désir avec les explications de Maurice sur Lagura Beach. Je ne sais comment réagir et je n'ose toujours pas poser de questions, j'ai peur de passer pour une imbécile, j'ai peur qu'il juge mes facultés mentales diminuées. En fait, désirer c'est désirer, on a pas besoin de beaucoup de dessins pour comprendre quoi que ce soit là-dedans. J'ai envie tout simplement de faire l'amour avec José, sans me poser toutes ces questions mais je crois que j'ai peur de montrer que je suis un être humain qui a des désirs comme tous les êtres humains de la terre. On nous a tellement montré que le sexe et tout ce qui s'y rapporte est une chose cachée qui ne se discute pas, ne se fait pas dans de telles circonstances et encore plus pour les femmes qui se doivent de subir et non de désirer. Je me souviens, durant mon adolescence, on m'avait donné un livre sur l'attitude que nous devrions avoir avec ces illustres inconnus les hommes. Le livre ne datait pas de vingt ans et je n'ai pas encore trente-cinq ans. Je me souviens d'un passage où il était écrit qu'après trois mois de fréquentation, si un garçon osait demander à sa compagne avec laquelle il parle déjà d'avenir de se donner à lui, elle se devait de le rejeter, de le considérer comme l'être le plus déplacé et le plus mauvais candidat pour un mariage solide. Les mœurs ont tellement changé que fonctionner en harmonie avec soi-même n'est pas de tout repos. Dans la situation actuelle, c'est encore plus compliqué, je ne sais pas comment faire pour à la fois montrer mon désir, mon amour, et respecter ses convictions, ses principes et sa position d'homosexuel. J'ai même peur de montrer à quel point je suis vieux jeu.

Je m'endors donc sous les caresses expertes de José qui doit me trouver bien bizarre de ne rien répondre à ses avances, de sembler refuser ses offres et pourtant de ronronner comme un petit chat.

Mercredi, je m'efforce de faire une bonne journée de travail, dès mon lever jusqu'à l'arrivée de José, faisant fi des tentatives de discussion de Maurice, de ses absences fréquentes. Je me fous de tout. Je suis en présence d'une dizaine de personnes qui me racontent toutes sortes de choses et je les répète à mon ordinateur. Je suis bien dans ce rôle et je m'y amuse bien. Je suis très fière de moi, je veux me prouver et leur prouver en même temps que je suis capable de faire d'autres choses que de tirer des vaches. Maurice ne passe plus de commentaires sur ce que je fais, il ne vérifie plus rien. Je trouve sa confiance un peu exagérée en mon travail. Je ne peux faire cela parfaitement, comme cela du premier coup, c'est certain, mais il fait comme si cela faisait six mois que travaillais.

Je ne saurais dire pourquoi mais mes sentiments envers Maurice se modifient et selon moi très négativement. Je le vois de plus en plus comme un justicier, il me fait de plus en plus peur. J'ai comme le sentiment d'avoir quelque chose à me reprocher (je me demande quoi, d'exister peut-être ?). Mais je suis convaincue que lui il le sait, et qu'il attend le moment propice pour sauter sur sa proie.

Lorsque José arrive, je suis encore toute concentrée à mon travail et il faut qu'ils m'avertissent que le repas est servi pour me sortir de cet état de bien-être que me procure la salle d'audience. J'ai travaillé toute seule dans cette pièce une bonne partie de l'après midi et je dois avouer que la paix intérieure s'est enfin installée en moi.

Après le souper:

— Ce soir, je vais travailler un peu pour m'avancer parce que dans le jour je ne peux travailler comme à l'habitude, Michèle demande encore trop de surveillance et a encore plein de questions à poser qui me déconcentrent.

J'ai envie de crier, je ne lui ai demandé aucun renseignement de la journée, il n'y était même pas et son retard vient du fait justement qu'il a passé une partie de la journée à l'extérieur de l'appartement ou au téléphone. Je ne comprends rien. Que veut-il cacher à José ? Je me suis promis de garder la paix et de faire mon propre bonheur, d'éviter les conflits, d'entendre ce que je veux et de repousser ce qui me déplaît, mais ces paroles ont été criées trop fort, et ont passé à travers la ouate que j'avais mise dans mes oreilles. Je réussis à ne pas relever l'impertinence, ma réaction aurait été trop violente, je refoule, je me tais, je m'étais pourtant promis de tout nettoyer au fur et à mesure mais voilà que je triche. Je ferme la soupape en souhaitant qu'elle n'éclatera pas. C'est mieux ainsi, la tranquillité d'esprit que j'avais réussi à atteindre au cours de la journée vient malheureusement de se faire mortellement ébranler et toute une série de questions m'envahissent peu à peu. Questions auxquelles je ne veux pas répondre. Je voudrais sortir et aller crier ailleurs ce mal-être qui s'installe en moi, aller prendre l'air. Ici pour sortir, il faut une bonne raison, c'est tellement dangereux la grande ville !

José gobe bien tout ce que Maurice lui dit et semble trouver cela tout naturel :

— Je crois que je vais commencer à faire des plans pour la rénovation de la cuisine, je commence à avoir des idées de plus en plus claires là-dessus et si on veut être à notre aise le plus tôt possible, il faut commencer à prévoir.

— Tu peux être certain d'une chose José, tant que la cuisine et la maison auront l'air de ce qu'elles ont l'air, je n'y mettrai pas les pieds, vous vous arrangerez. Vous voulez m'emmener dans une maison qui est pire qu'un taudis, la cuisine n'a aucune commodité. Moi, je ne fais pas la bouffe dans de telles conditions. Ce sera à vous de vous débrouiller pour trouver les disponibilités financières nécessaires pour que ce soit à mon goût, non au vôtre.

– Je vais faire des plans selon les normes que j'ai et lorsque ce sera fait, tu auras ton approbation à donner avant que ce soit adopté par tout le monde.

Ils partent chacun de leur côté sans se soucier de moi. J'en conclus donc que pour une fois il m'est permis de desservir la table, de placer la vaisselle dans le lave-vaisselle et de remettre tout à l'ordre. Je viens de terminer quand Maurice s'aperçoit de son erreur :

– Je me doutais que ce serait tout croche (il revide le lave-vaisselle et le remet tel qu'il était). Il me semble qu'on t'a déjà dit de ne pas toucher à cela, tu risques de tout briser. À quel moment cette femme aura-t-elle suffisamment de cervelle pour s'en sortir ?

Je suis sauvée par la cloche, un ami de Maurice se présente. Je me sens de trop et cela me gêne réellement d'aller rejoindre José. Il ne me reste qu'une seule solution: c'est d'aller dormir. Je suis là, dans ce grand lit à trois et je repense à ce nouveau travail qui me fascine, à ce contact autant physique que mental que j'ai et que j'apprécie avec José et je sens que mon choix a été bon. J'ai bien fait de quitter la ferme et de revenir pour ce court laps de temps à Montréal pour mieux préparer cet avenir dans cette maison qui sera la nôtre même si l'adaptation semble difficile. Je suis fière de moi et convaincue qu'il n'y a là aucune impulsion, que des gestes bien réfléchis. Quand ma pensée se rapproche de Maurice, je sens tout s'écrouler, c'est l'enfer, c'est tout ce que je ne désire pas. Je sens que je me suis trompée, à cause de son agressivité, de son hypocrisie... Je m'endors sur la solution à trouver, mais c'est toujours le néant dans ma tête pourtant, c'est certain, cette solution existe quelque part.

Vers dix heures, José vient se coucher et me réveille. Je devine que le visiteur de Maurice est parti. Il se colle sur moi d'une façon inhabituelle; déjà le fait de me réveiller est une attitude inhabituelle chez lui. Il s'installe et bientôt Maurice vient nous rejoindre. Pas un mot ne se dit. José commence à me caresser et à m'embrasser sans tendresse, d'une manière que j'oserais qualifier de physique. Cela demeure agréable mais différent. Maurice s'approprie un de mes seins, je commence à paniquer car ses caresses sont plus une scéance de pétrissage qu'un moment d'amour et de tendresse.

Les caresses de José deviennent plus tendres et plus agréables. J'ai la moitié du corps pleine de désir et l'autre pleine de peur et de ressentiments.

José embrasse mes seins et caresse en même temps la tête de Maurice qui se sent de plus en plus hardi dans ses caresses. Il embrasse le sexe de José et ses doigts se mettent à la recherche du mien. Je panique, j'ai peur, il est si dur dans ses caresses que j'ai peur qu'il atteigne son but. Tout d'un coup, dans un seul mouvement, il écarte mes cuisses et fait pénétrer ses doigts en moi comme une charrue dans une motte de terre. Il atteint enfin son but. J'ai mal. Je me tortille, je veux changer de position, je veux que Maurice enlève sa main de là. Je suis incapable d'émettre un seul son. José doit prendre mes gestes pour des encouragements puisqu'il continue à me caresser sans tenir compte de mes protestations.

Je réussis à bouger et à échapper un «aïe», je me sens agressée, voire violée, je me sens prise au piège, j'ai mal et on ne m'aide pas à m'en sortir. José finit par comprendre et demande à Maurice d'y aller plus doucement. Aussitôt que sa poigne se relâche, je prends mon élan et me réfugie sur le bord du lit, loin d'eux, sidérée. Jamais je n'aurais pensé qu'ils puissent en arriver là. La vie est très noire devant moi et je me jure que plus jamais Maurice ne posera sa main sur moi. Jamais je n'aurais imaginé comment cela pouvait se passer. Mille hommes me faisant l'amour d'une façon normale plutôt qu'une seule séance de ce que Maurice appellerait faire l'amour comme à Lagura Beach. Mon corps est endolori, mon corps me fait mal, il saigne. Mon entendement est complètement dépassé. Comment vais-je m'en sortir ? Je viens d'acheter une maison avec ces deux individus, comment vais-je vivre le reste de mes jours ?

Comment m'enfuir ? Où aller ? Comment ne pas sentir cette douleur morale et cette douleur physique en les écoutant ronronner tout en se faisant l'amour ? Les salauds.

V . 2 - JE SUIS PRISE AU PIÈGE, PAS D'ISSUE

Le lendemain, malgré leurs protestations, je ne déjeune pas, je serais tout à fait incapable de regarder les mains de Maurice sans vomir. Je me mets au travail, au moins cela occupe l'esprit et je terminerai mon travail le plus tôt possible, après on verra.

Vers deux heures de l'après-midi, après m'être faite sommer de venir manger à midi durant au moins une demie heure, je termine enfin la cassette commencée. La peur s'installe de nouveau chez moi. Je sais que maintenant je devrai apprendre comment faire la correction de cette fameuse cassette et que cela promet de ne pas être un cadeau.

— J'espère que tu es dans tes bons jours parce que je n'ai pas l'intention de passer la journée à t'apprendre des notions aussi rudimentaires que la correction.

Il s'installe donc à mon ordinateur et aussitôt qu'il se sert de mon clavier, il se rend bien compte qu'il est différent du sien et la guerre atomique débute.

— Je le savais que cela ferait une différence d'avoir choisi un clavier différent du mien, on ne sera pas capable de faire quoi que ce soit, je ne suis pas capable de travailler avec ce clavier-là, je te l'avais dit, mais comme d'habitude, avec ta tête de cochon tu n'en as fait qu'à ta tête et maintenant, je ne pourrai pas corriger ton travail, tout cela est du temps perdu. Je le savais que tu gâcherais tout. Tu n'es jamais capable de rien faire de bien et c'est moi qui devrai me taper tout le travail tout seul. Nous avons bien mal choisi, j'en ai eu la preuve hier soir.

Et la litanie continue. Je n'espère qu'une chose, c'est qu'il n'allonge pas le discours sur la soirée d'hier, je me sens capable de prendre un couteau et de le tuer là sur place.

Je lui demande calmement de m'expliquer comment il fait sur son clavier, puis j'adapterai ça à mon clavier. Si on m'explique, je ne suis pas si stupide que cela, je suis certaine que je réussirai. Je me demande à chaque instant pourquoi je n'ai pas le courage de partir, de les laisser là tous les deux avec leurs manigances. Mon auto est en bas, je n'aurais qu'à faire mes bagages et à m'en aller. Qu'est-ce qui me retient ? Je suis tout à fait incapable de répondre, c'est le néant après eux, j'ai perdu la faculté de foncer, de réagir. Je suis au début d'un «down», je crois bien. Mais, si je suis dans un «down», il y a des chances que je sois à la sortie d'un «high». J'ai les esprits très emmêlés et je ne comprends plus rien aux dernières semaines et encore moins au présent. Plus j'essaie de réfléchir, plus tout s'embrouille.

Il crie, il gueule et sort de la maison. C'est rien pour m'aider à retrouver un éclair de calme dans mon cerveau, cela m'affole encore plus. Comme à chaque fois que Maurice se fâche, j'ai toujours l'impression que la violence de sa colère dépasse l'importance de l'événement. En même temps, je me demande s'il n'a pas raison. Peut-être que ses colères sont justifiées et peut-être que j'ai la tête beaucoup trop dure et que je n'accepte pas facilement ses suggestions, ce qui le pousse à bout. Cette fois-ci, j'ai quand même réussi à rester calme, je m'en félicite, même si j'en ai assez de me faire engueuler et de subir ce genre de scènes.

À son retour, il dissimule tant bien que mal le paquet de cigarettes qu'il vient de s'acheter. Je me souviens que José m'a déjà parlé que Maurice est fortement atteint d'emphysème et qu'il ne doit fumer sous aucun prétexte. Je n'ai certainement pas le goût de faire des remarques, quelles qu'elles soient. S'il est malade on le soignera. Je m'en fous totalement, je me dis même que s'il meurt il ne fera que nettoyer la terre de sa présence. Il peut lui arriver n'importe quoi mais je ne supporterais pas une nouvelle engueulade, je suis en train de devenir folle.

— Bon, on va essayer, je suis convaincu qu'avec un tel clavier tu ne réussiras pas à faire quelque chose d'intéressant, enfin, on va faire un essai. Je vais te dire quoi faire et toi, brillante comme tu dis l'être, tu vas exécuter. Écoute comme il faut parce que je n'ai pas de temps à perdre pour t'expliquer dix fois la même chose.

J'ai toujours envie de répliquer quelque chose pour qu'il cesse de me prendre pour une imbécile, pour quelqu'un qui ne sait pas se servir de sa tête et de son esprit. Il y a quelque chose qui m'en empêche, je pourrais croire que c'est la crainte de la réaction de José, mais durant l'avant-midi, je n'ai rien à craindre de ce côté, le silence règne.

Maurice me donne les instructions, j'essaie, je vais trop vite, je me trompe, il m'engueule encore. On recommence et voilà j'ai compris. Je suis entièrement convaincue que cela ne lui a fait aucun plaisir. Il tente souvent de me tromper, il me dérange continuellement, ma patience est à bout, j'essaie tant bien que mal de m'enfermer dans mon monde mais le malaise intérieur persiste. Je me décide, pour la première fois depuis mon arrivée à Montréal, à prendre un comprimé qui devrait aider mon lithium à faire face à cette bordée d'émotions qui m'assaille. Il me regarde agir et là j'ai droit à tout un discours sur ma maladie, sur mon dérangement mental: «Personne n'a besoin d'aller prendre des Valiums (ce ne sont pas des Valiums ce sont des Rivotril, il n'y a aucune comparaison possible mais José n'y verrait que du feu) pour faire un travail aussi simple.» Il m'interroge sur le nombre de fois que j'utilise ce procédé. Il me traite de narcomane, de droguée et finit par me dire que José n'est sûrement pas au courant que je prends des médicaments à ce rythme parce qu'il y a longtemps qu'il m'aurait mise à la porte. Je viens de lui donner un argument de poids contre moi. De plus, en me faisant diminuer la prise de ces médicaments prescrits et que je ne prends pas à l'excès, il pourra avoir encore plus de contrôle sur moi et pourra enfin me faire sortir de mes gongs. Mais il ne réussira pas, je me le suis promis.

Dès l'arrivée de José, Maurice s'est empressé de cacher son paquet de cigarettes comme un enfant qui risque d'être pris au piège. Mais en l'embrassant José n'est pas dupe :

— Tu as fumé aujourd'hui, hein, tu pues la cigarette et puis tu râles à chaque respiration. Tu sais que tu ferais mieux d'arrêter cela avant que cela ne tourne mal. Je n'ai pas envie de vivre des crises d'hyperventilation et tu le sais très bien. Si tu fais exprès pour te rendre malade, ne compte pas sur moi pour prendre soin de toi.

— Je n'en ai fumé qu'une seule et c'est Michèle qui me l'a donné tout à l'heure.

Je demeure silencieuse, j'ai l'impression que cela se passe à l'extérieur de ma vie, que je n'ai aucun rôle à jouer dans ce tableau ni pour un ni pour l'autre. Mais je viens de comprendre sa sortie sur ma prise de Rivotril; si je parle, il parle.

Toute la soirée, José et moi avons travaillé sur des plans de la maison. Il m'explique et me montre les principes de construction qu'il a trouvés dans ses grands livres, sur l'agencement des comptoirs, la disposition des appareils principaux afin qu'ils soient les plus fonctionnels possible tout en conservant un aspect esthétique important. Je ne sais pourquoi, malgré son rôle d'hier, j'ai comme plus de facilité à accepter d'être avec José qu'avec Maurice. Il n'a pas l'air d'avoir compris à quel point ce fut difficile pour moi.

L'anniversaire de Maurice est pour dimanche prochain, et tout en travaillant, nous préparons notre petit plan pour lui faire une surprise et lui faire plaisir en espérant que tout cela le remettra de meilleure humeur. Nous avons tous les deux le sentiment de préparer pour une personne qui nous est très chère un moment qu'elle ne pourra pas oublier. Maurice est débordé de travail semble-t-il, et répond à peine à nos salutations pour la nuit. José est inquiet :

— Je trouve Maurice très distant aujourd'hui, on dirait qu'il cache quelque chose et qu'il est impossible de savoir quoi. Ce n'est pas dans ses habitudes. Dis-moi, Michèle, a-t-il fumé beaucoup aujourd'hui ?

— Tu le connais beaucoup plus que moi. Ce que je peux te dire c'est qu'il n'est plus comme quand vous veniez sur la ferme. Je ne sais pas s'il a beaucoup fumé mais, excuse-moi de le contredire, je ne lui ai pas donné de cigarettes, tu m'avais avertie de ne pas lui en donner. Tout ce que je sais c'est qu'il est sorti souvent aujourd'hui, peut-être vingt minutes à la fois et cela peut-être cinq ou six fois. Je suis tellement concentrée dans mon travail que je m'aperçois à peine de ce qui se passe autour de moi.

— S'il peut se ressaisir, je voudrais tellement comprendre ce qui se passe dans sa tête. S'il continue ainsi, c'est le piège, nous serons pris avec un Maurice malade.

Il me prend dans ses bras en me disant: «Nous y ferons face tous les deux, n'est-ce pas ?»

Il m'embrasse passionnément, c'est la première fois que nous nous nous retrouvons seuls tous les deux dans le lit. Nous avons une folle envie l'un de l'autre, nos caresses se font de plus en plus pressantes. Il s'étend sur moi, la porte s'ouvre...

— Il me semblait que vous étiez venus dormir vous deux. José, il est onze heures trente, tu travailles demain, c'est sûrement beaucoup plus important que ce que tu fais là.

Je me sens prise au piège, comme si on m'avait surprise la main dans le sac de bonbons et que mon père vient d'entrer dans la pièce avec ses gros yeux menaçants. J'avais l'impression que dans cette maison il n'y avait rien de vraiment défendu, seulement certaines normes à respecter, et voilà que je me sens coupable comme si tout ce qui vient d'arriver était uniquement de ma faute. J'ai l'impression qu'à chaque fois que je réponds à mes envies ou à mes désirs, la culpabilité s'empare de moi, je ne suis jamais à mon aise.

— Ne t'en fais pas, Michèle, on se reprendra bien, j'ai bien senti que tu me désires autant que je te désire. Cela ne se camoufle pas. Bon, on dort. C'est peut-être Maurice qui a raison après tout.

Vendredi matin, comme à l'accoutumée, rien ne transparaît de la veille. Nous travaillons toute la journée et Maurice s'absente de plus en plus. Je profite de l'une de ses escapades pour fouiller dans son tiroir et évaluer le nombre de cigarettes qu'il a fumé depuis la veille. Il en reste trois sur vingt-cinq, c'est une bonne moyenne si on ne fait que calculer les heures de veille. Il respire déjà comme une locomotive, José va être content à son retour !!!

Maurice ne cesse de me répéter que nous devons activer les choses et ne pas perdre de temps puisque nous avons jusqu'à lundi première heure pour remettre ce travail. Mais, durant l'après-midi, il insiste pour que nous allions faire les emplettes (tout cela pourrait attendre à lundi après-midi, le congélateur est plein). Donc trois autres heures de perdues et encore un énorme trou dans mon portefeuille. Je veux éviter à tout prix les prises de bec, donc je suis sa cadence.

José, à son arrivée :

— Plus j'y pense et si je veux te présenter des plans que tu trouveras réalistes et que tu ne démoliras pas à cause du manque de sérieux des mesures, il faut absolument retourner à la maison et reprendre les dimensions exactes de chaque pièce sinon nos plans seront irréalistes et ne pourront jamais fonctionner.

— Cela fait combien de soirées que tu passes à faire des plans et Michèle est supposée t'avoir donné un coup de main. Je sais que cela aurait pu être un travail d'architecte si Michèle n'avait pas passé son temps à te déranger et à te raconter Dieu seul sait

quoi. Je suis convaincu que vous n'avez pas dû travailler sérieusement.

— N'exagère rien Maurice, je viens de t'expliquer que je ne
peux te présenter des plans qui ne collent pas à la réalité, et le
temps venu, tu vas tout démolir avec cet argument. Je te connais,
tu sais, c'est pourquoi je dis qu'il faut aller prendre les mesures
exactes avant de mettre le projet réellement sur papier.

— Même si je n'ai pas l'impression que cette cuisine sera
habitable un jour, je vais quand même prendre rendez-vous avec
le propriétaire pour dimanche prochain.

Pour la première fois, en faisant les emplettes, José parle
négativement de Maurice. Il est contrarié par son attitude qui
remet en doute toute la réussite de nos projets. Sa déception finit
par le motiver et il n'en finit plus de me raconter tous ses espoirs.

Je me couche tôt, demain c'est la suite et, j'ose espérer, la fin
du déménagement. Il me reste à affronter pour une dernière fois
ces lieux qui représentent pour moi un cauchemar, des états
d'âmes indéfinissables, un mal-être qui ne permet plus aucune
réflexion, un mal-être qui me fait agir de façon tout à fait
inacceptable, sans tenir compte de ma conscience, une conscience qui n'existe même plus.

C'est dans cette maison que j'ai fait souffrir quelqu'un, celui
qui fut témoin de mes crises avant que je réussisse à en découvrir
la nature, avant que je sache que je suis une maniaco-dépressive.
Et là encore, l'équilibre n'est pas revenu du jour au lendemain. En
fait, est-il vraiment revenu complètement, cet équilibre ? Comme
il a dû souffrir, ce pauvre Jean-Louis. Comme je le comprends
dans le fond d'être enfin débarrassé de moi. Tous ces cauchemars,
c'est probablement la dernière fois que je les vivrai demain mais
ici personne ne comprend cela. Il n'y aura toujours que Jean-Louis
qui aura cette compréhension puisqu'il est la seule personne à être
venu avec moi dans les bas fonds. Merci.

Maurice veut travailler une partie de la nuit pour être avec nous demain et dimanche. José n'est pas d'accord à cause de son état de santé, mais comme à l'habitude, il ne veut rien savoir et il fera à sa tête.

Tout comme une caresse, José me murmure :

— Michèle, si tu voulais, tout doucement, nous ferions l'amour, je ne te ferai pas de mal, mon corps saura s'unir au tien sans le meurtrir, sans le blesser, seulement pour exprimer les sentiments que j'éprouve pour toi. Je veux vraiment, en faisant l'amour avec toi, sceller ce qui se passe entre nous depuis quelque temps et qui pour moi va durer très longtemps. Je veux que nos deux corps soient unis comme nos esprits le sont déjà. Je n'ai pas envie de t'entendre dire non, ni oui d'ailleurs, seul ton corps saura exprimer ta décision, seul ton corps saura donner ta décision et seul ton corps réussira à me dire si tes sentiments ressemblent aux miens.

Quelle poésie, quelle musique à mon oreille. Je ne peux que désirer que s'accomplissent les voluptés que José vient de me décrire. Quelle femme réussirait, dans la même situation, à stopper ce tourbillon de belles paroles ? Oui, j'ai envie que mon corps s'unisse au sien dans une communion complète sans agressivité. Oui, j'ai envie que mon coeur crie assez fort pour que mon corps puisse parler à sa place. J'ai envie de puiser en lui l'énergie qu'il me faut pour supporter Maurice.

Tout doucement, il m'embrasse éperdument, me caresse un peu, s'arrête pour me regarder. Il me sourit avec un sourire où rayonne la joie et le bonheur. Ses yeux sont d'une profondeur à s'y perdre comme je me perds dans ses bras. Son corps rejoint le mien pour s'unir en un seul et savourer ces joies que l'on peut échanger. Nos corps sont ravis, nos coeurs aussi et nos esprits voguent dans un rêve de volupté suprême. Il est comme il l'a promis, doux, tendre, sans brusquerie, je suis éblouie.

Tout s'est passé dans le silence, il reste longtemps sur moi et en moi, en me donnant la sensation qu'il veut me protéger contre tout ce qui pourrait survenir. Il s'étend à mes côtés et je me blottis dans ses bras. Je me sens en sécurité et la chaleur de son corps garde le mien au chaud.

Tout a été si subit que je me demande ce qu'il a fait de Lagura Beach et de toutes les belles théories que Maurice m'a expliquées et auxquelles José était supposé adhérer inconditionnellement. Je devrais me poser mille et une questions sur lui, sur Maurice, sur tous ces discours contradictoires de part et d'autre. Je devrais pouvoir comprendre, m'y retrouver mais j'aime mieux être blottie dans ses bras et ne plus penser à autre chose qu'à son corps qui habitait le mien.

Maurice vient se coucher, haletant. Je me sens coupable, fini la volupté. Il aurait pu nous surprendre en flagrant délit mais il ne semble se douter de rien. Il est replié sur lui-même. Il respire tellement mal. José se fâche :

— Bon, ça y est, tu t'es arrangé pour ne pas venir à la maison avec nous. Si tu continues comme cela, tu sais où tu seras dimanche ? À l'hôpital. Et nous, nous serons obligés d'y être aussi pour te tenir compagnie et s'inquiéter. Tu fais tout pour nous empêcher de réaliser nos plans.

— Laisse faire, cela va se passer. Laisse tomber.

— Il t'en reste beaucoup dans ton paquet ?

— Je n'ai pas de paquet, j'en ai emprunté trois ou quatre à Michèle aujourd'hui.

— Et tu es allé combien de fois à l'épicerie ?

Je le sens fort, cet interrogatoire n'est pas dans ses habitudes. Je le sens fort car il est déçu et frustré.

— Pourquoi me harcelles-tu avec toutes ces questions ? Moi, je ne te demande pas un compte rendu de ce que tu fais avec

Sonya ou ce que tu lui dis toute la journée. Je ne brime pas ta liberté. Tu n'as aucun droit sur ma santé.

— Peut-être pas sur ta santé mais sur ma tranquillité, mon bonheur, et comme tu es parti, et je ne sais pas ce qui te prend, tu risques de gâcher bien de belles choses et de rendre le monde qui t'entoure très malheureux.

Et voilà, plus ils s'engueulent, plus ils deviennent méchants, plus Maurice s'essouffle et tousse. Je suis déçue de la tournure des événements, tout était si merveilleux.

Je suis dans mon coin et je regarde la scène comme un spectateur qui commence à s'ennuyer. J'ai l'impression que Maurice fait tout pour être désagréable et cela ne semble pas rassurant du tout.

Samedi matin, José et moi partons vers la ferme. Ce matin, j'ai l'impression de dévaliser quelqu'un, j'ai l'impression que quelque part quelqu'un sera lésé, serait-ce moi par hasard qui emballe mon malheur sans le savoir ? En préparant mes boîtes, je prépare le demain de ma vie, je prépare mon avenir. Lorsque nous avons acheté la maison, j'avais l'impression de commencer une vie qui se voulait agréable, entière et spontanée et voilà que maintenant je n'en suis pas complètement certaine. J'ai hâte que ces prises de bec prennent fin, j'ai hâte que revienne la vie que nous avions durant nos fins de semaines sur la ferme. Je suis convaincue que lorsque nous resterons tous les trois à la campagne, cela se réalisera. C'est le fil d'arrivée d'une course super pénible.

Cela fait plus de dix heures que nous emballons, chargeons et déchargeons. Il ne reste que deux voyages à faire. José est aussi fourbu que moi :

— Je n'en peux plus et à la seule pensée qu'il faut remonter à Montréal et être de retour ici pour neuf heures trente m'enlève ce qui me reste d'énergie. L'idéal serait de dormir ici et Maurice viendra nous rejoindre demain matin. Qu'en penses-tu ?

— Je pense exactement la même chose que toi mais je me demande comment Maurice va prendre cela, il n'a pas l'habitude de rester seul et il ne nous appréciera pas beaucoup. D'un autre côté, c'est tellement logique et je suis convaincue que mes parents ne verront aucun inconvénient à nous héberger pour ce soir.

— Bon, c'est ce que je voulais entendre, tu t'occupes de tes parents et je m'occupe de Maurice. Il nous fait tellement la vie dure ces temps-ci qu'il mérite bien qu'on ne soit pas toujours aux petits soins avec lui. Il me fâche tellement. Je ne sais pas pourquoi, on dirait parfois qu'il met toute son énergie à se rendre malade et à s'attirer la pitié de son entourage. Parfois, je le regarde agir et je me demande ce que je fais avec lui, je désapprouve totalement sa conduite, pourtant je l'aime autant que je t'aime, j'ai hâte de voir ce qu'il aura fait comme travail. Il cherche quelque chose, je le sens, mais j'ignore quoi. Je considère que tout va relativement bien, il n'a pas de raison suffisante pour réagir ainsi ou c'est le contraire qu'il désire. On pourra peut-être y changer quelque chose demain avec notre petite surprise pour sa fête. Cela suffira à tout remettre à sa place si jamais notre absence cause des problèmes. Il comprendra à quel point il est important pour nous et qu'il n'a pas besoin d'être malade pour qu'on le lui prouve.

Je sens José fort déterminé. Au téléphone, il impose et informe plutôt que de demander l'avis, la permission. Maurice n'est pas d'accord, il insiste mais José demeure catégorique.

Je suis contente de voir que José n'est pas aussi aveugle que je le croyais. J'ai l'impression d'avoir découvert un allié, en quelque sorte. Maintenant, je vois enfin José comme quelqu'un qui n'est pas prêt à plier l'échine devant celui qui le manipule, même s'il l'aime. L'amour nous porte souvent à taire nos pensées négatives à l'autre et ainsi le refoulement s'installe puis, quand tout éclate, la rupture en est souvent le résultat et tout cela à cause d'une petite tête d'épingle qui est devenue une montagne faute de communication.

Enfin, dernier voyage, cela commence à être dangereux, nous sommes trop fatigués et notre force physique en a pris un coup. Mes sentiments sont morts face à mon départ de cette maison. Je fais un dernier tour et je ne vois rien sinon une maison vide, une maison qui m'est étrangère. Tout ce que j'espère c'est de dormir et de reposer mes membres endoloris. Rien de plus.

Dans la chambre, José me raconte enfin la réaction de Maurice :

— Il n'était vraiment pas content. Pour lui, il est inconcevable que nous ayons même envie de dormir loin de lui. Il considère notre initiative comme une escapade à deux, une tricherie. C'est mettre en péril sa confiance en nous. J'ai eu l'impression qu'il tenait absolument à me faire changer d'avis. Je suis fier de moi, j'ai tenu mon bout. Il croit que la vie à trois devrait être soudée. Il l'a vraiment mal pris.

Enfin étendue dans ce lit que j'ai tant espéré, je suis super fatiguée, dormir sera le paradis avant l'enfer de demain. Je ferme les yeux, la tête farcie d'images de cette maison que je viens de quitter à jamais, les bons et les innombrables mauvais souvenirs s'entremêlent, en me laissant un goût amer, un goût de «ai-je bien fait de tout faire si rapidement ?», «Vais-je vers le meilleur ou vers le pire ?» On espère toujours que le pire soit derrière soi et le meilleur à venir mais l'ambiance actuelle me fait penser que peut-être le meilleur est déjà passé et que je suis encore rendue au pire. Il ne faut pas que j'exagère, nous sommes en pleine période d'acclimatation, il faut laisser le temps faire son oeuvre. C'est probablement la maison qui sera la nôtre qui nous réserve les plus merveilleux moments de bonheur. Comment pourrait-il en être autrement ?

Perdue dans mes pensées, je sens soudain le corps de José qui vient s'étendre sur moi. Deux petites caresses et, tout en me donnant un très long baiser, le voilà qui est déjà en moi. Je le regarde dans les yeux, ces yeux turquoise d'une profondeur inouïe, il ne sourit pas mais son visage est empreint d'une certaine illumination. Caresser ses cheveux, sa barbe, son dos, ses fesses pendant qu'il cherche à me combler encore et encore et tout en conservant son regard dans le mien jusqu'à l'éclatement final, garder même là les yeux dans les yeux pour pouvoir apprécier le plaisir donné et montrer celui reçu. Quel moment agréable que Maurice n'apprécierait sûrement pas !

V . 3 - APRÈS LE PURGATOIRE, L'ENFER

Se sentir aimer. Les moments de malheur sont vraiment en arrière et ceux de bonheur en avant, en voilà l'introduction. Comment pourrais-je m'y méprendre ? Épuisé, il s'affaisse sur moi et c'est dans cette position que la voix tornituranté de Maurice nous réveille et nous ramène en ce dimanche matin en pleine réalité.

— Que c'est donc compliqué. Après la découverte que je viens de faire cette nuit, après avoir goûté à ce bonheur, j'aurais passé la journée au lit, à te parler, à faire des projets, à recommencer, cela a été tellement doux, tellement bon, je ne trouve pas les mots pour l'exprimer sinon que tu es la maîtresse la plus formidable que je connaisse, Michèle. Je t'aime et j'ai hâte...

— Je vous entend marmonner, il est sept heures quarante-cinq, on a rendez-vous à neuf heures trente, il ne faudrait pas être en retard, êtes-vous levés ?

— Si nous n'étions pas réveillés, maintenant, tu peux être certain que c'est fait.

J'entends ma mère qui grogne, elle désapprouve à cent pour cent l'attitude de Maurice, elle désapprouve Maurice tout simplement. Elle semble être à l'aise avec José mais avec Maurice, il y a quelque chose de fondamental qui ne va pas. La voix de ce dernier est enrouée et sa difficulté à respirer s'entend du deuxième étage où nous avons dormi. Cela promet !

Je prépare le déjeuner que Maurice refuse de toucher en laissant sous-entendre que ma cuisine ne l'intéresse pas. José bout, mais se tait, c'est beaucoup mieux ainsi. Il me regarde tout le temps, les yeux pleins de tendresse, je ressens une caresse constante sur mon corps quand ses yeux se posent sur moi. Maurice n'est pas aveugle :

— Vous êtes certains que vous étiez trop fatigués pour venir dormir à Montréal vous deux, vous avez pourtant l'air frais et dispos. J'espère que ce sont des choses qui ne se reproduiront plus. Moi, il m'est arrivé toutes sortes de péripéties qui ne seraient pas arrivées si vous aviez été là. Après le téléphone de José, je suis allé promener les chiens et je suis resté coincé à l'extérieur. J'ai dû réveiller le voisin à trois heures du matin pour qu'il m'aide à entrer chez moi. Ce n'est pas drôle quand on sait que l'on devrait être trois personnes à s'entraider dans cette maison et qu'on s'y retrouve seul.

Il est au bord des larmes, c'est vraiment touchant.

José me regarde et me fait comprendre de me taire, de ne passer aucun commentaire, de ne poser aucune question. Mes parents semblent très mal à l'aise et je les comprends très bien.

Nous allons donc vers notre future demeure. En la voyant de la route transversale, malgré le vent, la pluie et le froid, je la trouve majestueuse, belle comme un ballot d'espoir et de joie, comme un aboutissement intéressant et mérité d'une suite quasi ininterrompue de moments difficiles. Maurice n'a pas la même vision des choses que moi :

— Il y a mille choses à faire à cette maison pour qu'elle soit habitable. Je ne pourrai jamais vivre là-dedans en attendant que ce soit décent, et en plus elle est en plein champ, pas de montagnes à l'horizon, le plat, le grand plat comme deviendra notre vie ici.

José est blessé mais demeure calme :

— Du calme, Maurice, tu verras, dans quelques mois, elle sera plus qu'à ton goût.

Nous visitons de nouveau toute la maison en prenant la mesure des pièces. On nous donne un plan détaillé de la maison avant et après les rénovations qui ont déjà été effectuées, ce qui nous situe encore mieux. Nous faisons le tour du terrain. Pour moi, et cela semble être la même chose pour José, cette visite renforce grandement la certitude que dans un tel environnement on ne peut faire autrement que de tendre à une forme de bien-être qui fait accrocher un sourire aux lèvres et au coeur. À notre retour à la maison, nous retrouvons Maurice endormi devant la propriétaire. Nous partons aussitôt en s'excusant.

Je prends mon temps pour revenir à Montréal, en profitant de ces moments de solitude pour faire le point. Mon esprit est divisé entre le désir de rêver à ce futur nid et de faire face à la réalité, face à Maurice. Est-il réellement malade ou bien est-il en train de nous monter un fabuleux bateau comme semble le penser José ? Et si la deuxième hypothèse est la bonne, quelle est la raison de toute cette machination ? Je ne crois pas que nous ayons fait quoi que ce soit pour mériter cela. Et s'il était réellement malade, de quoi est-il atteint ? J'ai de la difficulté à croire à cette éventualité. Ou bien ce n'est pas physique. Qu'est-ce qui l'a poussé à fumer comme une cheminée toute la semaine s'il sait à quel point cela lui est néfaste ? Encore, encore des questions sans réponse, encore des interrogations que je ne peux adresser qu'à moi-même, je n'ai personne qui pourrait comprendre ma vie, comprendre mes sentiments et à qui je ferais suffisamment confiance pour prendre ses conseils, du moins ses opinions.

J'arrive à la maison presqu'une demi-heure plus tard qu'eux. José m'accueille les bras ouverts me disant qu'il était inquiet, qu'il avait peur qu'il me soit arrivé quelque chose. Maurice est beaucoup moins tendre :

— Qu'est-ce que tu as fait ? Est-ce que tu t'es arrêtée quelque part pour faire de l'oeil à quelqu'un ? Ici, cela ne marche pas comme cela, je te l'ai déjà dit. Tu n'as même pas fini ta correction. Dis-toi que si le travail n'est pas terminé demain, tu pourras considérer que c'est entièrement de ta faute et cela représentera beaucoup de sous. Tiens-le-toi pour dit.

Je m'installe à l'ordinateur et trois quarts d'heure plus tard, j'ai terminé mon travail. Je me retourne, triomphante, pour annoncer la bonne nouvelle à Maurice qui ne pourra faire autrement que d'en être content puisque son élève a passé l'examen avec succès. Il s'est endormi.

— Ne t'en fais pas, Michèle, il n'a pas dormi de la nuit, il m'a dit qu'après avoir réussi à revenir dans la maison, il se sentait très nerveux et la seule chose qu'il a réussi à faire c'est de continuer son travail à l'ordinateur. Il a dû passer la nuit à fumer aussi. Je le trouve vraiment bizarre.

Maurice ne dormait pas vraiment :

— Je me sentais très mal aussi, et de vous savoir tous les deux loin de moi quand j'avais besoin de vous n'a fait qu'empirer les choses. Je me suis demandé toute la nuit ce qui se passait entre vous deux, si vous aviez envie de m'abandonner, de partir ensemble. Vous avez votre maison, il ne vous manquera rien, je serai inutile.

— Cela va faire tes discours tout tordus, on en a suffisamment entendu pour aujourd'hui. Aurais-tu oublier que c'est jour de fête ?

Embrassade générale. J'aimerais pouvoir comprendre ce qui se passe. José a dit que Maurice a beaucoup de difficulté à accepter de vieillir, cela pourrait être une explication, mais il ne laisse rien entendre là-dessus; au contraire il semble content qu'on ne l'ait pas oublié. Je me sens impuissante, je passe à l'interrogatoire :

— Maurice, je suis inquiète à ton sujet, est-ce que tu veux en parler ? Explique-moi ce que tu ressens.

— Je ressens un malaise complet, à la grandeur de mon corps, je me sens extrêmement fatigué, je m'endors, je me sens comme dans un grand trou noir, je ne vois plus d'issue à mes problèmes. J'ai peur de mourir et je sais que je vais mourir. J'ai de la difficulté à respirer, je ne suis plus capable. Je crois que c'est mon coeur, il va flancher, vous allez être bien tous les deux, vous allez être enfin seuls.

— Je n'aime pas cela quand tu parles comme cela, tu sais très bien que c'est toi que j'ai connu le premier, c'est toi que j'ai accepté dans mon environnement le premier et c'est toi qui m'as présenté José. Il est le deuxième dans mon coeur.

Existe-t-il au moins une chance qu'il me croie ? Je n'aime pas Maurice, il me fait peur, il me bafoue et je crois que dans le fond de moi-même il me fait pitié.

— N'essaie pas de m'endormir avec tes minauderies, tu peux t'essayer sur José mais avec moi cela ne prend pas.

J'ai tout essayé, j'ai même menti, mais je ne réussirai pas à apprendre quoi que ce soit. José prend la relève et on découvre que Maurice n'a pas mangé depuis trente-six heures. Lorsqu'il se décide enfin, il s'empiffre comme un ogre. Par la suite, diaphorèse, malaise. Il est diabétique. J'ai l'impression qu'il est très conscient de ce qu'il fait et que c'est voulu.

C'est l'heure du cadeau.

Il l'ouvre, c'est la trancheuse qu'il me parle depuis que je suis ici, il répète que c'est l'instrument qui lui manque le plus. Il l'examine et finit par dire qu'un tel instrument est tout à fait inutile dans sa cuisine.

— Vous auriez pu tout simplement me souhaiter «Bonne Fête» et cela aurait été grandement suffisant, maintenant vous avez jeté cet argent par les fenêtres, ce sont des rénovations que nous ne pourrons pas faire. Mais à quoi pensez-vous donc ? Vous vous prenez pour Rockefeller ? Il ne faudrait pas que je vous laisse l'administration de la maison, cela ne prendrait pas de temps et nous serions dans la rue, sans le sou et encore devant rien. À l'avenir, si vous faites une dépense, je veux en être informé.

Mais de quoi je me mêle ? Pour qui se prend-t-il ? Ce n'est pas son argent qui est en jeu mais le mien. Je ferai bien ce qui me plaît avec ce qui m'a pris plus de dix ans à amasser. C'est moi qui ai travaillé pour le gagner et l'économiser, ce n'est pas Maurice qui va venir m'indiquer comment en disposer. Il est en train de me faire fâcher. José qui s'en aperçoit passe derrière moi et pose sa main sur mon épaule pour m'apaiser.

— À part cela, je ne sais toujours pas la vraie raison qui vous a poussé à vous payer ce gros luxe de dormir à Saint-Antoine. C'était sûrement ton idée, Michèle. Tes parents avaient l'air bizarre ce matin. Je crois qu'ils ne nous aiment pas beaucoup. Tu vas voir, bientôt ils vont te rejeter. Tu vas devoir te débrouiller seule, et ils te feront peut-être même du tort. Dans le fond, ils ne sont pas meilleurs que les autres, ils sont bornés et imbéciles. En plus les tiens sont peut-être encore pires, puisque ce sont des punaises de sacristie.

C'est ce qu'il cherchait, je n'en peux plus, j'éclate :

— Maurice, ne touche pas à mes parents! Ce sont les êtres les plus charmants que la terre ait jamais produits. Tu ne leur arrives même pas à la cheville. Ce sujet-là, tu m'entends, je ne veux plus jamais en entendre parler. Tu peux penser ce que tu veux de la terre entière mais évite donc de te faire une opinion des gens qui sont mille fois meilleurs que toi. Évite de parler de mes parents, tu ne réussiras jamais à les noircir à mes yeux, quoi que tu dises, quoi que tu fasses et quoi qu'il arrive, cela évitera beaucoup de prises de bec entre nous.

Le téléphone sonne, heureusement, parce que je sens que bientôt mes paroles auraient fini par dépasser le fond de ma pensée. Il redevient morose, pleure au téléphone. Il est certain que sa dernière heure est venue et que son coeur va flancher, la vie ne veut plus de lui, etc.

Après le souper, il a refusé de manger les mets chinois que nous lui offrions pour sa fête. José en a assez de ce spectacle et m'invite à aller promener les chiens sur l'île Sainte-Hélène avec lui. Tout pour sortir de cette maison.

Dans cette belle nature, on peut enfin oser croire à l'existence de ce qu'on appelle le paradis. On peut même croire en faire partie intégrante et ne même plus avoir conscience que quelque part, loin d'ici, la vie est insensée pour nous.

— Tu sais, il ne faut pas s'inquiéter outre mesure pour la santé de Maurice. Il a surtout trop fumé, parce qu'il a beaucoup de difficulté à tous les ans d'accepter de vieillir.

— J'ai l'impression que c'est plus que cela, il agit comme quelqu'un de très découragé, il veut attirer notre attention sur quelque chose. Je cherche quoi depuis tantôt et je ne trouve pas.

— Ne t'en fais pas, il ira probablement mieux lorsque nous serons de retour.

Nous nous promenons bras dessus bras dessous, il me raconte son enfance difficile, ses parents, sa famille, sa rencontre et sa vie avec Maurice. Il s'ouvre à moi comme jamais il ne l'a fait jusqu'à présent. Puis, déjà, la promenade est terminée. À notre arrivée, nous retrouvons Maurice couché, en diaphorèse avec énormément de difficulté à respirer. Il se met à pleurer :

— Pourquoi êtes-vous sortis si longtemps ? Vous m'avez encore abandonné, c'est la deuxième fois depuis que je suis malade comme je le suis. Vous vous attendez sûrement à ce que je crève.

Je lui offre de le conduire à l'hôpital, c'est la seule aide qui peut lui être apportée. Il refuse comme c'était à prévoir. Nous, nous ne pouvons rien faire que d'expliquer qu'il panique et qu'il doit rester calme s'il veut que son coeur résiste. Maurice décide de coucher dans le salon puisque dans la chambre il risque de perturber le sommeil de José qui devra aller travailler lundi matin. Malgré la situation, cela n'empêche pas José de me faire l'amour. Contrairement aux deux fois précédentes, je sens dans ses gestes et dans ses caresses de la rage, je me sens à sa merci, et je n'apprécie pas vraiment la situation. Il me semble désespéré et prend ce qui se passe entre nous comme un défoulement, comme un moyen d'expression pour que je comprenne parfaitement ce qu'il ressent. Puis, il m'exprime ses pensées :

— Michèle, plus j'y pense, plus je suis d'accord avec toi, ses malaises ne sont pas que physiques, ce n'est pas la première fois que cela arrive et à chaque fois, cela me met hors de moi, peut-être parce que je ne voudrais pas qu'il soit malade – je veux le garder encore très longtemps, tu sais – et peut-être aussi parce que je suis impuissant face à tout cela.

— Je vais aller avec lui chez le médecin demain matin, peut-être en saura-t-on plus long.

Je crois que nous nous sentons tous les deux responsables de Maurice. Nous voulons le protéger comme s'il était notre enfant et qu'il présentait des problèmes. Compte tenu de la différence d'âge, nous sommes conscients qu'il aura toujours de plus en plus besoin de nous. Nous savons maintenant tous les deux que Maurice est incapable de réagir normalement dans l'état où il est et quoi qu'il se passe dans sa tête, le physique autant que le mental se doivent d'être guéris.

Lundi matin, j'insiste pour aller chez le médecin même si Maurice va un peu mieux. Avant de partir pour le travail, José me glisse à l'oreille d'essayer de rentrer dans le cabinet du médecin avec lui.

En chemin, il me vole une cigarette, il a du mal à respirer, je ne comprends pas pourquoi il insiste pour fumer. C'est comme s'il voulait être certain que le médecin lui trouvera quelque chose, il veut que les symptômes soient évidents. Je ne peux comprendre une telle attitude, il me semble que l'on s'arrange toujours pour minimiser notre état, par peur d'un trop grave diagnostic. Je ne suis pas capable de me retenir et le lui en fait le reproche peut-être un peu trop agressivement. Il me regarde sans surprise, comme si tout cela était déjà tout calculé :

— Ce sont tes crises d'agressivité qui me rendent malade. Parfois, je me demande comment il se fait que je t'ai choisie pour vivre avec nous.

Je sens qu'il veut me provoquer. Non, je n'ajouterai rien. Non, je ne me fâcherai pas plus que je le suis maintenant même s'il me fait mal. Non, il n'y a rien qui changera. J'ai fait un écart à la conduite que je m'étais imposée, mais ce sera le dernier. Je viens de m'apercevoir qu'à chaque écart que je fais, Maurice en profite pour me rejeter au visage mon «anormalité», mon impulsivité, mon hyper-émotivité, et il ne se gêne nullement pour me détruire à petit feu. Pour me dire que je suis folle, irrécupérable. Non, je ne suis pas folle, peut-être plus émotive et sensible que d'autres, mais certainement pas plus folle que lui.

Nous arrivons en silence chez le médecin. Comme je m'y attendais, il refuse catégoriquement que je l'accompagne dans le cabinet.

— Je ne suis pas un impotent, j'ai toute ma tête, je suis capable d'expliquer et de comprendre une prescription et je sais très bien, mieux que toi, ce qui m'arrive. Donc, reste assise là et attend-moi.

À sa sortie, il est triomphant, il a retrouvé toute sa bonne humeur et sa vitalité. Il refuse toutefois de me dire ce que le médecin lui a dit mais nous devons aller à l'Institut de cardiologie pour passer des examens.

Durant l'attente, il commence graduellement à paniquer.

— Et si tout à coup ils décidaient de me garder, ce serait parce que c'est grave et que je risque réellement de mourir. Ce n'est certainement pas pour rien que le médecin m'a envoyé ici. Il doit déjà savoir que c'est très grave. Et si j'avais aggravé mon état, quel idiot je serais, et José ne me le pardonnerait jamais.

Je ne sais plus sur quel pied danser. J'ai depuis le début l'impression qu'il somatise, je sais qu'il n'est pas impossible qu'il y ait vraiment quelque chose qui cloche, mais j'en doute tellement que, maintenant que nous sommes rendus ici, je me demande à chaque fois que Maurice ouvre la bouche si ce qu'il va dire est ressenti ou non, si c'est réel ou s'il me fait encore marcher. Je ne comprends pratiquement plus rien.

— Ne panique pas, s'ils te gardent ce ne sera que pour mieux t'observer, te faire passer d'autres examens pour vraiment déterminer la cause de ton malaise.

C'est enfin son tour.

Il ressort enfin, livide, je me demande s'il n'a pas fait un arrêt cardiaque dans le bureau du médecin tant il est blanc et a les yeux fixes. On l'a installé dans une chaise roulante, il semble avoir complètement perdu la notion du temps et de l'espace. La décision médicale: on le garde sous observation. Il ne peut même pas me dire ce qu'il aura besoin ou ce qu'il désire pour son séjour ici. Il a les yeux fixes comme quelqu'un qui a perdu la raison. C'est un symptôme très difficile à jouer.

Lorsque je pars de l'hôpital, je réalise que tous les mots d'encouragement que j'ai pu lui dire depuis qu'il a appris qu'il devait rester à l'hôpital ont été dits dans le vide, son esprit n'était pas là pour les recevoir.

Je me sens seule et très triste. Je ne sais pas réellement pourquoi. Une fois entrée dans la maison, le vide me frappe, c'est la première fois que je me retrouve seule dans la maison, cela me fait bizarre parce que je m'aperçois à quel point je suis en visite ici. Je me sens très mal à l'aise. La présence de Maurice se fait sentir partout. J'ai peur de déplacer quoi que ce soit, j'ai peur de faire des choses qu'il ne faut pas. Je m'aperçois à quel point je ne suis pas chez moi et que je ne suis plus moi non plus depuis que je suis ici et, en plus, à quel point je suis étrangère au lieu dans lequel je vis. Je m'aperçois à quel point, et cela est le plus important, à quel point je suis habituée d'en référer à Maurice, à quel point, en si peu de temps, j'en suis venue à dépendre de lui. Il faudra que je me ressaisisse à son retour, car si après seulement deux semaines je dépends de lui à ce point, comment cela sera-t-il quand nous vivrons sous le même toit depuis un an ? Je ne serai plus capable de penser par moi-même. Est-ce que c'est cela que Maurice cherche à faire de mon cerveau ? Toute cette comédie, est-ce pour que j'aie pitié de lui et que je me laisse manipuler encore plus facilement par lui ? Bon, ça y est, la paranoïa, la peur. Je n'ai aucune raison de penser comme cela. Il n'existe personne au monde qui peut être aussi méchant que cela et vouloir du mal à ce point, surtout à quelqu'un qui ne lui a jamais rien fait. Ce n'est pas un film d'horreur.

Ce soir, j'ai encore une réunion de prévue pour la ferme et je laisserai Maurice avec José. Ils se connaissent tellement plus, ils pourront se comprendre tellement plus qu'avec moi dans les parages. J'aurai la version claire de José.

À mon retour, je trouve que José n'est pas tout à fait aussi franc, aussi droit qu'à l'habitude, mais c'est peut-être moi qui analyse tout de la mauvaise façon avec la journée que je viens de passer ?

José me raconte rapidement que Maurice est en observation dans une chambre avec quatre autres personnes. Il est branché sur toutes sortes de machines et on pourrait le croire à l'article de la mort, mais il est le boute-en-train de ses confrères d'infortune.

Est-ce qu'un jour la situation va suffisamment se stabiliser pour que tous nos rêves se réalisent et que je comprenne pleinement tout ce qui se passe réellement dans la tête de chacun de mes partenaires ? L'état de Maurice semble avoir évolué à une vitesse foudroyante depuis l'après-midi. Est-ce qu'un jour nous réussirons à recréer cette ambiance de promesses, d'espoirs, de lendemains ou bien est ce que la lune de miel est déjà terminée et la routine s'installe comme dans la plupart des couples traditionnels et conventionnels ? Et si c'est cela la vie qu'ils me proposent, ai-je envie de vivre ma vie de cette façon ???

Maurice m'appelle très souvent dans la journée, pour vérifier, demander, s'informer, il y a toujours quelque chose qui lui manque. J'essaie de faire le procès-verbal de la réunion d'hier et je suis constamment dérangée. En plein milieu de l'après-midi, il me demande de lui apporter le soir même des journaux et des revues internationales que l'on peut trouver uniquement dans des librairies spécialisées. J'y vais. Je gagne le gros lot: une contravention pour stationnement interdit, et je reste une demi-heure prise dans un embouteillage. J'ai de plus en plus de difficulté à garder mon calme. J'ai l'impression que par moments il y a une bombe à retardement à l'intérieur de moi et qu'elle va explosée.

Enfin à la maison. Pierre et Hélène arrivent. Je suis très heureuse de les voir. Je réalise à quel point j'aurais envie de leur crier que je ne suis pas heureuse, que je me sens sombrer lentement et que cette vie n'est pas pour l'instant celle que je croyais. Que je suis loin des objectifs que je m'étais fixés et que j'en arrive même à regretter Jean-Louis et la ferme. Je fais l'hypocrite et je m'en sens très gênée mais il faut sauver la face. Je dis que c'est triste que Maurice soit à l'hôpital et que la vie soit toute chambardée de ce fait, comme si elle ne l'était pas suffisamment avant toute cette mise en scène. Je suis convaincue que c'est une mise en scène. Mais même si je montais sur le toit et que je l'annonçais à la face du monde, personne ne voudrait croire qu'«un pauvre vieil homme joue la comédie». En plus, je ne saurais même pas dire MAIS J'EN SUIS CONVAINCUE. On m'enfermerait si je traitais ainsi un patient de l'Institut de cardiologie et Pierre et Hélène, quoique ne le portant pas plus qu'il ne faut dans leurs coeurs, seraient les premiers à me le reprocher. Il faut que je me calme, je suis en train de me quereller avec moi-même. J'ai l'impression que mon thorax va exploser à cause du silence qui permet à l'air d'y pénétrer mais lui interdit par ses propres interdits d'en ressortir. Je vais éclater.

Pierre et Hélène décident de partir juste à temps. J'entre dans la maison. Je n'en peux plus, je tombe sur le plancher et ce sont les chiens qui me ramènent à la réalité. Tout va un peu mieux mais je me sens encore sur le bord de la crise de nerfs.

Vers seize heures trente, Maurice me téléphone pour au moins la millème fois depuis le matin. Il me somme d'aller lui chercher un petit poulet sur la broche dans une boutique spécialisée de la rue Saint-Laurent. Déjà le centre-ville dans l'après-midi cela dépassait les bornes, mais là. Incapable de discuter, je vais me tirer une balle si je l'entends encore prononcer une seule parole. Je pars en trombe, le souper est au feu. Je ne compte pas les feux rouges brûlés, je ne compte pas les accidents évités mais je reviens à temps avec son... poulet et pour que le souper soit servi avant les heures de visites à l'hôpital.

José ne peut s'empêcher de constater à quel point je suis sur les dents. Je n'ai pas envie d'en parler, de raconter, de revivre tout ce qui m'a mise dans cet état, je sais que ce sera pire. Ce qu'il a à dire est probablement plus important :

– J'arrive de l'hôpital. Maurice a téléphoné à Sonya (il ne manquait plus que cela) qui était inquiète de sa santé. Si tu avais vu avec quelle sensibilité et quelle émotivité elle a accueilli la nouvelle. Il lui a permis de venir le voir, donc je suis allé la déposer à son chevet et lorsque je les ai quittés, la paix était revenue. Ils en ont quand même beaucoup à se dire. Nous, nous allons souper tranquillement et on ira les rejoindre après. Tu sais, Sonya, c'est une femme très sympathique, je suis certain que vous allez bien vous entendre.

Panique, immense panique. Vont-ils me laisser tranquille à la fin avec toutes leurs histoires ? Expliquez-moi une fois pour toutes, cessez de tourner autour du pot ! Je me sens sur le bord d'un quai duquel on me menace de me jeter à la flotte et je ne sais pas nager. On me pousse constamment, pas suffisamment pour que je tombe mais je ne réussis jamais non plus à vraiment retrouver mon équilibre.

En chemin pour l'hôpital, José prend ses précautions :

— Il faut que je te dise quelque chose, Michèle. Sonya ne sait pas que tu vis avec nous, elle sait que tu es une amie chez qui nous sommes allés à la ferme, c'est tout. Je pense qu'il serait mieux de la préparer avant de le lui dire et ce soir elle ne l'est pas encore.

— Ce que tu me demandes c'est d'agir en étrangère, tu me demandes de mentir. Je ne me rends pas responsable de mes gaffes, je ne sais pas mentir, mais je ferai de mon mieux, parce que c'est toi qui me le demandes.

Tout ce que Maurice a pu me dire au sujet de Sonya depuis le début, même en connaissant bien maintenant sa capacité d'exagérer, revient dans ma tête et cela augmente mon appréhension. La meilleure façon de ne pas faire de gaffes est de se taire le plus possible. Dire le strict minimum et rien de plus.

On arrive à l'étage. Maurice est bien intallé dans le corridor où il semble trôner. À son chevet, une femme blonde, terne, pour ne pas dire moche, j'essaie d'être objective. J'essaie d'être le plus naturelle possible mais je me sens constamment observée, épiée. Je suis scrutée à la loupe, tous mes gestes sont étudiés. Je me sens mal à l'aise.

Maurice dévore son poulet comme si cela faisait dix jours qu'il ne s'était rien mis sous la dent :

— Est-ce que tu as sorti les chiens aujourd'hui, Michèle ?

— Oui, je les ai promenés dans le parc ce midi, ils semblent s'ennuyer de toi.

— Es-tu allé payer les comptes comme je te l'avais demandé ?

– J'ai été payé tous les comptes que José avait laissés sur la table.

Pourquoi me pose-t-il toutes ces questions ? Il me les a posées cent fois aujourd'hui. S'il ne s'arrête pas, les plans de José seront à l'eau car Sonya découvrira le pot aux roses et je suppose que cela me passera sur le dos comme à l'habitude. Elle semble déjà ne rien comprendre à ce qui se passe et Maurice semble très heureux d'avoir la maîtrise de la situation. Il semble jubiler intérieurement :

– Dis-moi donc, José, on a jamais pu goûter vraiment à ce qu'elle fait comme cuisine. Était-il mangeable ce fameux souper ?

José ne sait plus quoi dire, il panique, il rougit, il blêmit, il vient de comprendre que Maurice n'avait pas les mêmes intentions que lui. Il cherche un moyen de détourner la conversation mais il est trop tard, Sonya a compris, l'orage éclate :

– C'est vrai ? Elle reste avec vous, dans la même maison que vous et je ne le savais pas ? Probablement dans le même lit que vous ? Elle est avec vous à chaque soir et à chaque matin et tu passes tes grandes journées à travailler à mes côtés sans rien me dire ? Maurice, c'est compréhensible, nous ne nous parlions plus mais je suis convaincue que si la situation avait été différente entre nous, il m'aurait surement avisée. Mais toi, quel hypocrite tu fais...

Elle est vraiment fâchée, elle semble essayer de baisser le ton mais ne réussit qu'à le faire augmenter. Je n'ose regarder José, il doit être lamentable à voir mais lorsque je détourne le regard vers Maurice, je découvre un homme que je ne connais pas. Je découvre un homme que je n'oublierai pas non plus: à travers les petites lunettes de ce vieil homme barbu, je découvre des yeux pétillants de malice et de triomphe, un être presque démoniaque si on y ajoute le sourire éclatant, satisfait d'un enfant qui a préparé un plan machiavélique et qui assiste au dénouement en vérifiant au fur et à mesure l'ampleur des blessures qu'il inflige, qui vérifie la justesse du choix de chaque action et qui applaudit son génie.

Le visage de Maurice me fait peur, il en arrive à avoir des airs tout à fait démoniaques, un démon qui savoure sa victoire. J'ai l'impression que les deux autres sont trop absorbés par leur surprise qu'ils ne remarquent pas le triomphe de Maurice.

Je sais que maintenant les explications vont suivre, je n'ai pas le goût d'entendre raconter ça, par Maurice qui minimisera l'importance de ma présence ou par José qui essayera d'expliquer les comment et les pourquoi pour se disculper. Notre histoire sera lapidée. J'ai peur d'être la seule qui y ait vraiment cru à toute cette histoire. Je dramatise peut-être, je vois tout en noir, parce que je me sens extrêmement noire dans ce dédale de mensonges et de suppositions. Je me suis toujours sentie de bonne foi depuis le début et plus le temps passe, plus j'ai l'impression de m'engouffrer. Je veux fuir cette situation, les occasions ici sont rares. Il y a le voisin de Maurice qui est seul, il n'a pas de visiteur. L'effronterie ou la peur me donne du courage et j'entame la conversation avec lui en laissant derrière moi les trois mousquetaires tirer leurs épées et essayer de se comprendre. Contrairement à mes espérances, la conversation est des plus intéressantes, nous parlons beaucoup de la vie après la vie, de ses expériences avec la maladie, la réaction de sa famille, etc. Tout est tellement passionnant que je n'entends même pas l'annonce de la fin des visites et José est obligé de venir me chercher pour partir. J'ai en fin de compte passé une soirée des plus enrichissantes mais je sens qu'elle va bientôt se gâcher. Maintenant il faut faire face à la musique.

Dehors, la discussion s'entame entre Sonya et José. Lui veut aller la reconduire et elle s'entête à refuser même si c'est la grève des autobus et qu'elle devra se rendre chez elle en auto-stop. Cependant, tout en refusant et en s'obstinant, elle ne s'achemine pas vers l'intersection où elle devrait faire du pouce mais elle nous suit à l'auto.

Assise à l'arrière, durant tout le trajet je suis le témoin d'une scène où les pires bêtises sont dites par la femme tandis que l'homme demeure impassible, il n'ose même pas répliquer, même pas acquiescer. Il garde les mains étroitement serrées sur le volant, les dents aussi serrées, le visage dur, il ne laisse rien transparaître de son indignation d'avoir été involontairement entraîné dans cette situation. Enfin, elle est chez elle. Elle descend de la voiture et me regarde avec un sourire, style «Maurice», en disant :

— Au revoir, mademoiselle, je vous souhaite une bonne nuit et je souhaite que plus jamais le hasard de nos vies ne nous remettra en présence l'une de l'autre.

Le grand théâtre quoi !

Elle se retourne et s'enfuit en courant sans même que j'aie eu le temps de réagir et de répondre quoi que ce soit.

Durant le retour à la maison, José est complètement désorienté. Il ne sait plus trop bien quoi dire et quoi faire, il me raconte à quel point il comprend le désarroi de Sonya mais il dit ne pas comprendre sa colère et sa haine. Il aurait aimé pouvoir lui expliquer pour qu'elle comprenne clairement tout ce qui s'est passé entre nous et le pourquoi de son silence. Il semble très malheureux. Jamais il ne se pose de questions sur le rôle de Maurice dans le déclenchement de cette guerre. Comment ce fait-il que l'homme qui l'aime l'ait mis dans une telle situation ? Pourquoi a-t-il monté tout ce scénario, il est clair qu'il a agi d'une façon tout à fait délibérée pour mettre José dans l'embarras, mettre tout le monde mal à l'aise et faire crever l'abcès. La seule réponse que je trouve c'est qu'il a trouvé le moyen idéal pour éloigner Sonya de José. Elle sait maintenant qu'il lui a menti et elle ne devrait plus lui faire confiance. C'est très dur pour tout le monde cependant. Nous sommes vraiment des marionnettes dans ses mains.

Une fois que nous sommes revenus au bercail, il redevient tout à fait silencieux, il me fait l'amour ce soir-là en se servant de mon corps comme d'un instrument de masturbation, il agit comme un déchaîné, comme un enragé, je suis tellement surprise de son attitude et de son silence que je n'ai même plus envie de comprendre ce qui se passe, je me suis sentie comme quelqu'un qu'on exhibe, comme une statue ou tout autre objet qui aurait une certaine importance pour faire avancer la recherche mais qui de par sa nature même est une nullité. Mon moi-même est tellement perdu dans tout ce qui arrive que je ne suis même plus capable d'identifier mes sentiments ou serait-ce parce que je n'en ressens plus ?

Je vis beaucoup de difficultés dans ce qui m'arrive. Le taux d'émotions depuis samedi dernier a été tellement élevé que je n'ai plus d'énergie pour faire réagir ma volonté, je n'ai plus le coeur de me battre ni de me défendre. Je suis vidée. Il faut dormir et ne plus penser.

Le médecin annonce à Maurice qu'il peut enfin retourner à la maison. Je suis contente qu'il revienne même si cela signifie une nouvelle adaptation après ce qui s'est passé avec Sonya. Peut-être que ce sera le moment privilégié pour repartir sur un autre pied et trouver réponses à mon million de questions. J'ai l'impression qu'il y aura bien des choses différentes dans l'avenir. J'ai l'impression que notre trio deviendra bientôt un quatuor parce que son attitude avec Sonya peut avoir une autre répercussion que celle à laquelle j'ai pensée, et cela, j'en ai très peur, je suis loin d'y être prête. Ma capacité d'adaptation est limitée et elle a besoin de temps pour bien assimiler, pour comprendre et accepter. Deux hommes dans une même maison est pour moi acceptable, mais deux femmes, c'est une source de conflit constant.

Lorsque j'arrive à l'hôpital, Maurice n'est pas dans son lit ni dans les alentours. Je cherche et finis par le dénicher dans un petit salon avec trois autres patients qui sont en train de fumer, là comme des enfants, en cachette. Cela me fâche. Pourquoi à son âge refuse-t-il d'être raisonnable ? José a beau dire qu'il a peur de mourir et qu'il refuse de vieillir, ce n'est pas une raison pour s'approcher ainsi du cercueil, chose qu'il ne faisait pas quand je l'ai connu. Il me raconte très vaguement que le médecin a trouvé qu'il avait récupéré très rapidement et qu'il a été un très bon malade, que tout danger est maintenant passé et qu'il peut reprendre une vie normale sans aucune restriction. Déjà, tout ce qu'il me dit me donne la chair de poule. Je comprends trop facilement les contradictions et les mensonges de son discours, la réalité et la logique médicale sont quand même là et cela me donne envie de crier. Pourquoi essaie-t-il de me raconter toutes sortes de blagues quand il sait pertinemment qu'il s'adresse à une infirmière ?

Nous quittons l'hôpital, sans prescription, sans rendez-vous, rien. Lorsque nous sommes à l'extérieur, il me dit :

— Tu vas voir comme je suis en forme et que je peux même fumer maintenant.

Il part en courant, fait le tour du petit rond de verdure au centre du stationnement en face de l'hôpital comme s'il se préparait à courir le marathon.

— Tu vois bien que je n'ai plus rien !

Cette attitude fait naître en moi une révolte intense qui finit par me décourager et me déprimer et j'ai beaucoup de difficulté à me maîtriser. Je me sens le coeur comme dans un étau, j'ai l'impression qu'à l'intérieur de moi tout s'écroule et en même temps tout tourbillonne d'une façon que je n'aime pas du tout. Sur le chemin du retour, il me dit toutes sortes de choses qui m'empêchent de respirer, il me parle, par exemple, des péripéties de la nuit où un jeune est décédé d'un très grave infarctus. Je me mets à pleurer doucement. Ma rage ne peut se contenir. Il me dit que dans un sens c'est lui qui aurait dû mourir et c'est pour cela que je pleure, je regrette de ne pas être débarrassée de lui. Je pleure de plus en plus, je trouve que parfois il a tellement raison dans ce qu'il veut n'être que des provocations. J'ai l'impression qu'il veut tout simplement me faire croire qu'il n'a jamais joué la comédie, il veut me faire croire qu'il est vraiment malade et que je dois tout lui pardonner à cause de ce fait. C'est difficile après la petite course qu'il vient de me faire. J'ai l'impression qu'il recherche ma pitié afin que je ne lui fasse aucun reproche sur ses agissements, ses dires, tout ce qu'il imaginera quoi. Il semble aussi vouloir que je sois à son service parce que le pauvre homme a été malade. Je pleure parce que je sais que je ne serai pas capable d'agir comme il me le demande, ou comme il le souhaite, je pleure parce que je ne suis pas capable d'avoir de la pitié pour lui et surtout parce que je réalise enfin que Maurice est dans la réalité un homme tout à fait différent de celui que j'ai toujours cru connaître. Je pleure aussi parce que cette incapacité à le supporter tel qu'il est risque grandement de briser tous nos rêves.

— Tu n'as pas besoin de pleurer, tu sais, il est pour bientôt le jour où je vais crever et tu seras bien débarrassée de moi. C'est vrai n'est-ce pas ? Tu n'attends que cela ? Tu aurais bien préféré que je meure, je le sais. Et même présentement, tu le souhaites encore parce que c'est moi le plus fort.

— Ce n'est pas cela, tu le sais bien, tu sais ce que mes émotions sont, une grosse boule latente qui n'attend que le moment non propice pour éclater, et depuis dimanche, tu comprendras qu'au niveau des émotions nous avons été servis en roi. Je crois qu'il est très acceptable que je verse quelques larmes maintenant que nous sommes sortis de cet enfer.

Je n'en peux plus, voilà, c'est mon tour de commencer à mentir, je suis tout à fait incapable de vivre en mentant... Lui de son côté se contente de regarder dehors et de se taire. Puis :

— Tu continueras jusque dans le quartier chinois, j'ai le goût de manger des mets très épicés pour une fois. Le régime, ce sera pour demain. Il faut bien se payer de petites gâteries sur cette terre.

— Tu viens de me dire que tu n'avais pas de diète, rien, et moi qui t'ai préparé un beau rôti de veau, j'osais espérer que cela te plairait.

— Moi, manger ce que toi tu as fait ? Tu me prends pour qui ? Jamais. Je n'ai pas envie de me faire empoisonner. En plus, manger est un plaisir qu'il ne faut pas gâcher par des essais culinaires qui ne peuvent faire autrement qu'aboutir à des échecs.

Pourquoi faut-il qu'il s'efforce toujours de me démolir ?

Pourquoi faut-il toujours que je me sente une nullité à ses côtés ? Ai-je vraiment mérité un tel châtiment. Pourquoi me fait-il tout cela ? Il me semble que je fais tout pour être gentille et ce, malgré tout ce que je crois à l'intérieur de moi. Depuis qu'il est entré à l'institut, j'ai fait semblant de tout gober ce qu'il nous a dit sans jamais même donner l'impression de ne pas le croire entièrement. Je me sens comme une poupée de chiffon que l'on manie comme on le désire et sur laquelle on défoule toutes ses frustrations. J'ai l'impression même de perdre petit peu par petit peu ma capacité de riposter, ma capacité de réagir, et que je m'endors lentement, comme si on me volait toute volonté, toute identité propre. Je ne veux pas en arriver là, je ne suis pas ainsi et je dois me tenir debout même si la force qu'on emploie pour me faire courber est énorme.

J'ai besoin de me ventiler un peu ce soir. L'ambiance est pesante. J'ai l'impression que nous sommes trois êtres totalement différents, qui sont tous les trois malheureux de façon différente et pour des raisons différentes et en plus qu'ils sont incapables de s'en parler comme si tout était rendu trop loin. Et dire qu'il y a à peine un mois, même moins, j'avais l'impression que nous étions tous les trois heureux par le simple fait d'être ensemble. J'ai besoin de nourrir mes illusions, j'ai besoin de croire à ce que j'ai cru, c'est la seule façon de continuer à vivre dans ce monde, c'est la seule façon de rester debout et de faire face à la musique sans trop de dégâts. Cette réalité n'existe plus pour personne.

Je décide d'aller me promener, c'est le printemps, il fait chaud. Je suis convaincue que seuls tous les deux, ils réussiront à communiquer et à régler une partie du problème. Après cela, je pourrai revenir.

Je pars donc. J'arrêterai mon auto où elle me mènera. Je me retrouve sur la rive sud et je repense à un vieil ami et à sa femme que je n'ai pas vus depuis au moins sept ans. J'arrive chez lui, elle ne me reconnaît même pas mais lui, c'est autre chose. C'est le temps des «Te souviens-tu de la fois où...» des «Te rappelles-tu quand...» et enfin des «Ça fait longtemps que tu as eu des nouvelles de...», puis on se parle de nous. Par impulsion, voyant leur visage radieux de bonheur, je me sens obligée ou j'ai le besoin de raconter très positivement à quel point la vie que je mène est intéressante, enrichissante, inhabituelle et comment notre future maison sera belle, comme notre vie dans la nature sera agréable, etc. J'ai besoin de leur décrire comment Maurice et José sont des êtres exceptionnels, peut-être pour me convaincre moi-même. Je leur donne l'impression qu'enfin ma vie a trouvé un sens, que je nage dans le bonheur comme jamais. Je ne suis pas très fière de moi, j'ai appris à mentir un peu trop rapidement à mon goût. Je ne suis pas certaine que Marc-André soit si dupe que cela. Il a peut-être compris que j'aurais préféré lui dire :

— Prête-moi ton épaule, si tu savais comme je me suis illusionnée, si tu savais à quel point je n'ai aucune idée de ce que je suis, si je suis encore quelque chose. À quel point je me sens déprimée et à quel point la vie n'a plus aucun sens. Je les ai choisis et si tu savais à quel point je ne suis plus rien sans eux et je ne suis déjà rien avec eux. Tu vois le dilemme d'une vie qui s'en va vers le néant ? Un jour, je suis tombée amoureuse de deux personnes totalement différentes et qui m'apportaient des éléments tout à fait complémentaires, ce qui me donnait l'impression d'aimer l'homme idéal en deux personnes et comme aujourd'hui plus rien ne subsiste au moment où nous avons tout mis en commun, au moment où j'ai remis ma vie entre leurs mains. C'était au moins la sécurité et beaucoup moins pire que ce que je vis en ce moment. Ils m'offraient la vie. J'ai tout laissé pour me retrouver avec eux, maintenant c'est dans un mal-être intérieur terrible que je me retrouve.

Mais rien, rien de tout cela ne veut sortir, ce n'est que le beau côté de mes rêves premiers que je veux faire revivre et revivre. Je leur raconte en long et en large ce que ma vie a d'extraordinaire, comment la vie à trois est quelque chose de possible avec une harmonie comme la nôtre, et ce sur tous les points.

Je leur explique que le complément d'une personne ne peut à peu près pas être satisfaisant voire total avec une seule autre personne et qu'à trois, avec les talents de chacun, on atteint la quasi-perfection.

J'ai besoin qu'ils me croient pour m'aider à croire en mon futur. J'ai peur, cette soirée ne m'aura servie qu'à me rendre compte à quel point tout ce que je vis est illusoire et que la fin du chemin ne peut qu'être à deux pas.

V . 4 - LA BOMBE

Jeudi soir, José travaille plus tard et nous allons le chercher. Il suggère que nous allions prendre une bière dans un quartier nouvellement à la mode de Montréal. Maurice n'est pas enchanté de la suggestion mais pour faire plaisir à José...

José, lui, ne semble pas avoir particulièrement envie de se retrouver à la maison en tête à tête ou presque avec Maurice. Durant toute la sortie, Maurice garde le monopole de la conversation pour donner une fois de plus libre cours à son agressivité et à son antipathie à mon égard. Je m'appellerais Sonya et je n'aurais pas le droit à autant d'épithètes. À plusieurs reprises, José lui fait remarquer qu'il exagère et qu'il n'a aucune raison de me traiter de cette façon. Cette sortie est un fiasco. Je me sens mal à l'aise, je voudrais m'envoler, passer à travers le toit, disparaître. Il parle fort et on nous regarde. José propose de partir. Je continue cependant à avoir l'impression qu'avec José la complicité existe toujours, nous sommes toujours de bons amis et même plus.

Je suis mal dans ma peau, ce soir, j'aimerais m'endormir et ne plus me réveiller, mettre fin à cette vie sans issue. Je ne sais pas ce qui me retient, peut-être le fait de ne rien comprendre. Je ne sais pas ce qui se passe mais cette situation ne pourra durer encore bien longtemps. Ou ce sera Maurice qui va éclater ou bien ce sera moi, mais il se passera sûrement quelque chose et ce sera très bientôt. Je le sens mais ne veux surtout pas savoir ni quoi, ni quand.

Vendredi, Maurice est calme et détendu toute la journée, c'est l'accalmie. Je suis la première surprise, pas de reproche de la journée, pas de commentaire désobligeant. Nous passons enfin une journée agréable. À son arrivée, José ressent ce calme et en est très heureux. Le sourire revient à tout le monde.

Après le souper, José commence à desservir la table et Maurice n'approuve pas:

— Laisse cela là, c'est son travail, on dirait qu'on est ici pour la servir. Elle ne fait jamais rien et je n'en peux plus...

Les derniers mots ont été criés, il est rouge comme un homard et est fâché comme jamais je ne l'ai vu. Même lorsqu'il parlait de Sonya sur la ferme, il n'atteignait jamais ce degré de haine. José est dans le cadre de la porte et regarde la scène en n'osant même pas intervenir. Maurice est installé à la place juste à côté de la mienne. Il a les yeux totalement exorbités.

Je tremble. Il a la main levée et j'ai une peur bleue qu'il me frappe.

— Penses-tu que je suis aveugle ? Tu veux tout chambarder ici, tu veux tout mettre à ta main, tu veux que cela te ressemble et cela n'en vaudrait pas la peine. Tu as même voulu me tuer la semaine dernière. Une infirmière qui laisse un patient dans l'état où j'étais sans soin mérite d'être poursuivie, mérite d'être accusée de négligence criminelle, de n'avoir pas donné secours à une personne en danger. Tu as essayé de toutes les façons possibles et impossibles d'embarquer José dans ton jeu, eh bien il n'ira pas, il est à moi depuis très longtemps et cela va continuer. Ce n'est pas une tête de c... comme la tienne qui va venir tout changer chez nous. Ta... tu as voulu qu'on s'achète une maison avec toi pour nous mettre la corde au cou, eh bien mets-toi-la dans le c... ta m... maison, et puis, je ne veux plus t'avoir sous mes yeux, va-t-en, VA-T-EN, VA-T-EN...

José arrive juste à temps pour le rasseoir et arrêter sa main qui s'abattait sur moi. Durant ce temps, j'en profite pour sortir du coin de la salle à manger dans lequel j'étais coincée. José semble complètement découragé et moi en pleine crise de larmes. Il n'a pas la vie facile, ce pauvre José, avec nous deux.

José vient me rejoindre dans la chambre.

— Je ne comprends rien à ce qui vient d'arriver. Toi, comprends-tu quelque chose ?

— Non.

— Je ne comprends pas ce qui lui est arrivé, nous avions enfin réussi à passer une bonne journée tous les deux. Tu as même fait remarquer en arrivant que cela sentait le printemps à l'extérieur comme à l'intérieur. Je n'ai pas changé, j'ai toujours été la même depuis le premier jour. Je me sens incapable de faire mes bagages et de partir comme cela, j'aurais tellement envie d'en parler avec toi pour que je comprenne davantage et pour que je puisse finir par accepter un jour sans trop déprimer ce passage qui a tout bouleversé ma vie et que je ne pourrai jamais oublier.

— Michèle, sors de la maison, cela va le calmer, je vais te rejoindre.

— Je t'attends dehors.

Et du fond de la salle à manger.

— José, si tu sors, cela va aller mal, tu ne rentreras plus.

— Maurice, tu n'es pas mon père, j'ai le droit de faire ce qui me plaît. À moi, tu ne fais pas peur. N'oublie jamais cela. Et n'oublie pas non plus que je suis autant que toi chez moi dans cette maison. Ne serait-ce que du côté légal, le bail est à mon nom.

Petite bousculade et José vient me rejoindre. Jamais je n'aurais pu croire que tout en arriverait là un jour. Jamais je n'aurais pu croire que quelqu'un puisse me haïr autant.

V . 5 - LA MINUTE DE VÉRITÉ

José et moi montons dans l'auto. J'ai besoin qu'il me dise s'il pense comme Maurice, si ma présence lui est aussi pénible.

— Non, Michèle, et tu le sais très bien. Moi j'ai toujours les mêmes sentiments envers toi, je n'ai pas envie que tu partes et je ne comprends pas non plus pourquoi Maurice agit comme il le fait. Si tu veux, on va cesser d'en parler un peu, on va rouler, on va ventiler nos esprits, on se retrouvera dans un petit restaurant, on prendra une bouchée et ensuite nous pourrons en parler, essayer de comprendre. S'il faut prendre un coup pour y réussir, on se retrouvera dans un bar, mais je te promets que même si on doit rentrer à deux heures du matin, ce sera avec une réponse à nos questions.

José est très crispé, il est tendu. Ou bien il joue la comédie, ou bien il ressent vraiment la même chose que moi, un immense pourquoi. Le seul fait d'être ensemble me réconforte. J'ai beau réfléchir, pour l'instant ce n'est que le visage horrible de Maurice qui me revient. José a raison, cela prend quelque chose pour nous changer les idées.

Beaucoup plus tard, nous nous retrouvons sur la montagne, pas très loin de l'endroit où Maurice et moi nous sommes rencontrés.

— Tu sais, José, c'est ici que j'ai rencontré Maurice et c'est ici que tout va s'éteindre.

— Ne sois pas si pessimiste, il n'y a rien de définitif encore, je n'ai pas dit mon dernier mot. Je n'ai pas envie que tu t'en ailles, on a un projet tous les trois, on a fait des plans. Ce n'est qu'une crise, voilà tout. Maurice a tendance à tout prendre au tragique et c'est ce qu'il vient de faire. Demain ce sera un autre jour. Tu verras.

— José, ne rêve pas en couleurs en plus. Dis-moi, Sonya, tu couchais avec elle ? Il l'a éloignée de toi parce qu'il était jaloux, n'est-ce-pas ? Est-ce que tu penses que cela pourrait être la même chose avec moi ?

— Oui, je couchais avec elle, nous couchions avec elle, c'était différent. Nous n'avons jamais vraiment réussi cela avec toi. Mais cela serait venu, cela prend du temps. Peut-être que ce n'est que cela, mais en plus, tu as dû remarquer, Maurice a beaucoup de difficulté à recevoir de l'affection de quelqu'un d'autre à part moi. Il aime mes caresses et ne serait plus capable de s'en passer, mais il avait accepté celles de Sonya. Moi j'ai besoin de plus que cela, il n'est ni capable de l'accepter ni capable de m'en empêcher. Quant à Sonya, elle était bonne pour lui, elle lui laissait faire ce qu'il voulait et me laissait faire ce que je voulais et nous nous entendions bien comme cela mais nous ne vivions pas ensemble, cela aurait été sûrement très différent. Je suis loin d'être convaincu que cela aurait pu fonctionner. Nous avons eu quand même beaucoup de difficultés, Sonya a même été malade à cause de nous.

— Elle a été malade à cause de vous ?

— Elle a fait une infection rénale avec de gros excès de fièvre. Maurice nous a expliqué par la suite que je devais l'avoir contaminée en lui faisant l'amour après l'avoir fait avec Maurice.

C'est plus fort que moi, je m'éclate de rire. José est fâché. Je lui donne un petit cours d'anatomie et lui fait comprendre que l'infection rénale de Sonya n'avait absolument rien à voir avec leurs jeux sexuels. Une infection vaginale, cela n'aurait pas été bien surprenant mais une infection rénale, une chance sur combien ??? Ce que l'on ne peut pas entendre ! Il est encore plus fâché puisqu'il vient de comprendre que Maurice avait trouvé ce truc pour les empêcher tout simplement de faire l'amour ensemble, puisque cet incident s'est passé environ un mois avant que la situation s'envenime avec Sonya.

— J'ai beaucoup d'autres questions à te poser et je ne veux surtout pas que tu croies que je veux te détourner de Maurice ou que je veuille me justifier à tes yeux de je ne sais trop quoi, mais j'ai grandement besoin d'éclaircir certains points. Je ne sais pas bien par où commencer.

— Je ne crois rien du tout, j'ai besoin de comprendre ce qui se passe autant que toi, je suis peut-être moi aussi à un tournant de ma vie.

— Maurice m'a dit un jour que je n'étais pas du tout le type de femme que tu préférais et que je ne devais pas me faire d'illusions sur tes sentiments parce que je n'avais pas le physique de l'emploi. Il m'a décrit la femme de ta vie comme une grande blonde découpée au couteau, le style sophistiqué en robe plutôt vaporeuse et qui attire les regards de tous les mâles sur son passage. Moi, j'avais plutôt l'impression que le contact intellectuel était aussi important que l'aspect physique pour toi. Qui dit vrai ?

Il rit :

— Il t'a fait la description d'une de ses nièces que j'ai rencontrée dans une réunion de famille et avec laquelle j'ai dansé toute la soirée et qui a refusé mes avances. J'ai fantasmé sur son corps durant au moins trois mois, je la voyais dans ma soupe et il était devenu tout à fait jaloux de mes rêves. Pour moi une relation avec une femme, cela n'a aucun rapport avec son physique, c'est beaucoup plus une relation différente de celle que j'ai avec Maurice que j'y cherche et que j'y retrouve.

— Maurice ne serait-il pas jaloux de toutes les femmes qui t'approchent ou t'attirent justement parce qu'elles sont des menaces pour lui ? Parce qu'elles t'apportent ce que lui ne pourra jamais t'apporter ? Et ce autant psychologiquement que physiquement ?

— Peut-être parce que pour lui, cette relation que je recherche chez une femme, il ne la reconnaît pas, c'est du sexe pour du sexe. Pour lui, toute autre dimension n'existe pas.

— J'aurais cru autre chose entre vous. J'aimerais savoir, pour toi, c'est quoi Lagura Beach ?

— Il a encore fait à sa tête et a fini par t'en parler sans que j'y sois, n'est-ce pas ? J'aurais dû m'en douter, pourtant c'était important que ce soit fait à trois. Pour les mêmes raisons que je viens de t'expliquer, pour Maurice, il y a des dimensions qui n'existent pas. Dis-moi ce qu'il t'en a dit.

— Il a commencé par me dire que depuis qu'il te connaissait vous vous étiez entendus sur ce fait, à savoir que vous vouliez vivre comme il a vécu à Lagura Beach et que vous le réalisiez parfaitement depuis déjà treize ans. Cette vie semblait d'après lui vous combler au plus haut point. Il m'a expliqué qu'au niveau des relations sexuelles, une relation complète ne doit jamais exister parce que c'est un geste de possession de l'homme sur la femme et, pour la femme, un geste de soumission complète. Entre humains égaux et consentants, de tels rapports de force ne devraient pas exister. Donc avec vous, il ne serait jamais question d'avoir des relations sexuelles complètes, il existe tellement d'autres façons de se faire plaisir sans que cela dégénère en relation de force. Il m'a affirmé que tu étais totalement en accord avec cette théorie et cette façon de vivre et que même avec Sonya c'est de cette façon que vos échanges étaient réglés. Il a aussi ajouté que toutes les sortes de propositions qui ont pu t'être faites dans un autre ordre d'idées que celles de Lagura Beach depuis que vous êtes ensemble t'ont toujours grandement répugné; ça allait jusqu'à éviter ce genre de personnes. Donc, d'après Maurice, si je voulais être heureuse avec vous deux, je devais moi aussi apprendre à vivre comme à Lagura Beach. Il devait toujours m'expliquer d'autres choses mais il ne l'a jamais fait et je ne lui ai jamais posé de questions, probablement parce que ce que l'on vivait ne correspondait pas à ce qu'il m'avait raconté et qu'en plus, c'est à trois que j'aurais aimé avoir ce type de conversation. À la suite de notre petite soirée spéciale d'où je suis sortie vraiment blessée, je ne ressentais vraiment aucun désir de discuter de sexualité ni avec l'un, ni avec l'autre. J'avais l'impression que d'en parler c'était tenter le diable. J'ai toujours craint vos chicanes depuis la première fois sur la ferme et vous confronter me faisait mourir de peur autant que maintenant mon avenir me fait peur. Je tenais à ne pas vous séparer. Je ne voulais pas que mon petit passage d'à peine un mois dans vos vies fasse briser treize ans de vie commune.

José est très songeur, il continue à avancer en regardant par terre. Il semble honteux, il m'a toujours dit que la communication est pour lui une chose importante et il semble se sentir coupable de n'avoir pas suffisamment communiqué.

— Est-ce que tu veux savoir ce qu'il m'a dit à ton propos ? Il m'a dit que tu étais gênée de ta situation mais qu'il fallait bien qu'il y en ait un des deux qui le sache pour faciliter les choses et que tu l'avais choisi comme confident. Il m'a dit que tu étais clitoridienne et que pour toi une relation sexuelle complète était le plus grand des supplices puisque cela ne t'apportait que de la douleur. Je me suis posé de sérieuses questions lorsque nous avons fait l'amour ensemble la première fois. Je me demandais si tu te soumettais à ma volonté ou si cela avait été vraiment agréable pour toi. Par la suite, j'ai oublié ce fait. Cela n'avait plus grande importance, j'avais compris que tu étais bien avec moi et que tu ne trouvais pas cela désagréable du tout. Si j'avais su, tout aurait été très différent entre nous. J'ai douté longtemps de ta sincérité et j'ai eu longtemps l'impression que tu te jouais de moi en me tentant comme tu le faisais. Je ne croyais nullement à la réalité de ton désir. J'ai même voulu te faire peur un soir en te menaçant de te faire l'amour et tu ne t'es pas repliée sur toi-même comme je m'y attendais. Je comprends maintenant pourquoi Maurice était si en colère lorsque nous avons décidé de dormir à Saint-Antoine, il avait peur que nous découvrions son jeu. Il ne nous en avait jamais laissé le temps. Pauvre Maurice, il a dû être très malheureux.

— Je regrette, José, ce soir je n'ai pas envie de le plaindre. Pourquoi n'a-t-il pas jouer franc jeu avec nous ? Tout aurait pu être beau quand même et on n'en serait pas arrivé à ce qui se passe aujourd'hui.

— Tu sais, Maurice se sent vieux et malade et pour lui, il est important qu'il ne perde pas son autorité. Sa force de caractère est telle que rien ne peut l'empêcher d'atteindre le but qu'il s'était fixé.

— Mais José, c'était quoi ce but qu'il s'était fixé ? Il y a toujours un morceau du puzzle qui se déplace à chaque étape que l'on franchit. J'ai l'impression que je ne comprendrai jamais rien.

— J'ai toujours cru, depuis que je te connais, que le but qu'il s'est fixé c'était de t'amener dans notre vie d'une façon définitive, c'était de faire de toi une des nôtres, de toi celle qu'il avait choisie, et non celle que j'avais choisie parce que mes choix ne sont jamais acceptables. Je suis tombé dans le panneau parce que rapidement tu es devenue indispensable pour moi, beaucoup plus qu'une amie. Lorsque, pour quelque raison que ce soit, tu devais t'absenter, il y avait un immense vide, j'étais toujours bien avec Maurice mais il manquait quelque chose, quelqu'un, et c'était toi. Qu'aurait pu être ce but si ce n'était celui là ? Nous avons été plus loin entre nous qu'il ne l'aurait espéré, mais nous n'avons jamais menacé de partir ensemble, de lui faire du mal, de le laisser seul; cela ne nous a même jamais effleuré l'esprit. Mais nous n'avons jamais eu le temps de lui en parler tous les deux et de s'expliquer tous les trois.

— Moi non plus, je n'ai jamais pensé partir seule avec toi. À l'époque, il m'aurait manqué Maurice. Je restais et j'étais malgré tout bien avec vous deux, jusqu'à mardi dernier, et je vous aimais également tous les deux, je ne rêvais qu'au moment où nous nous retrouverions à la nouvelle maison et que nous pourrions y avoir une vie heureuse. Lorsque mardi je me suis retrouvée en face de Sonya et qu'elle a tout découvert grâce à Maurice, je me suis posée des questions. Quel jeu pouvait bien jouer Maurice dans tout cela, quel but poursuivait-il ? J'ai commencé à être très méfiante face à Maurice, il jouait un jeu, il n'était plus droit avec nous. Ce soir-là, il nous a mis tous les deux dans une situation très difficile face à Sonya. Je ne trouvais pas cela correct pour notre relation, mais une explication aurait suffi pour que tout redevienne normal. Je sais que tout aurait pu redevenir comme avant sans cela. J'étais même décidée à ce qu'un jour – et j'étais convaincue que cela arriverait – Sonya puisse venir avec nous; elle serait la bienvenue à condition qu'elle m'accepte aussi et qu'on me laisse le temps de m'habituer. Je n'ai même pas encore réussi à m'acclimater à vivre avec vous deux, j'espérais qu'on attende avant d'emmener Sonya dans le tableau. Mais maintenant... Je crois, Michèle, que Maurice est vraiment jaloux parce que tu as pris en quelque sorte un pas en avant sur lui, et qu'il n'est absolument pas d'accord avec cela.

– Je crois plutôt que Maurice est jaloux parce qu'il a peur que je choisisse la jeunesse, toi, la femme, toi, plutôt que lui qui ne répond à aucun de ces critères. Il doit se sentir tellement en insécurité que rien ne pourra changer quoi que ce soit pour lui. Il doute peut-être même de mon homosexualité. Il croit que je suis les deux, hétérosexuel et homosexuel. Je n'ai jamais compris pourquoi, il ne comprend rien aux sentiments. Il a peur de me perdre, la fin de sa vie serait des plus difficiles.

– Pourquoi nous a-t-il entraîné dans cette folie, José, pourquoi nous a-t-il fait acheter cette maison s'il n'était pas certain de notre trio ? Tu te souviens, cette journée-là, c'était lui qui tenait les rênes, nous, nous n'avons eu qu'à agir ou à réagir selon le cas. Il devait bien se douter que cela arriverait si tes observations sont véridiques: l'âge et la femme, sur ces deux points, rien ne pouvait changer. Pourquoi nous a-t-il fait faire cette transaction en sachant bien que ce serait sûrement un échec ?

— Dans tout cela, il y a un élément qui me manque. Pourquoi est-il allé de nouveau chercher Sonya si ce n'est que la jalousie et l'âge qui entrent en ligne de compte ? Le même phénomène se reproduira, j'en suis assuré. Mais pour l'instant, je n'ai pas envie que tu partes, Michèle. J'ai envie que tu restes avec nous et que nous essayons de tout recoller les morceaux du puzzle et que nous essayons encore de revivre ce trio. Nous serons bientôt dans notre maison et nous aurons besoin des énergies et de la volonté de tout le monde pour réussir à faire de ce bijou quelque chose de bien et de confortable.

— Penses-tu, avec le départ que nous avons fait tout à l'heure, que Maurice sera disposé à me reprendre sous son toit ? Je crois qu'il m'en veut énormément. Sans nécessairement avoir de bonnes raisons pour me voir partir, il ne sera jamais capable d'en trouver d'assez bonnes pour souhaiter mon retour.

— C'est aussi mon toit. On y va. De toute façon, il est près de cinq heures du matin, il n'est pas question que je te laisse partir pour Dieu seul sait où à cette heure, il serait le premier à me le reprocher. Tu reviens à la maison et tu couches dans la chambre. Je suis convaincu qu'il est couché dans le salon, j'irai dormir avec lui pour éviter les problèmes et demain nous lui parlerons, nous lui demanderons des explications sur ses agissements, nous lui demanderons de nous aider à rebâtir ce qu'il a démoli, nous lui demanderons de recréer les liens qui nous unissaient tous les trois et qui promettaient d'être si durables, et ce pour notre bonheur à tous les trois. Nous arriverons sûrement à un compromis. Sois assurée que moi, je tiens à toi et pour longtemps.

Que nous avons brassé des idées en cette belle nuit d'avril! Comme nous avons confrontés des situations que ni l'un ni l'autre aurait pu deviner être des situations ambiguës. Enfin, maintenant nous savons que nous devons être sur nos gardes et tout pourrait bien se dérouler. Nous revenons à la maison et, comme José l'avait prédit, Maurice est couché dans le salon. Je m'enferme dans la chambre, anxieuse à un degré extrême sur ce qui se passera demain, puisque toute ma vie dépend de la bonne volonté de

Monsieur Maurice. Il n'a qu'à dire oui et ma vie continue ou à dire non et elle s'arrête et c'est l'immense point d'interrogation qui se pose et la débandade profonde qui s'installe. Avec tout ce que nous avons mis en lumière cette nuit, José et moi, nous aurons des discussions durant les deux prochains mois et cela ne pourra servir qu'à nous rapprocher tous les trois. Rien n'est définitivement perdu. C'est José qu'il l'a dit.

V . 6 - ON ACHÈVE BIEN LES CHEVAUX

Réveil, silence complet dans la maison.

Qui est présent, qui est absent ? Suis-je seule ? Ne devrais-je pas faire mes bagages et m'en aller ? Le message était pourtant clair hier: je n'ai qu'à déménager et à oublier ce cauchemar. Mais où aller ? Je me lève et en sortant de la chambre, j'entends José qui me dit de ne pas m'inquiéter, Maurice est allé faire quelques emplettes et il reviendra sous peu, nous aurons la discussion que nous nous sommes promis d'avoir hier. José arrive dans la cuisine au moment où je fais le café et Maurice entre au même moment.

Maurice nous salue comme si rien ne s'était passé la veille, il vide ses sacs et s'installe pour prendre un café, mon café.

— Je voudrais vous dire quelque chose, vous deux.

J'ai peur. Chaque fois que je le regarde, j'ai l'impression qu'il va se remettre à crier et à m'accuser de mille et une choses et qu'il va encore tout bouleverser mon univers.

— J'aimerais que l'on considère que la soirée d'hier n'a jamais existée. Êtes-vous d'accord, oui ou non ?

José est d'accord, et l'embrasse très chaleureusement

— Je suis d'accord mais j'ai une faveur à te demander. Je voudrais que tu me promettes de ne plus jamais recommencer cela, tu m'as fait terriblement peur.

Tout le monde se met à rire. Je m'approche de Maurice et l'embrasse. J'ai la drôle de sensation que nous venons de nous donner le baiser de Judas.

José va chercher les plans de la maison qui sont enfin finalisés. Il les montre à Maurice qui fait de petites observations au début. Mais plus il avance dans son examen, plus il les démolit. Il finit par dire que le choix que nous avons fait n'était vraiment pas judicieux et qu'il se fait un cauchemar d'aller vivre dans ce coin de pays perdu, loin de tout, laid, plat, où ne vivent que des gens sans aucune espèce d'intelligence et de désir d'avancement. Tout ce qui pourrait nous arriver de vivre dans un tel patelin serait de s'enliser et de cesser toute évolution personnelle ou profession-nelle. Il affirme qu'il ne sera jamais capable de passer ses grandes journées dans une telle maison où regarder dehors consiste à observer de grands champs qui seront toujours les mêmes en été et toujours aussi blancs en hiver. Son discours terminé, il conclut:

— Je n'irai jamais resté dans cette maison, c'est décidé.

— Mais, Maurice, tu étais d'accord lorsque nous l'avons achetée, tu la trouvais idéale pour quelques années, le temps que José puisse se faire un nom dans son métier; ensuite, ce serait, notre idéal à tous: les Cantons de l'Est. As-tu oublié qu'elle nous appartient cette maison ?

— Elle vous appartient

— Mais c'est pareil.

— Ne recommence pas tes entêtements d'enfant, Michèle. De toute façon, il faut que je m'active à mes chaudrons, nous avons une invitée ce soir, je devrais dire deux invitées.

— Tu as invité Sonya et sa fille pour souper ?

— As-tu quelque chose contre cela, José ?

— Tu aurais pu nous consulter. Je pense qu'après la soirée d'hier, il aurait été intéressant que nous puissions passer la soirée tranquillement tous les trois. Il aurait aussi été intéressant que nous ayons eu notre mot à dire dans cette invitation. Je ne crois pas que Michèle soit prête à passer une soirée avec Sonya et je ne crois pas non plus que Sonya soit disposée à passer une soirée avec Michèle. À quoi as-tu pensé ? À quelle heure doit-elle être ici ?

— Vers quinze heures.

— Il est déjà quatorze heures quarante-cinq, il était temps que tu en parles. Il est trop tard pour décommander. Tu avais tout calculé, hein ? Mais qu'est ce qui arrive avec toi, Maurice, qu'est-ce que tu as dans la tête ?

— Depuis quand discutes-tu mes décisions, toi ? Tu es en train de subir l'influence néfaste de Michèle. Tu sais bien que j'agis toujours pour ton bien. Si je me fiais seulement à tes impulsions, je me demande où nous en serions rendus. Pour répondre à ta question, Michèle n'a qu'à faire comme d'habitude, et faire une de ses petites sorties dont on ne connaît ni la nature ni le but mais dont elle revient toujours le sourire aux lèvres, ravie et satisfaite.

José se calme. Il comprend vite qu'il n'y a rien à faire, qu'il a perdu une fois de plus la partie, il n'y a plus rien d'autre à ajouter, il est trop tard. Je me retire dans ma chambre, ramasse quelques effets personnels. J'ai l'impression que c'est la première fois que je vois José tenir tête avec autant de ténacité à Maurice; dans un sens, cela me fait plaisir. Il vient me rejoindre.

— Je vais aller passer la soirée ailleurs, je n'ai pas grand choix, n'est-ce pas ? Vers quelle heure est-ce que tu penses que je pourrais revenir ? Nos bonnes résolutions d'hier, moi j'y tiens toujours. Et toi ?

— J'y tiens plus que jamais. Vers vingt-trois heures, c'est certain, nous aurons été la reconduire chez elle et nous serons de retour. J'espère que tu te sens bien. Promets-moi de ne pas faire de folies et de revenir pour que nous menions à bien nos vies. N'oublie pas une chose, c'est que je tiens à toi.

Il m'embrasse après avoir plongé très longtemps son regard dans le mien. Au même moment, on entend Maurice :

— José, qu'est-ce que tu fais, tu sais bien qu'il y a du ménage à faire. Ne t'arranges pas pour être pris avec l'aspirateur dans les mains lorsqu'elles arriveront.

Il prend le temps de venir me reconduire sur la galerie et de m'envoyer des bonjours sans arrêt. Je vois dans ses yeux beaucoup de tristesse et de désarroi et même du désespoir comme s'il me faisait ses adieux. Je me sens bouleversée et je me dis que le manque de sommeil ne m'aide pas à avoir les idées claires.

J'erre une grande partie de la soirée à travers la ville et ses environs. Je me retrouve de nouveau chez des amis où encore une fois je me berce d'illusions en leur faisant croire que cette vie en est une de charme et de bons moments. Je me cache encore aujourd'hui, je me défends devant toute tentative de me convaincre que je me suis embarquée dans une galère inimaginable où je ne pourrai faire autrement que me faire mal.

À minuit, je décide de rentrer à la maison pour ne pas mettre Maurice en rogne parce que je suis rentré trop tard et qu'il a été inquiet ou qu'il s'est imaginé toutes sortes de choses fausses à mon sujet.

J'entre dans la maison, c'est le vide absolu. Aucune trace d'eux. Aucun message qui pourrait m'expliquer leur absence.

Rien. Vers deux heures du matin, toujours rien. Je vais promener les chiens pour passer le temps et faire diminuer mon anxiété tout en espérant qu'à mon retour ils seront là. J'imagine toujours l'impossible: ils seront là, Maurice souriant à tout jamais, heureux de notre nouveau départ et plein de bonne volonté pour l'avenir. Je suis tout à fait incapable d'imaginer la réalité qui m'attend. Je leur donne du temps, j'étire la promenade des chiens, toujours rien. À quatre heures, je décide de me coucher, je m'endors très tard et pour très peu de temps. À neuf heures je fais déjà les cent pas dans la maison depuis un très long moment. Je commence à m'inquiéter sérieusement: ils ont peut-être eu un accident, Maurice a peut-être été réellement malade et ils sont à l'hôpital, etc.

Je décide d'appeler la police pour m'assurer qu'il n'y a pas eu d'accident sur le parcours de chez Sonya à la maison. Rien. Tout à coup, je trouve le numéro de téléphone de Sonya. José me l'avait montré, près du téléphone dans le salon, et il avait même fait remarqué que Maurice avait dû appeler Sonya durant notre absence sur la montagne.

Je sais que si je compose ce numéro je mets fin à mes rêves, je signe mon arrêt de mort, je commence déjà à avoir un énorme poids au fond de la poitrine. Aucune larme ne veut sortir, je ressens seulement une immense détresse. Maintenant, j'ai tout compris.

Je compose. C'est Sonya qui répond, je demande à parler à José. C'est Maurice qui vient à l'appareil :

– José ne veut pas venir te parler, je vais être à la maison dans quelques minutes, il faut que j'aille promener les chiens et chercher mes médicaments.

Et il raccroche. Je sais maintenant que rien de fâcheux ne leur est arrivé mais que c'est à moi que quelque chose de fâcheux va bientôt arriver. Je veux en avoir le coeur net, je suis très anxieuse et surtout agressive devant cette façon de faire les choses: tant d'hypocrisie, tant de secrets pour rien, tant de difficultés à vivre quand la vie pourrait être si simple. Je vais promener les chiens dans l'espoir que cela me calmera les nerfs mais je n'ai qu'une envie: crier, crier ma haine contre cet homme que je déteste maintenant, qui m'a emmenée à m'enfermée dans un monde inconnu et m'en rejette sans jamais rien m'expliquer.

Je passe mon temps devant la fenêtre de la porte espérant tout en redoutant l'arrivée de Maurice. Je me suis munie d'une armure que je souhaite à toute épreuve. Je ne sais pas ce que j'attends de plus, tout devrait être clair dans ma tête. J'ai besoin de le regarder en face une dernière fois, comme pour bien imprégner son visage dans ma mémoire, pour pouvoir me convaincre que jamais plus je n'embarquerai dans des histoires aussi saugrenues. Plus jamais quelqu'un ne me traitera comme il vient de le faire durant déjà trop de temps. J'ai besoin de l'affronter une dernière fois et de ne jamais oublier ces instants.

Enfin, l'auto tourne le coin, je vois qu'il y a deux personnes à l'avant. Lueur d'espoir, José est avec lui. Ce ne sera qu'un arbitre, je le sais, mais au moins je me sentirai un appui quelque part.

Maurice descend de l'auto avec... Sonya. Je n'en crois pas mes yeux, elle accourt vers lui, lui tient le bras pour qu'il marche, elle l'entoure comme s'il était impotent. À ce que je sache, il allait assez bien pour conduire l'auto, faire ses courses seul hier et surtout courir comme il l'a fait à sa sortie de l'hôpital.

Nous nous asseyons dans la salle à manger, Maurice en face de moi et Sonya entre les deux, comme pour le protéger. Il me regarde dans les yeux :

— Michèle, tout ce que je vais te dire, il faut que tu saches que José et moi en avons discuté et qu'il est entièrement d'accord avec moi. Il sait tout ce que je vais te dire et approuve tout. Tu vas faire tes bagages et t'en aller, nous n'avons plus besoin de toi ici.

J'essaie de conserver un air nonchalant. Je ne peux plus le croire dans tout ce qu'il me dira. José n'embarque pas dans ses discours, j'en suis convaincue. Me faire mettre dehors par un me suffit, les deux ce n'est pas nécessaire. Je veux absolument me faire une carapace, ne pas flancher, ne pas supplier, ne pas montrer la profondeur de ma détresse. J'aimerais tellement qu'il croie que je me fous de tout ce qu'il me dira. Mais je sais aussi que c'est de la foutaise et que jamais José lui donnerait carte blanche pour parler à sa place de ce qu'il ressent. En tout cas, pas depuis la nuit que nous avons passé à discuter, du moins pas si vite.

– Je comprends que tu ne veuilles plus de moi, mais nous avons des engagements tous les trois qui sont du domaine juridique, il faudra résoudre ce problème.

– Ce que j'ai à te dire aujourd'hui, c'est que j'avais mal jugé Sonya. Je t'ai rencontrée sur la montagne, je me suis dit que tu pourrais la remplacer auprès de José et que j'en serais débarrassé. Je sais maintenant à quel point je lui ai fait mal et à quel point nous avons souffert tous les deux...

Ils se regardent l'un l'autre, le regard chargé d'affection. Puis, ils me regardent, elle a le regard de quelqu'un qui vient de gagner la médaille d'or aux Olympiques et lui, plein de haine :

– ... maintenant, je sais que j'avais du ménage à faire, j'ai trouvé un vieux chiffon, toi, et j'ai tout nettoyé. Maintenant que nous nous sommes retrouvés, je n'ai plus besoin de toi et, comme un vieux chiffon, je te jette aux ordures, je te jette à la rue, je ne veux plus jamais te voir, toi et ton sale caractère.

Sonya se croit obligée de m'expliquer au cas où je n'aurais pas tout compris :

– Tu as voulu t'approprier José, et ici, il n'y a rien qui ne fonctionne comme cela, il faut les aimer tous les deux. J'adore José et maintenant que je connais mieux Maurice, je l'adore aussi. J'ai envie de prendre soin d'eux, ce que tu ne seras jamais capable de faire parce que tu es une égoïste et que toi seule te suffis. Tu es mieux d'aller faire du mal à d'autres personnes, parce que Maurice et José, j'ai décidé de les protéger moi-même contre les mauvaises femmes comme toi.

Je n'en peux plus, j'ai envie qu'on me gifle pour me réveiller, je me croirais au théâtre et c'est loin d'être une pièce comique, quoique vu de l'extérieur ce ne doit pas être si tragique. Je me sens comme si j'étais par terre depuis longtemps déjà et qu'on continue à me donner des coups de pieds et des coups de poing dans le ventre et un peu partout.

— Vous êtes conscients, j'espère, que vous me jetez à la rue, sans emploi, sans toit. Maurice, j'espère que tu te souviens bien d'avoir insisté pour que je quitte la ferme le plus tôt possible et que je déménage mes effets aussi.

— Cela me fait grandement plaisir.

Sonya lui jette un regard qui semble vouloir dire n'en mets pas trop, elle est déjà K.-O.

— Je suis prête à te recueillir chez moi, il y a une chambre de libre, le temps que tu te trouves autre chose, et j'ai des relations, on pourrait te trouver un emploi. Moi, je ne te hais pas, c'est Maurice et José qui ont ces sentiments envers toi. Je suis prête à t'aider, mais Maurice ne peux plus vivre sous le même toit que toi.

Jusqu'où ira le martyre. Elle n'est pas sérieuse, j'espère, moi, aller vivre sous le même toit qu'elle, me sentir encore à la merci de Maurice, me sentir encore surveillée, sentir encore son in-fluence sur ma vie, cela ne se peut pas. Elle n'a pas souffert la moitié de ce que je ressens, j'en suis certaine. Moi qui avait pitié d'elle, c'est bien terminé. Où vais-je vraiment recommencer ? Je trouve cette proposition indécente, inqualifiable, inimaginable.

— Vous pouvez laisser tomber votre grandeur d'âme, je me suis toujours débrouillée seule dans la vie, ce n'est pas aujourd'hui que je vais me fier à d'autres pour décider de ma vie et en faire ce qu'ils veulent. Cela me regarde.

— Tu vois, Sonya, quel sale caractère elle a...

— Je vais préparer mes bagages, mais je devrai revenir puisque je ne peux tout emporter dans un seul voyage.

Je ne veux plus les voir. Leur image est suffisamment imprimée dans mon cerveau pour qu'elle y demeure à jamais. Je ne veux plus les entendre, je veux mourir. Je m'enferme dans le petit salon où sont mes valises et mes tiroirs et tranquillement, je commence une fois de plus à déménager. Je prends mon temps. Même si je voulais aller plus vite, mes jambes ont de nouveau de la difficulté à me supporter et mes gestes sont très lents. Maurice et Sonya prennent quelques effets et, enfin, sortent. En passant devant la pièce où je me trouve, Sonya me dit en guise d'au revoir:

— N'oublie pas, je peux toujours t'aider.

Je ne lui réponds pas mais une énorme voix à l'intérieur de moi lui crie: JAMAIS !

VI - ET PUIS APRÈS

VI . 1 - S'ACCROCHER À LA VIE

Enfin seule, je prépare mes bagages, les larmes coulent sur mes joues et je ne peux les retenir. J'essaie de rejoindre Pierre et Hélène. En cas d'urgence, c'est toujours vers eux que je me retourne, c'est automatique. Ils sont toujours là pour me soutenir. J'ai l'impression qu'eux ils comprendront sans poser de questions. Il n'y a personne d'autre qui pourrait le faire. Je sors de la maison, triste comme la mort, c'est fini le beau rêve, c'est terminé l'impossible devenu possible. Tout redevient l'impossible comme tout doit être. Ce n'est pas seulement la société qui empêche que se réalisent de telles relations. Elle permet la relation d'homosexuels dans la mesure où cela ne la dérange pas trop, dans la mesure où chacun fasse une vie que l'on pourrait qualifier de normale. Cependant, une relation à trois est inimaginable dans la société dans sa réalisation entre humains, elle l'est aussi, fondamentalement même si je n'aime pas penser en terme de généralité, je n'ai pas le choix, l'homme et la femme ou d'autres sont faits pour se compléter et à deux, ils doivent être un complément. Je n'ai pas le choix de croire que c'est vrai et qu'à trois c'est impossible à moins que ce soit les acteurs de mon histoire qui n'étaient pas à la hauteur ??? Mais je crois que les humains de par leur nature, ne peuvent vivre sans créer des luttes de pouvoir entre eux. Nous sommes pourtant si égaux dans notre définition. En réalité je ne veux même pas le savoir ce qui existe et ce qui n'existe pas. Tout ce que je sais c'est qu'aujourd'hui, je suis extrêmement malheureuse.

Je descends l'escalier et je me retrouve aux côtés de ce véhicule qui m'a entraînée dans toute cette histoire. Je m'assois sur la chaîne du trottoir, mes valises à côté de moi et de l'autre, mon véhicule. Je ne suis toujours pas capable d'arrêter mes larmes.

Où vais-je aller ? Que vais-je devenir ? Que vais-je faire de cette maison que j'aimais déjà ? Je n'en sais rien, je me sens étrangement abandonnée, je me sens salie, je me sens comme un chiffon que l'on met aux poubelles parce que l'on ne sait plus comment s'en débarrasser. Il est trop déchiré et sali pour être réutilisé. Il ne sert vraiment plus à rien. Même ce chiffon est plus chanceux que moi, car lui au moins, son avenir est tout tracé: la poubelle, le camion éboueur, puis enfin l'incinérateur municipal; et voilà s'en est fait, on n'y pense plus. Moi je dois traîner ma carapace, l'emmener à bon port, mais où est-il donc caché ce bon port ? Je ne dois pas faire de folies même si j'en ai bien envie aujourd'hui. Existe-t-il un endroit qui est fait pour moi ? Existe-t-il sur cette terre un lieu et des gens qui accepteront bien de croire que j'ai une certaine valeur et que je vaux plus que le sac de poubelle dans lequel je me trouve présentement ? Mes larmes coulent sans arrêt, je ne sais combien cela fait de temps que je suis assise ainsi sur la chaîne du trottoir mais les gens commencent à me regarder bizarrement. Personne ne me parle, personne ne me tend la main; c'est normal, personne ne me connaît. C'est comme cela dans la grande ville, on se demandera de quel asile d'aliénés je me suis enfuie avant de m'aider. Je crois même que j'ai parlé fort. Je ferais beaucoup mieux de partir d'ici avant que quelqu'un n'appelle l'ambulance et me fasse enfermée. Je me sens mûre pour cela.

Lentement, je ramasse mes bagages et je quitte cette rue, qui ne fut la mienne que durant quelques semaines. J'ai la mort dans l'âme. Je rejoins la rive sud, je longe le fleuve, je ne sais où je vais, je ne veux que m'éloigner de cette ville maudite qui fut et sera toujours mon cauchemar. Je roule à environ cinquante kilomètres à l'heure, mon pied refuse d'accélérer. On me dépasse, on me klaxonne dans le dos; je les vois et les entends à peine. Je me sens comme une tortue qui se cache dans sa carapace pour ne plus rien voir. Je veux mourir, mes forces s'épuisent et je rêve du moment où, à bout d'énergie, je m'endormirai et sauterai dans le fleuve. Durant mes vacances, l'hiver dernier, avant que tout cela ne commence, je rêvais que la tempête m'empêcherait de voir les limites du fleuve et que je m'y engouffrerais. Cette fois-ci, tout à coup, si enfin la chance était de mon côté pour une fois, je n'aurais plus mal et ce plus jamais. Je m'aperçois soudain que je suis tout près de chez Pierre et Hélene. Mon instinct m'a ramenée aux vraies sources de la vie. J'ai un petit regain d'espoir. Je décide d'aller m'asseoir sur leur balcon et de les attendre. Si ma présence n'est pas la bienvenue, ils me le diront et je chercherai un refuge ailleurs pour ce soir.

Ils sont de retour mais il y a de la visite, une petite cousine fatigante et fouineuse. Je m'en fous. Je fonctionne comme un zombi.

Je sonne, on m'ouvre, je m'assoie et me tais, je n'ai pas envie de participer à la conversation. Pierre s'inquiète :

— Es-tu pressée ?

— Non.

Comment pourrais-je l'être ??

— Bien.

Ce cher Pierre. il trouve toujours le bon mot ou la bonne question pour que tout soit dit en peu de temps et que chacun comprenne sans que l'autre n'ait à entrer dans les détails quand il n'a pas l'air d'en avoir envie. J'ai l'impression qu'il a tout compris et qu'il respectera mon silence tant que celui-ci durera. Je n'ai aucune conscience de ce qui m'entoure, j'ai l'impression de dormir, les voix me parviennent comme un bourdonnement incessant. Je ne sais plus où je suis. Je n'entends plus rien.

Lorsque je m'éveille, il fait noir à l'extérieur, Hélène entre dans la chambre où je suis et m'offre un verre d'eau. Tout est flou, je ne sens pas la force de lui répondre. Un peu plus tard, Pierre entre, s'assoit sur le pied du lit :

— Cela fait plus de dix heures que tu dors, on commençait à se demander si on ne devait pas appeler un médecin.

— Non, ils vont vouloir m'enfermer. Soyez encore un peu patients, s'il vous plaît. Demain, je serai capable de me lever et de tout vous expliquer. Pour l'instant, je ne peux que vous dire que j'ai mal et que je crois que dormir est la seule solution pour apaiser la douleur. Tu veux bien n'est-ce pas ? Tu sais que je n'ai pas l'habitude de prendre des médicaments mais j'ai peut-être pris un peu trop de stabilisateur. Ne t'inquiète pas, cela ne fera que m'endormir, sans danger. Je n'ai plus envie de mourir, tu es là. Je n'ai envie que de dormir tout simplement. Tu es l'être le plus gentil qui existe sur la terre.

Maurice devrait peut-être en prendre des Rivotril, ça l'aiderait peut-être à voir la vie différemment.

— Tu es chanceuse, je suis en congé demain, on pourra se parler tranquillement si tu veux. Bonne nuit.

Il sort avec mes médicaments. Les larmes me viennent aux yeux. Il y a si longtemps que quelqu'un n'a pas été aussi réellement gentil avec moi, personne n'a eu une attitude aussi pleine d'amitié. Il faut que je dorme avant de recommencer à pleurer.

Je me réveille à deux heures de l'après-midi, cela fait près de vingt-quatre heures que je dors. La dose était vraiment trop forte, elle aurait pu être dangereuse. Mon heure n'avait pas encore sonné. Je suis toute courbaturée. Je me lève en titubant, j'ai l'air d'une fraîche opérée à qui on aurait enlevé la partie du cerveau appelée rêve et une partie du coeur appelée amour et innocence. Pierre est dans la salle à manger, il me fait un café que nous allons prendre au soleil sur la terrasse. Il me semble gêné :

— Ta peine a l'air tellement énorme que je ne sais si je pourrai t'aider.

Je lui raconte l'histoire en essayant de minimiser tout ce qui a pu me blesser, tout ce qui a pu me détruire, mais en lui faisant bien comprendre la grande détresse dans laquelle je me trouve.

– Maintenant, tu as une bonne idée de ce qui s'est passé, je suis venue vers vous parce que vous êtes ceux qui les ont le plus connus vous aussi étiez tombés sous leur charme. J'avais l'impression que c'est ici que je serais la moins jugée et la mieux comprise. Maintenant que tu m'as permis de tout te raconter, il me faut faire face à la vie, envisager demain et ce que je vais en faire.

– Hier, nous avons accepté de te recueillir et mon fils Mario nous a dit qu'il te prêtait sa chambre aussi longtemps que cela te sera nécessaire. Donc, si tu as besoin d'un gîte, tu peux rester ici. Tu pourras te reposer, reprendre tes esprits et ensuite te trouver un emploi qui te conviendra. Nous voudrions que tu prennes ton temps pour ne pas retomber dans une dépression ou dans l'alcoolisme. Ma maison t'est ouverte et cela me fera grandement plaisir que tu en profites.

Je recommence à pleurer, de joie cette fois, je ne trouve même pas les mots pour le remercier, je ne trouve pas les mots pour lui démontrer ma gratitude. Je ne suis plus tout à fait seule. Je croyais ne même plus avoir d'amis et voilà que j'en ai un que j'oublie quelquefois, mais qui est toujours et a toujours été là tout au long de ma vie; mes pas me ramènent toujours à cette amitié. Je me demande si un jour je pourrai lui remettre le centième de ce qu'il aura fait pour moi.

Les jours passent, je me rétablis lentement grâce à la gentillesse d'Hélène et à la compréhension de Pierre. Les enfants sont très curieux de me savoir là, mais ne sont jamais déplacés. Pierre a la patience de prendre de longues marches avec moi tous les soirs et de m'écouter pleurer sans ne jamais pouvoir rien faire.

VI . 2 - VOIR TOUT CELA DE L'EXTÉRIEUR

Je prends rendez-vous avec José parce que je veux parler avec lui et je veux qu'il continue à déménager les effets que j'ai laissés chez eux. Il me donne rendez-vous pour le dimanche de Pâques. Je passe la journée à l'attendre. Il appelle vers dix heures du soir pour s'excuser, il a eu des visiteurs et il viendra demain. J'ai passé la journée à me répéter et à me répéter tout ce que je voulais lui dire et tout ce que je devais lui dire. Je suis déçue, extrêmement déçue. Il aurait pu m'aviser, je me demande si Maurice n'a pas encore eu son mot à dire dans cette histoire. Le lendemain, je ne crois pas vraiment qu'il viendra. S'il ne vient pas, mardi c'est moi qui irai récupérer mes choses et avec la police s'il le faut. Puis, vers quatorze heures, le voilà qui arrive.

Je sais que mes sentiments pour José sont très différents de ceux que je ressens pour Maurice. En le voyant arriver, je suis fascinée de nouveau par ses yeux tout comme la première fois que je l'ai vu. Je le trouve beau mais je sais maintenant que c'est un être qu'il ne faut absolument pas toucher, il brûle.

Nous sortons les bagages de l'auto, puis je lui suggère d'aller près des rapides, pas très loin d'ici, dans un endroit paisible et complètement neutre pour se parler. Il est d'accord. Nous devons passer près de notre maison pour nous rendre aux rapides.

— Il va falloir prendre des décisions au sujet de la maison. J'avais fait des plans tellement beaux, nous aurions pu être heureux ici si tout s'était déroulé différemment.

Il évite de la regarder. J'ai l'impression qu'il essaie de camoufler ses sentiments et qu'il est très brimé dans sa vie présentement. C'est comme s'il n'agissait pas totalement selon sa volonté. Nous nous installons sur le remblai près des rapides, à l'écart des gens. Il fait un beau soleil, chaud et invitant. Devant nous, l'eau à travers les roches nous offre un superbe spectacle.On aperçoit aussi une petite île, des enfants qui courent sur la grève et, un peu plus loin, quelques pêcheurs qui tentent leur chance. C'est un spectacle calme et reposant qui devrait nous porter à la confidence.

— Nous devons prendre une décision au sujet de la maison, Michèle. Est-ce que tu veux la garder ou bien cherchons- nous à la vendre tout de suite ? Maurice pense que nous devrions trouver quelque chose qui nous permettrait d'annuler le contrat; nous en serions débarrassé.

— Sans te faire de peine, José, j'aurais préféré que nous puissions régler ce point sans le concours de Maurice. Il n'a pas voulu y participer, il n'a même pas cherché à savoir s'il pouvait se joindre à nous et en plus il a toujours dit que c'était notre maison et non la sienne. À mon avis, il devrait rester à l'écart de tout cela. Excuse-moi, je me devais de te le dire. Mais pour répondre à ta question, je ne suis pas décidée à laisser passer la belle opportunité que nous avons eue en achetant cette maison. Pour ma part, je l'aime autant que la première fois que je l'ai vue. Si nous ne pouvons y vivre tous les trois, peut-être que je pourrai y vivre seule. Je serai moins exigeante pour les rénovations et le tour sera joué. Je dois me trouver un emploi, ce qui ne devrait pas tarder. J'ai calculé que cela ne serait pas moins coûteux de vivre dans la maison qu'en appartement. Je te demande encore deux semaines pour te donner une réponse finale. Je peux te dire tout de suite qu'il y a de grandes chances que je la garde. Et si jamais je décidais de ne pas la garder, j'espère que tu penses comme moi: les propriétaires ne nous ont jamais rien fait, je ne vois pas pourquoi nous leur ferions du tort. Il suffira de la revendre. Nous pourrions peut-être même faire un profit. Dans toute cette situation, je crois que la personne la plus impliquée financièrement et pour sa réputation, c'est moi. Tu as signé des papiers, j'en conviens, mais tu n'y a pas mis un sou et si tu te perds dans la brume, ici personne ne te connaît. De mon côté, c'est tout autre chose. L'argent investi est le mien et Saint-Antoine, c'est mon patelin. On oublie vite les bons coups dans un petit village mais les erreurs, elles restent gravées pour la vie. Je n'ai pas les moyens non plus de perdre de l'argent là-dedans, c'est mon régime de retraite. Donc, j'aimerais être consultée avant qu'il ne se passe quoi que ce soit. Cela semble peut-être radical, mais j'ai beaucoup souffert à cause de Maurice et je ne veux pas que cela continue. Je ne veux pas être encore sa victime. Je crois que c'est logique. Qu'en penses-tu ?

— Dans ce cas, on pourrait faire des arrangements entre nous pour que tu n'aies pas trop de difficultés pour conserver ton hypothèque. Si tu désires garder la maison, on ne change rien à rien mais tu me dégages de toute responsabilité une fois le contrat signé.

— C'est très gentil à toi. Je crois que l'on s'est suffisamment connu pour se faire confiance tous les deux. Donc, je te donnes des nouvelles dans deux semaines au plus tard. Voilà un point de réglé. Maintenant j'aimerais que l'on se parle, j'ai besoin de savoir ce qui s'est passé. Comment se fait-il que nous en soyons rendus là ? Je sais que l'on ne peut rien y faire, ce qui est fait est fait, et que jamais nous ne pourrons reculer et refaire quoi que ce soit, mais j'aimerais comprendre pour pouvoir m'en sortir. J'aimerais pouvoir libérer mon esprit de tout ce cauchemar pour pouvoir vivre normalement par la suite. Pour cela, j'ai besoin de savoir. Qu'est-ce qui se passe avec Maurice ? Comment se fait-il qu'il en soit arrivé à me détester autant, moi qui n'ai jamais eu l'impression de faire quoi que ce soit pour mériter un châtiment de cette ampleur ?

— Je vais te dire ce que je pense. Dans un sens tu avais raison, Maurice était jaloux de toi et moi, mais pas tout à fait dans le sens que l'on en discutait sur la montagne. Je ne crois pas qu'il était jaloux du fait que nous couchions ensemble. Au début peut-être, mais il était surtout jaloux du fait que nous nous entendions bien autant au niveau physique que psychologique. Il était jaloux de l'espèce de complicité qui s'est établi presque aussitôt entre toi et moi. Cette complicité, il l'a toujours prise comme une espèce d'union entre nous contre lui puisqu'il en était exclu. Mais ce n'est pas tout ce qu'il a à te reprocher. Tu te souviens, au début, j'ai eu une prise de bec avec lui au sujet de mon autonomie dans notre vie. Je voulais voler de mes propres ailes et je voulais prendre mes propres décisions. Il ne voulait pas, il disait que si je prenais seul les décisions, je me mettrais les pieds dans les plats, comme lorsque nous avons fait faillite avec le magasin ou lorsque j'ai rencontré Sonya. Il a voulu faire la même chose avec toi et tu t'y es refusée totalement dès le début. Pense seulement à l'achat de ton ordinateur, je ne sais plus ce qu'il y avait mais tu as choisi quelque chose à ton goût plutôt qu'au sien; je me souviens très bien que cela a fait une révolution terrible. Guy, le vendeur, avait beau dire que cela ne changeait rien au fonctionnement, ce n'était qu'une question de disposition et de doigté. Maurice refusait absolument que tu achètes ce que tu avais décidé, mais tu as tenu ton bout. Tu es allée contre son bon vouloir et cela, Maurice ne peut l'accepter.

— Mais, José, il voulait réglementer ma vie dans ses plus petits détails. C'est ma vie et non la sienne, je sais que cela ne lui plaisait pas, mais je ne pouvais pas faire autrement. J'ai toujours été un être autonome, ce n'est pas lui qui allait tout changer. C'était impossible. J'étais déjà comme cela sur la ferme et il le savait pourtant très bien.

— Il le savait, c'est un fait, mais il avait la conviction qu'il pourrait te changer, te casser. De plus, il est allé te chercher pour remplacer Sonya dans mon coeur et il était en train de réussir sur ce point au moment où il s'est aperçu que tu avais trop de caractère et qu'il ne réussirait jamais à te mettre à sa main. Il s'est mis à avoir peur de toi, il s'est mis à avoir peur que tu prennes le pouvoir et il est retourné chercher Sonya. Sonya, qu'il avait rejetée du revers de la main pour d'autres raisons, est la candidate idéale pour Maurice, elle fera tout ce qu'il décidera. Elle se permettra parfois de discuter mais comme pour lui prouver que c'est encore lui qui gagne. C'est son caractère qui est comme cela.

— Tant mieux pour elle, si elle peut se modeler au désir des uns et au désir des autres, mais je ne suis pas convaincue que c'est la façon idéale pour être en accord avec soi-même et être heureux. De toute façon, je ne veux en aucun temps analyser le caractère et les chances de bonheur de Sonya et encore moins les comparer aux miennes. Mais, toi, maintenant que vas-tu faire ?

— Pour être franc avec toi, je ne sais vraiment pas. J'ai réfléchi énormément sur toute ma vie depuis que tu es partie. Parfois, j'ai envie de laisser Maurice de côté quand je vois comment il a agi avec toi, je m'aperçois qu'il manipule tout le monde, Sonya et moi y compris. Ça fait treize ans que je me fais manipuler et je viens seulement de m'en apercevoir. Il sait qu'il me tient. Premièrement parce que malgré tout je l'aime et deuxièmement parce que je ne sais rien faire par moi-même. Là-dessus, il m'a bien élevé, il m'a bien eu. Et puis, tu sais, c'est comme si nous étions mariés depuis treize ans. La coupure serait difficile à faire. J'ai peur parfois de ce qu'il serait capable de me faire faire. Ton passage dans nos vies m'a beaucoup appris sur le genre de personnage qu'est l'homme que j'aime. J'ai à décider si je reste avec lui ou si je pars. Si j'opte pour la deuxième hypothèse, Maurice ne le prendra jamais, j'ai peur qu'il ait des tendances suicidaires. Je n'aimerais pas avoir sa mort sur la conscience. Je le quitterais pour aller vivre avec Sonya. Elle, je l'aime vraiment, je sens qu'elle a besoin de moi et sa fille aussi. Je me sentirais utile au moins. J'en suis à l'étape de réflexion et ce n'est pas facile à faire. De ce temps-ci, Sonya est toujours à la maison. Maurice est en train de la convaincre de venir vivre avec nous dans le logement d'en bas. Lui, il est devenu très difficile à vivre, il se fâche pour rien. Il ne faut pas prononcer ton nom. Maintenant ce sera un peu moins pire, tes effets sont partis mais pendant une semaine il a refusé de rentrer dans le bureau parce que ton ordinateur était là. Il passe son temps à répéter que tu lui faisais peur et que même tes effets lui font peur. Il dit que tu lui as fait tellement peur que c'est toi qui l'a rendu malade, et Sonya croit dur comme fer tout ce qu'il dit. Elle est aux petits soins avec lui comme s'il relevait de la plus terrible des maladies. Sur ce point, je crois que tu avais grandement raison, il y avait également beaucoup de machination venant de sa part. Je te prie de me croire, c'est loin d'être rose à la maison. Et je ne sais que faire. Les décisions sont extrêmement difficiles à prendre et la réalité extrêmement dure à accepter. J'aime deux personnes très différemment et je suis convaincu qu'à long terme la cohabitation, avec en plus la fille de Sonya, sera un martyre pour tous et me fera perdre mes deux amours. C'est à moi de bouger et j'en suis incapable, et comme d'habitude depuis treize ans, on ne m'en laisse pas le temps.

— Dans un sens, je suis contente d'être sortie de tout cela même si j'ai encore beaucoup de choses à décider et à régler autant moralement que matériellement. Ce qui est le plus difficile pour moi c'est de m'apercevoir que j'ai tout quitté pour deux personnes que j'ai réellement aimées – enfin, j'ose encore le croire –, mais que ni l'une ni l'autre ne m'aimait réellement. J'ai de la difficulté à accepter qu'on ait abusé de moi, et ce avec ma bénédiction. C'est difficile à prendre pour ma confiance en moi et pour mon ego.

De longs silences ont coupés cette conversation qui est l'une des plus difficiles de ma vie mais la plus franche et la plus directe. J'ai pour une fois l'impression que José se montre à nu. Il sait pertinemment que je ne pourrai jamais rapporter cette conversation ni à Maurice ni à Sonya, il peut donc donner libre cours à ses pensées et à ses sentiments.

— José, j'aimerais te demander une chose. Je t'ai aimé, et je sais maintenant que ce n'était pas réciproque, mais tu es celui des deux que j'ai toujours considéré comme le plus franc et le plus honnête. Je n'ai aucune idée de ce que tu peux en penser mais avec toi, et avec toi seul, j'ai envie de conserver un lien. Je n'oserais même pas donner le titre d'amitié à cette relation mais ce serait une relation que je considérerais comme privilégiée entre nous, une espèce de camaraderie qui nous permettrait de savoir l'un et l'autre qu'il existe quelqu'un au monde qui ne veut rien machiner et qui est prêt à écouter; et je précise: seulement écouter l'autre.

— Tu m'émeus beaucoup. Je sais que tu es un être exceptionnel et j'ai toujours eu peur de ne pas être à la hauteur, mais là, je n'en attendais pas tant de toi. Je conserve dans mon coeur cette proposition et peut-être qu'un jour je m'en servirai, mais pour l'instant, Michèle, je dois me retrouver.

De retour chez Pierre, il m'embrasse avant de repartir. Je confirme que je lui donnerai des nouvelles d'ici deux semaines pour lui faire connaître ma décision face à la maison. Nous nous promettons aussi de nous donner des nouvelles du cours de nos vies.

VI. 3 - ET MAINTENANT...

Je suis présentement assise par terre, adossée contre le mur ouest d'une maison dont je viens tout juste de prendre possession. Elle est immense, elle est belle mais a besoin de beaucoup de réparations. Elle est quand même fort habitable ainsi et c'est comme cela que je l'aime. Ma maison est immense. J'ai laissé mes cigarettes sur le comptoir de la cuisine, sur le mur est de la maison, et j'ai peine à les voir. C'est vraiment vaste et cela me fait un peu peur, je me sens très petite.

Pour la circonstance, j'ai fait une folle dépense, je me suis achetée une petite bouteille de champagne et je fête avec elle cette prise de possession de ce que j'ai enfin gagné et de ce que j'ai le droit de rêver.

Cela fait deux mois que j'ai rencontré José pour la dernière fois. Une semaine et demie plus tard, la municipalité recevait une lettre comme quoi il y avait un vice caché à la maison et que l'inspecteur municipal avait mal fait son travail. Quelques jours plus tard, la caisse, l'agent immobilier, l'ancien propriétaire, ou plutôt le propriétaire de l'époque, et la municipalité recevaient une lettre recommandée qui leur mentionnait que José se désistait de l'achat de cette maison à cause du vice caché. Aucune lettre ne m'a jamais été adressée. Durant les jours qui ont suivi, j'ai cherché de toutes les façons possibles et impossibles pour me trouver un endosseur afin de pouvoir conserver la maison. La maison de mes parents a été mise en garantie pour qu'on accepte de m'accorder l'hypothèque (merci beaucoup, chers parents). Mais maintenant, j'y suis, mes meubles n'y sont pas encore et de toute façon il en manquera. José m'a fait laisser tant de choses sur la ferme et qui me seraient utiles maintenant, mais tout cela n'est que du matériel et fait partie du passé.

Depuis bientôt un mois, je fais le charmant travail de «barmaid»; pour l'instant, je trouve cela enrichissant par moment. Je ne serai pas riche avec cela, mais j'y trouve une façon de renouer avec des gens qui tout en étant intelligents sont simples, qui n'essaient pas de pétrir la vie des autres comme de la pâte à modeler. Pour moi c'est un tremplin, je sais que je me referai de nouveau une carrière et je me sais capable de prendre les moyens pour y réussir.

Je ne cherche plus l'impossible, je crois, et j'espère avoir vécu la chose la plus difficile qu'il pourvait m'être donné de vivre. Je me suis aussi prouvé que maintenant je fais face aux difficultés avec un peu plus d'aplomb qu'avant. Je n'ai peut-être pas encore découvert tous les bienfaits du lithium. Il y a tant à faire dans ce domaine.

Il m'est encore difficile de penser à tout cela sans me poser des questions sur José, sur Maurice et, bien sûr, sur moi-même. Comment se fait-il que j'ai cru qu'une situation si peu normale et habituelle pouvait être ma planche de salut ? Comment se fait-il que je n'ai pas sauté sur l'occasion que m'a présentée Richard pour choisir une vie plus normale ? Maintenant, j'ai trouvé certaines réponses. Quand j'analyse tous les instants de ces six semaines, je ne peux faire autrement que de retourner à ma maniaco-dépression et d'identifier certains comportements bien reliés à des comportements de maniaco-dépressif en état de crise modéré. Il est difficile de se prendre en main et il est difficile en pleine crise de se rendre compte que nos actes sont impulsifs. Nous avons tellement l'impression d'être réfléchi que nous perdons le contrôle. L'achat de la maison était un «high», tout comme le bien-être que j'ai ressenti avec ces deux hommes. Cette incapacité de voir la réalité, de concevoir que rien ne pouvait être possible avec eux, l'impression de croire à la Belle au bois dormant, c'est de la psychose, c'est sortir de la réalité logique. Il faut maintenant, que je m'oblige à être à l'écoute de mon corps et de mes émotions. Ainsi, je pourrai réagir avant qu'il ne soit trop tard. Je veux maintenant m'obliger à trouver les réponses aux questions que la vie m'amène au fur et à mesure qu'elles se présentent. Je veux éliminer la panique qui fait partie de mon quotidien. La panique est un sentiment que je ressens souvent devant l'évidence de l'échec et cela se doit d'être maîtriser puisque cela m'empêche de réfléchir et d'agir logiquement. Il y a aussi une non-acceptation de ma situation qui m'a poussée à m'éloigner de tout ce qui me rappelait ma maladie et ce qu'elle a déjà entraîné.

Comment se fait-il que Maurice m'ait attiré et comment se fait-il que je n'ai pas vu l'emprise qu'il avait sur moi ? Si je m'oblige à être franche avec moi-même et à regarder ma vie bien en face, je dois avouer que si François a eu une certaine influence sur moi, pour ne pas dire une influence certaine, c'est que je ne me sentais pas assez forte pour prendre les décisions que j'avais à prendre et j'avais besoin que quelqu'un décide pour moi. Mon moi et mon estime de soi étaient trop faibles. Je serais curieuse de voir si aujourd'hui il aurait ces mêmes pouvoirs sur moi. Je crois, comme José l'a dit, que j'aurais pu vivre les mêmes choses avec Maurice qu'avec François, mais depuis que je commence à voir clair en moi et à comprendre que mes hauts et mes bas peuvent se régulariser et que je ne suis pas une nullité, je ne permets plus aussi facilement à quiconque de diriger ma vie. C'était le gros conflit qui existait entre Maurice et moi. Je ne me laissais plus faire. Je me rebellais et Maurice ne s'attendait pas à ça: sur la montagne, j'étais soumise. Durant la première fin de semaine que José et Maurice ont passé sur la ferme, je n'ai dit ma façon de penser qu'une seule fois et il en a été surpris et déçu. Avec François, cela a duré dix ans, avec Maurice, dix semaines. Je fais des progrès et j'espère que la prochaine fois cela durera dix minutes !

Maintenant, je suis convaincue que j'en suis sortie gagnante parce que grandie et en pleine autonomie. J'ai souvent envié ceux qui sont alcooliques, ceux qui sont narcomanes, ceux qui ont de grosses épreuves et qui doivent consulter pour pouvoir passer à travers. Ils ont, à mes yeux, la chance de travailler sur eux-mêmes, de se découvrir.

Quand j'ai cru que le lithium était ma porte de sortie, j'ai osé croire que cette seule prise de médicaments serait mon salut. J'ai changé mes vues aujourd'hui. Tout d'abord, je suis heureuse de n'avoir jamais cessé de prendre mon lithium car, quand j'y pense, sans lithium, Maurice ne serait peut-être plus de ce monde (une grosse perte ?), il n'y aurait peut-être plus de meubles dans leur appartement et je me serais sûrement retrouvée au poste de police, en institution psychiatrique ou dans le fleuve. Tout cela m'aura fait comprendre une chose: j'ai besoin de mon lithium comme le diabétique a besoin de son insuline. Je l'ai maintenant accepté.

J'ai aussi compris que les longues années de ma vie où je me cherchais, tout le temps où je perdais les pédales, je détruisais mon moi à petit feu. J'avais de moi-même une opinion et une estime à zéro. Cela ne se rebâtit pas comme le temple en trois jours, je ne suis pas Dieu à ce que je sache. Je dois non seulement être constamment à l'écoute de moi-même mais l'occasion m'est offerte de me découvrir, de découvrir mes forces réelles et mes faiblesses en les dissociant de ma maladie. J'ai enfin l'occasion de travailler sur moi-même, puisque j'en ai pris conscience et puisque le mal-être, tout en étant toujours présent, a été apprivoisé. En découvrant qui je suis réellement, je suis convaincue que je saurai faire ma place dans cette société comme l'être «normal» que je suis devenue. Il n'en tient qu'à moi pour continuer à grandir et à faire ma place au soleil. Tous ne verront pas cela comme une chance mais moi je calcule que j'ai eu la chance d'être malade, de m'apercevoir que l'intérieur de ma boîte cranienne était aussi important que mon physique et que je me dois de lui accorder autant sinon plus de temps qu'au reste. J'en ai tellement à reprendre.

Je commence aujourd'hui avec ces pensées et je sais que je n'en resterai pas là.

L'ÊTRE LE PLUS IMPORTANT SUR LA TERRE, C'EST MOI.

ÉCOUTER LES VRAIES IMPULSIONS DE SON CORPS ET DE SON ESPRIT EN AYANT CONFIANCE QUE SON PROPRE JUGEMENT EST LE MEILLEUR DES ATOUTS POUR RÉUSSIR SA VIE. PERSONNE, PAR DES ORDRES, DES COMMENTAIRES OU DES CONSEILS, NE POURRA JAMAIS DÉCIDER CE QUI EST BON POUR MOI PARCE QUE PERSONNE NE RÉUSSIRA JAMAIS AUSSI BIEN QUE MOI À ME CONNAÎTRE.

CE N'EST PAS PARCE QUE JE SUIS UNE MANIACO-DÉPRESSIVE QUE JE DOIS AVOIR PEUR DE LA SOCIÉTÉ ET ME LAISSER MANGER PAR ELLE ET SES MEMBRES. JE SUIS UN ÊTRE AUSSI ENTIER ET RESPONSABLE QUE N'IMPORTE QUI ET J'AI LE DROIT DE PRENDRE MOI-MÊME MES DÉCISIONS. JAMAIS JE NE DOIS ME LAISSER DICTER MA CONDUITE PAR QUI QUE CE SOIT ET PERSONNE AU MONDE NE VIENDRA PLUS JAMAIS ME FAIRE VIVRE CE QUE JE NE DÉSIRE PAS PROFONDÉ-MENT.

JE DOIS CONTINUER À PENSER AUJOURD'HUI ET TOUJOURS QUE LA PRISE DU LITHIUM EST POUR MOI ESSENTIELLE POUR MA QUALITÉ DE VIE MAIS NE JAMAIS OUBLIER QUE LE LITHIUM SEUL NE FERA JAMAIS RIEN QUE LUI ET MOI RÉUSSIRIONS À FAIRE ENSEMBLE.

ÊTRE CONSCIENTE DE MON ÊTRE PROFOND POUR ME CONNAÎTRE ET M'AFFIRMER, C'EST LÀ MA PLANCHE DE SALUT.

TABLE DES MATIÈRES